図と模型でわかる木構造

在来軸組工法

辻原仁美 著
Tsujihara Satomi

学芸出版社

はじめに

　本書は，木造の標準的な在来軸組工法(ざいらいじくぐみこうほう)をとりあげ，はじめて木造の構造を学ぶ人が，できるだけやさしく，総合的に理解できるように，次のように構成されています．

演習1　図面を立体図(アイソメ)と見くらべ，立体的に把握する．
　　　　模型を作りながら立体を体感し，部材の位置関係を理解する．

演習2　模型を作り，部材の位置関係を理解できたところで，順を追って構造図を描いていく．
　　　　（皆さんの考えたオリジナルプランでも進めていけるように，説明しています．）

　このように本書では，まずは模型を作り，それぞれの部材の構成や位置関係等を一つ一つ立体で視覚的に把握することで，木構造の原理を総合的に理解していきます．
　次に，立体を想像しながら，順を追って構造図を描いていきます．
　このような順序で学べば，それぞれの部材の役割から働きまでを，理解できるようになるでしょう．
　また，常に立体を想像しながら図面を見ることで，構造図だけでなく，その他の図面からでも空間そのものを正確に読みとれるようになるでしょう．同時に，空間を平面的な図面に置き換えることもできるようになるでしょう．
　本書の内容は，読むだけでもある程度は理解できますが，やはり模型を作り，立体を体感することが重要です．

　本書は基本としての木造建築の構成について，初歩的な問題からわかりやすく手軽に修得できる範囲を扱っています．本書を使い，一歩一歩理解を深めることで，皆さんのより奥深い木造建築の技術と知識の修得への足がかりとなれば幸いです．

　　　2001年9月　　　　　　　　　　　　　　　　　　　　著　者

目 次

- **序−1** 軸組模型をつくるのに必要な道具と材料　4
- **序−2** 木造建築について　6

演習1
図面を理解し，模型を作る　　　　　　　　7

- **1−1** 図面の種類　8
- **1−2** 意匠図を見る　9
  - 1　平面図　9
  - 2　立面図　10
- **1−3** 構造図を見る　12
  - 1　基礎伏図　12
  - 2　床伏図　13
  - 3　小屋伏図　14
  - 4　軸組図《全体（アイソメ図）》　15
    - 4−1　軸組図《外壁》
    - 4−2　軸組図《内壁》
- **1−4** 各部断面詳細図を見る　20
  - 1　基礎・床組　20
  - 2　小屋組　21
- **基礎知識**　基礎の種類　22
- **1−5** 模型を作る　23
  - 1　ベースの準備　24
  - 2　基礎の作り方　26
  - 3　床組の作り方　28
  - 4　軸組の作り方　32
  - 5　小屋組の作り方　40
- **発　展**　2階建の軸組模型を作る　44

巻末付録　模型の型紙
1. 軸組模型の台紙
2. 平面図　　　　　　　　参考図1
3. 基礎伏図　　　　　　　参考図2
4. 小屋伏図　　　　　　　参考図3
5. 基礎型紙　　　　　　　型紙1
6. 床組図　　　　　　　　型紙2
7. 軸組図1　　　　　　　型紙3
8. 軸組図2　　　　　　　型紙4
9. 軸組図3　　　　　　　型紙5
10. 軸組図4　　　　　　　型紙6
11. 軸組図5　　　　　　　型紙7
12. 軸組図6　　　　　　　型紙8
13. 軸組図7　　　　　　　型紙9
14. 軸組図8　　　　　　　型紙10
15. 小屋組型紙　　　　　　型紙11
16. 小屋断面図　　　　　　型紙12

演習2
形を理解し，図面を描く　　　　　　　　45

- **2−1** 意匠図を見る　46
  - 1　平面図　46
  - 2　立面図　48
  - 3　断面図　50
- **2−2** 構造図を描く　52
  - 1　基礎伏図　52
    - 1−1　布基礎を記入する
    - 1−2　床下換気口を記入する
    - 1−3　束石・土間コンクリート・
    　　　　アンカーボルトを記入する
  - 2　1階床伏図　56
    - 2−1　土台を記入する
    - 2−2　1階の柱を記入する
    - 2−3　火打土台を記入する
    - 2−4　大引きを記入する
    - 2−5　根太掛けを記入する
    - 2−6　根太を記入する
  - 3　2階床伏図　64
    - 3−1　胴差し・通し柱を記入する
    - 3−2　1階の柱・頭つなぎを記入する
    - 3−3　2階の床梁を記入する
    - 3−4　胴差しの寸法を変更する
    - 3−5　2階の柱を記入する
    - 3−6　火打梁を記入する
    - 3−7　2階の根太を記入する
    - 3−8　1階の小屋伏図を記入する
  - 4　小屋伏図　74
    - 4−1　軒桁・妻梁・頭つなぎを記入する
    - 4−2　火打梁を記入する
    - 4−3　小屋梁を記入する
    - 4−4　小屋束を記入する
    - 4−5　母屋・棟木を記入する
    - 4−6　隅木を記入する
    - 4−7　垂木を記入する
  - 5　軸組図　84
    - 5−1　土台・柱・胴差し・軒桁を記入する
    - 5−2　筋かいを記入する
    - 5−3　まぐさ・窓台を記入する
    - 5−4　間柱を記入する
    - 5−5　軸組《全体（アイソメ）》

序-1　軸組模型をつくるのに必要な道具と材料

■必ず必要なもの　　□あると便利なもの

■ **カッティングマット**	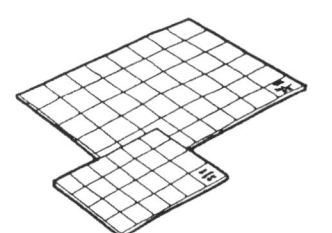	カッターを使用するときに，机を傷つけずにカットができるマット． ※市販されている大きさ＝B5, A4, A3, A2, A1 ●A3サイズがあれば便利．A4サイズでも十分に使える．
■ **カッター**	  　薄刃タイプ　　　　厚刃タイプ	カッターには薄刃タイプと厚刃タイプがあるので，カットする材料に応じて使い分ける． ※薄刃タイプには，刃の角度が30°のものもあり，かなり細かい加工に適している．ただし，今回製作する模型には必要ない． ●今回製作する模型には薄刃タイプがよい．なければ厚刃タイプでもよい．
■ **木工用ボンド**	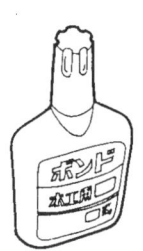	木材の接着には，木工用ボンドが最適． 　特に速乾用は，かなり早く接着できるので便利． ※木工用ボンドは水溶性．一度接着しても，その接着面を水で濡らすと，簡単にはがすことができる． ※スチレンボードやハレパネも，木工用ボンドで接着できる． ●速乾タイプを用意する．
□ **テープ**	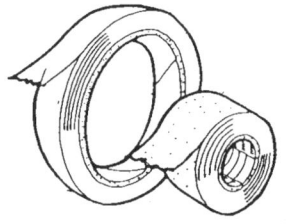	マスキングテープ，ドラフティングテープ，いずれも粘着力の弱いテープ．部材をボンドで接着する時に，ボンドが固まるまで固定しておくのに便利． ※接着した部分にテープを貼り，ボンドが固まったらはがす． ●マスキングテープ，ドラフティングテープのどちらでもよい．
■ **定　規**	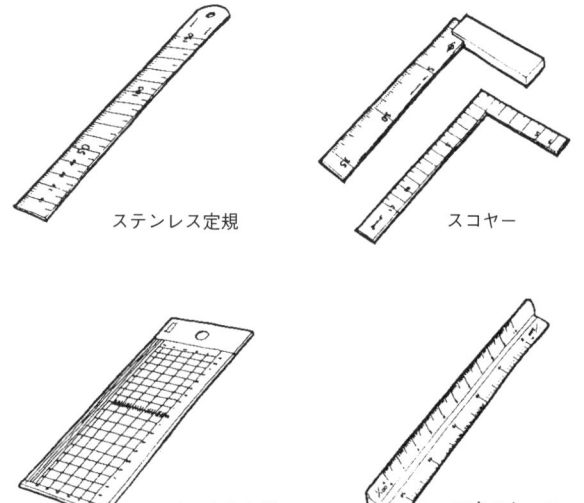 　ステンレス定規　　スコヤー 　レイアウト定規　　三角スケール	ステンレス定規……カッターを使うときに適している． スコヤー……………直角を計るときに適している． レイアウト定規……透明のプラスチック定規の裏に5mm間隔に縦横ラインが入っているもの． 　　　　　　　　　※背に薄いステンレスが貼ってあり，カッターが使えるようになっているものもある． 三角スケール………図面の縮尺に応じて測れるように，それぞれの目盛りがついている．図面を測る時や縮尺の変換などに適している． ●定規は，ベースや基礎を作るときに必要． ●本書では型紙を利用するので，30cm程度のレイアウト定規（背に薄いステンレスが貼ってあるもの）を用意する．なければ，ステンレス定規でもよい．

■ スプレーのり 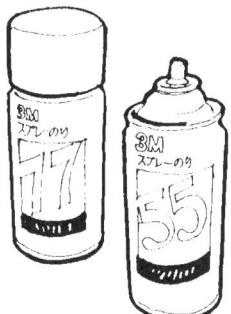	スプレーのりには，仮貼用と強力接着用がある．また，薄物貼用と厚物貼用など，接着できる材料によっても分けられる． ※〈例〉住友スリーエム株式会社製の型番号 　　55 …… 仮貼用 　　77 …… 強力接着（薄物貼用） 　　99 …… 強力接着（厚物貼用） 　　333 …… 超強力 ※その他，いろいろなメーカーから商品が出ているが，のりに色がついているものもあるので，購入する時には注意すること． ※大きさは430㎖のものと，ミニタイプ100㎖がある． ◉仮貼用を用意する． 　グループで用意するなら，7～8人で430㎖を1本程度．
■ スチレンボード・ハレパネ・スチレンペーパー 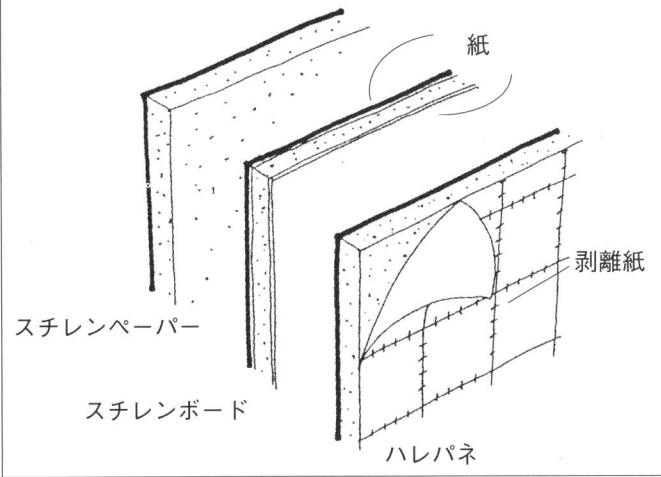	スチレンペーパー……気泡の細かい発泡スチロールでできた板状のもの． スチレンボード………スチレンペーパーの両面に紙が貼ってある板状のもの． ハレパネ………………スチロールボードの片面に接着剤がコーティングされている．剥離紙をはがすと，ポスターなどが貼れるようになっている板状のもの． いずれも，次のようなサイズが市販されている． 　　○厚み　1mm, 2mm, 3mm, 5mm, 7mm… 　　　　　※ハレパネは，5mm, 7mmのみ 　　○大きさ　B3, B2, B1
■ 檜　棒（ひのきぼう） 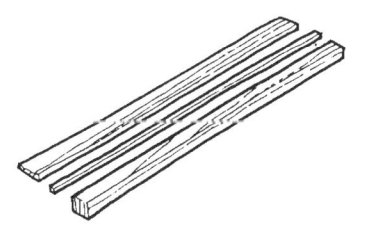	いろいろなサイズ（断面寸法）がある．長さは900mmのものが多い． ※市販されている断面寸法（mm×mm） 　　1×1, 1×2, 2×2, 3×3, 4×4, 5×5…… ◉ＤＩＹの専門店や画材店などで入手できる．

◉演習1でつくる軸組模型に必要な材料リスト

	サイズ（mm）	数量
檜角棒	1×3×900	7本
檜角棒	2×2×900	25本
檜角棒	2×3×900	3本
檜角棒	2×4×900	8本
檜角棒	3×3×900	5本
檜角棒	4×4×900	9本
檜角棒	4×5×900	4本

※数量にはそれぞれ1～2本の余裕をみています．

	サイズ(mm)	数量
ハレパネ	Ａ3サイズ　厚5mm	2枚
スチレンペーパー	Ｂ6サイズ　厚3mm	1枚

※スチレンペーパーの代わりに，厚3mmのスチレンボードでもよい．
※Ａ3サイズのハレパネ2枚の代わりに，Ｂ3サイズ1枚でもよい．その場合，台紙をカットした後，残った部分に型紙1（基礎）を分割して配置する．

台紙（Ａ3）／B3サイズの場合／この部分に型紙1を分割して配置する

序-2　木造建築について

1　木造建築の工法

木造建築の工法には，主に次の3種類のものがあります．

　　◎在来工法……日本の伝統的な工法

　　　　　　　柱や梁などの軸組材で，建物が構成されている．

　　　　　　　壁の構造は，大壁構造と真壁構造の2種類がある［⇒ p.35 下図，大壁と真壁］．

　　◎2×4工法（枠組壁工法）……北アメリカで発達した工法

　　　　　　　木材で組まれた枠組みに，構造用合板などを打ちつけて，建物を構成する．

　　　　　　　主に2インチ×4インチの木材が使われているので，名称も2×4工法（ツーバイフォー工法）と呼ばれている．

　　◎丸太組工法……木材を積み重ねて建てる工法．

　　　　　　　ログハウスとして親しまれている．

　　※本書の内容は **在来工法** で構成されています．

2　木造建築のモジュール

木造建築のモジュールは主として910mmであり，平面計画を行うときには，基本的にこのモジュールに従う．
地域によって寸法は少し異なる．

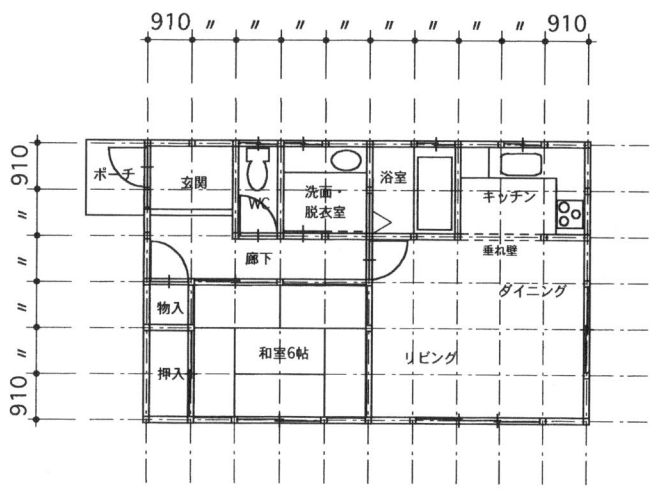

※構造材の間隔も，910mmモジュールの2倍，等倍，1/2倍，1/3倍となることが多い．

（例）床梁……＠1820以下　（2倍）　［⇒ p.67］
　　　大引き…＠910　　　（等倍）　［⇒ p.60］
　　　根太……＠455　　　（1/2倍）［⇒ p.62］
　　　　　　　＠303　　　（約1/3倍）［⇒ p.62］
　　　　　　　　　　　　　　　　　　など

3　木造建築の単位

1間　約1820mm
1坪　1間×1間（畳約2枚分）

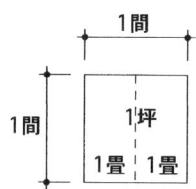

　　※日本の住宅は，畳（約1820mm×約910mm）の枚数で，部屋の広さ（6畳や8畳など）を表すため，畳の大きさが単位の基準となっている．地域によって寸法は少し異なる．

演習1 図面を理解し模型を作る

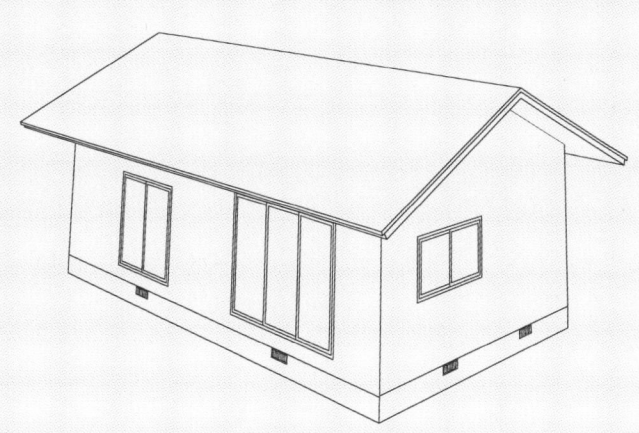

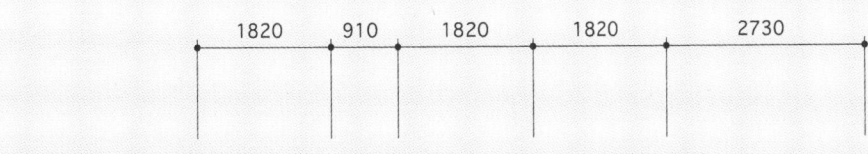

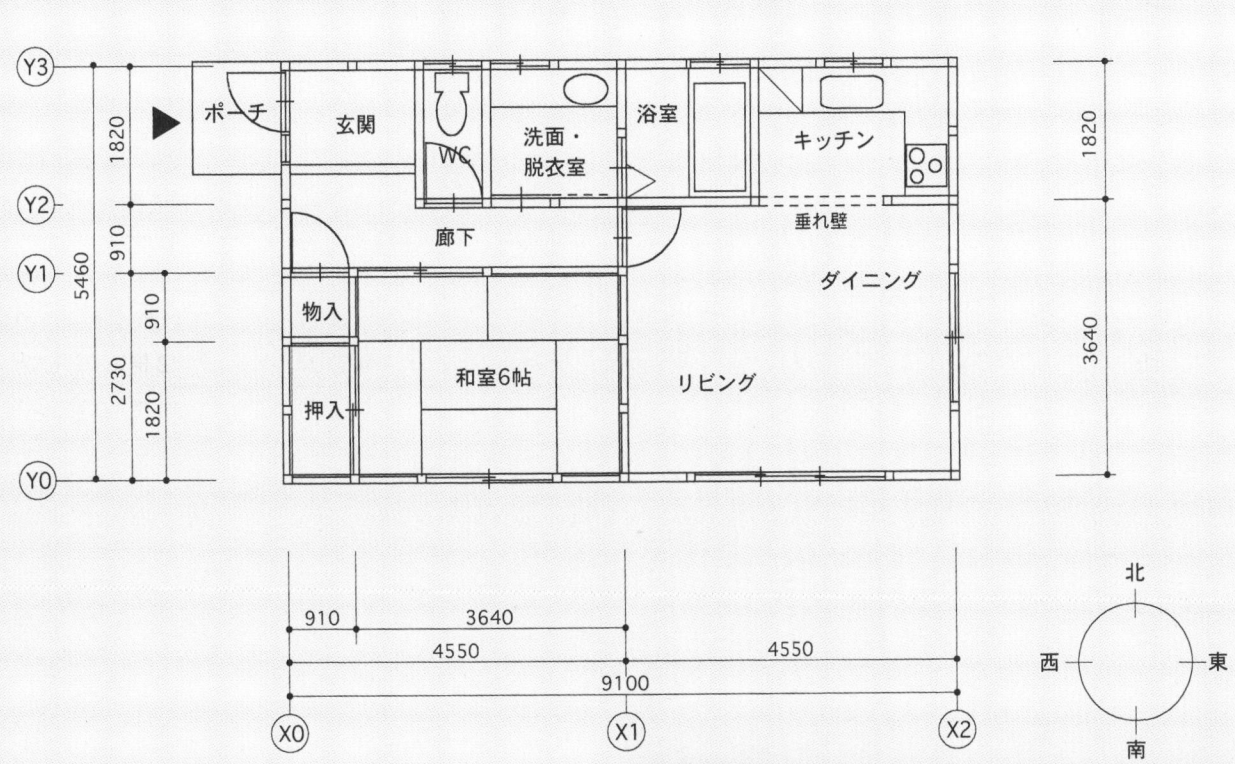

1-1 図面の種類

図面は大きく分けると，意匠図，構造図，設備図などで構成されています．ここでは，意匠図と構造図についてとりあげます．

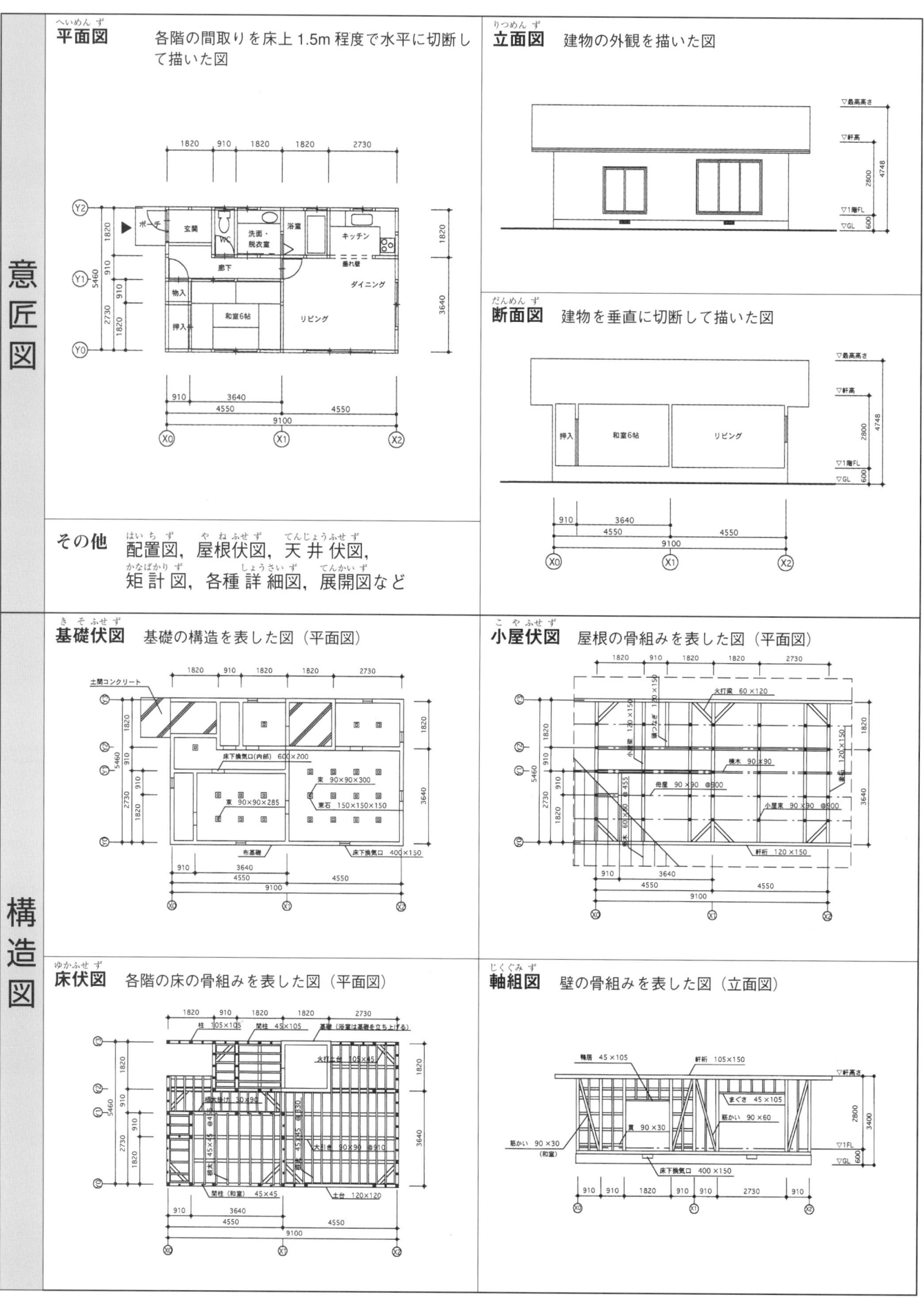

1-2　意匠図を見る

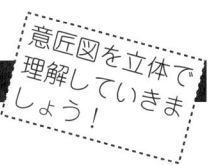
意匠図を立体で理解していきましょう！

1　平面図

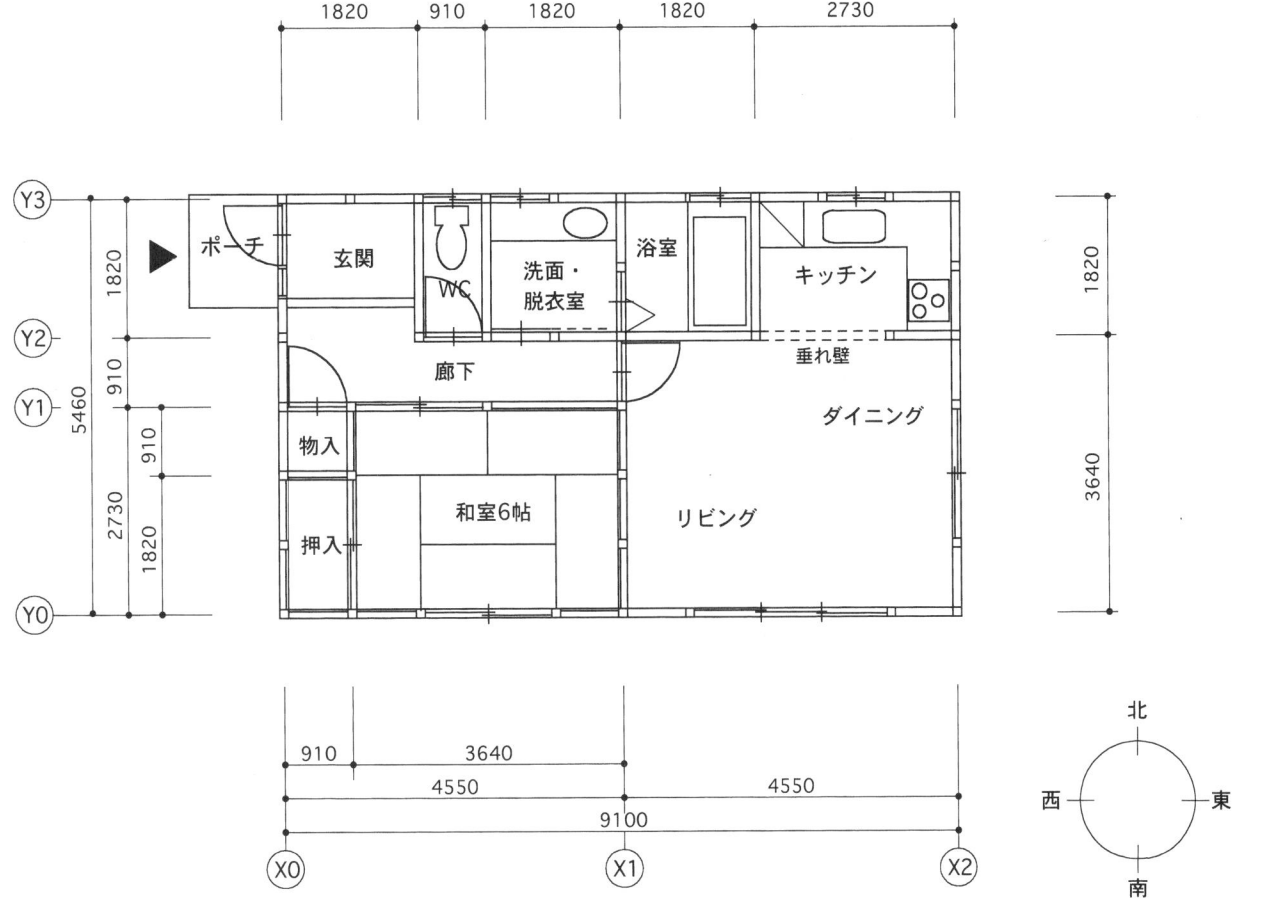

1階平面図　S＝1：100

壁の構法
和室……真壁
和室以外……大壁
［⇒ p.35，大壁と真壁］

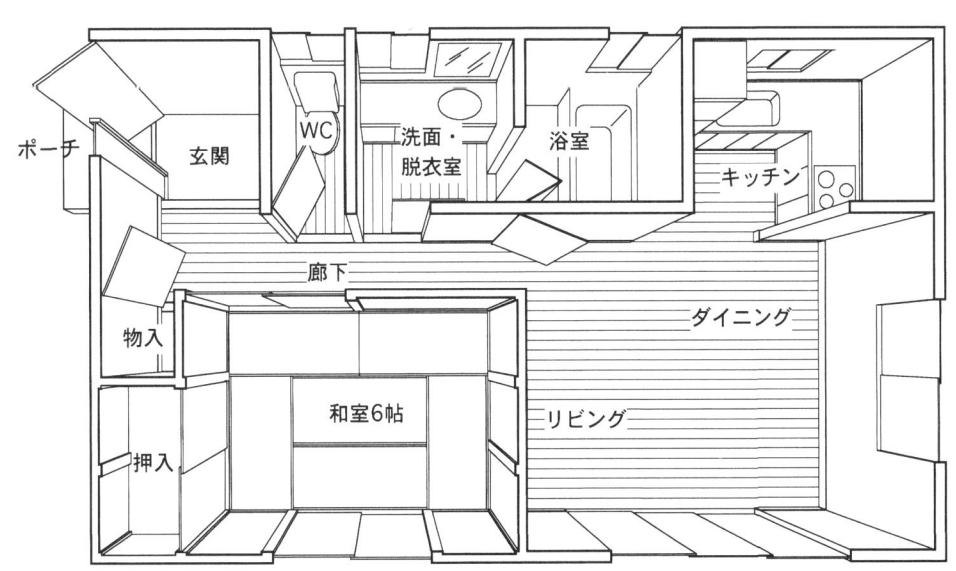

鳥瞰図（パース）

2　立面図

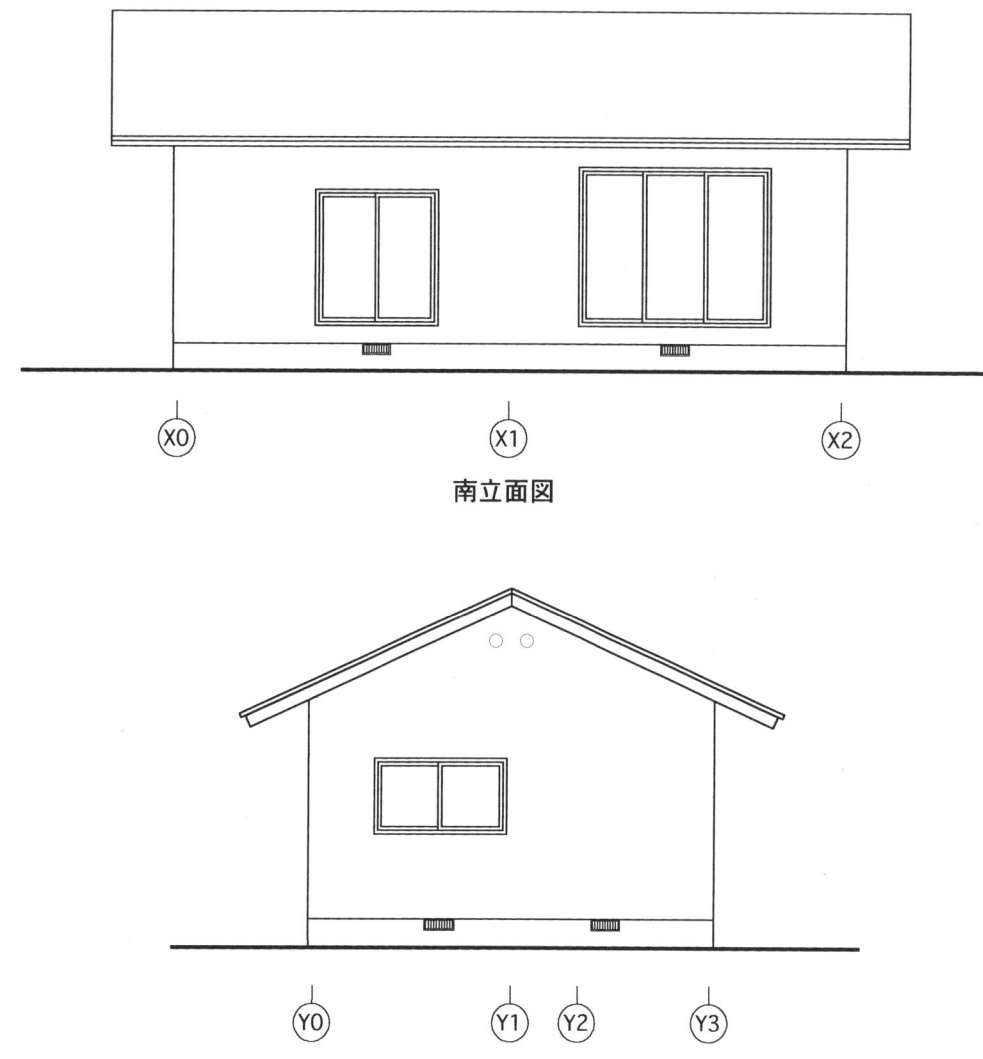

南立面図

東立面図

立面図　S＝1:100

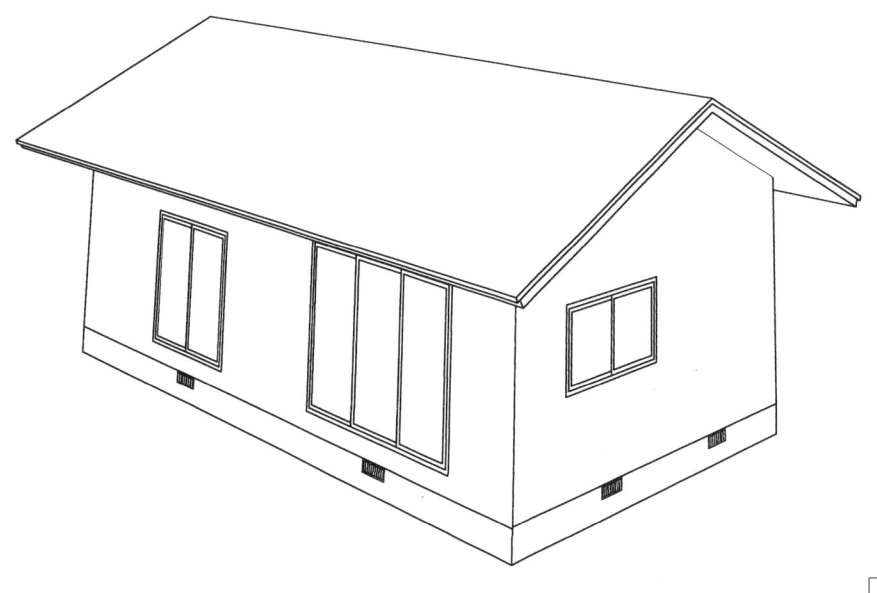

透視図（パース）

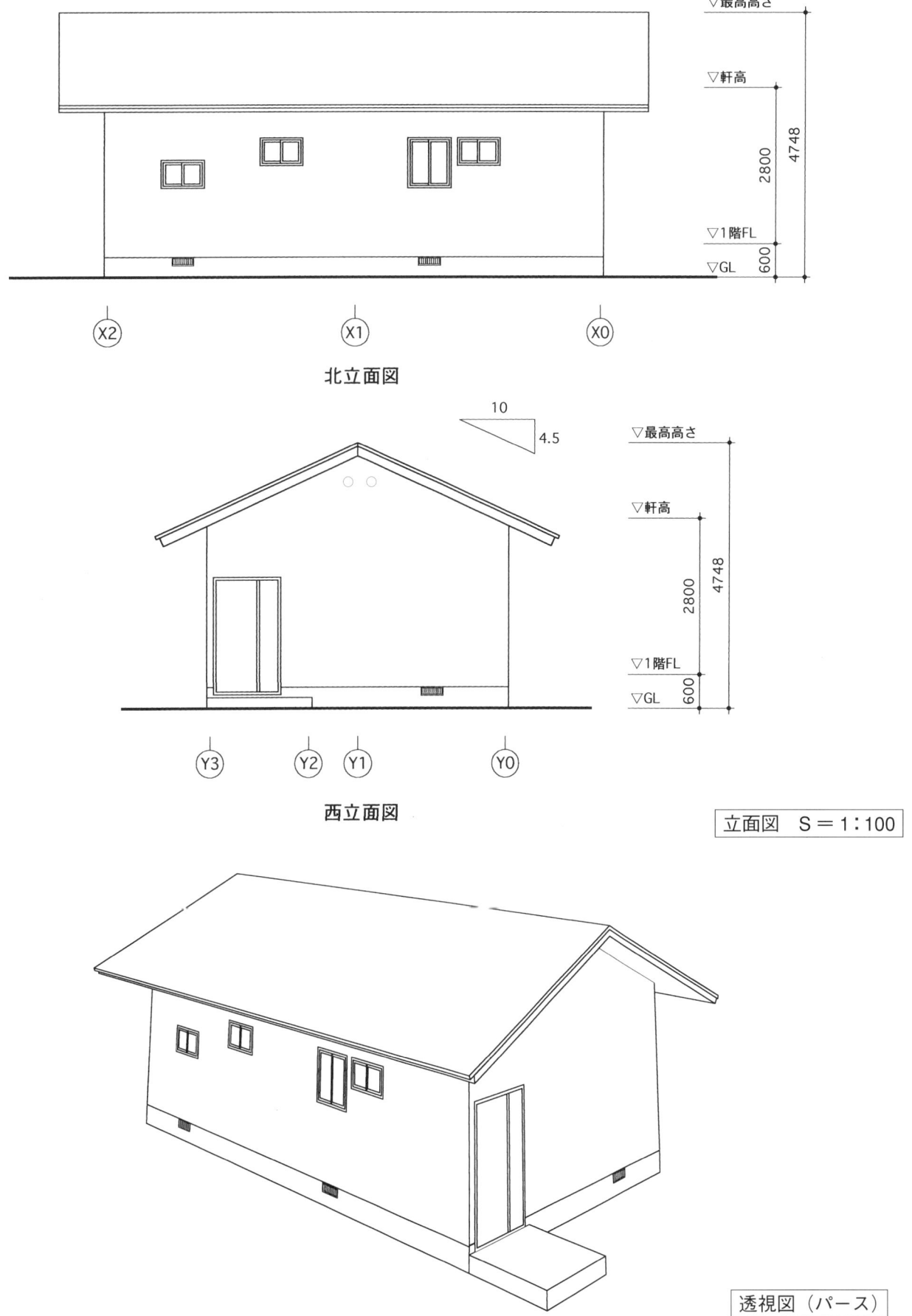

1-3 構造図を見る

1 基礎伏図

- 平面図を見て，外壁と間仕切壁があるところに，基礎があることを確認する．
- 浴室は基礎を立ち上げるか，コンクリートブロックを5段積み上げる（ただし，ユニットバスの場合は必要ない）．
- 玄関，ポーチ，浴室は，土間コンクリートを打つ（ただし，ユニットバスの場合は浴室には必要ない）．
- 和室とそれ以外とでは，束の高さが違う［⇒ p.20，床組断面詳細図］．

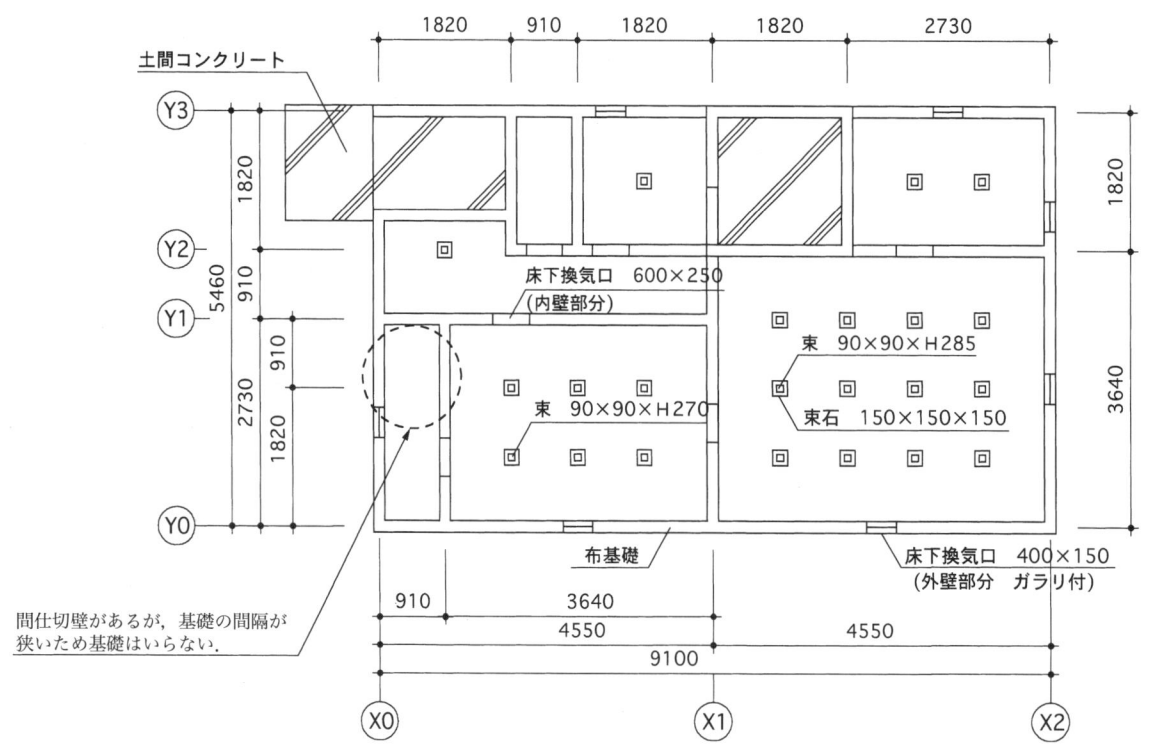

基礎伏図　S＝1：100

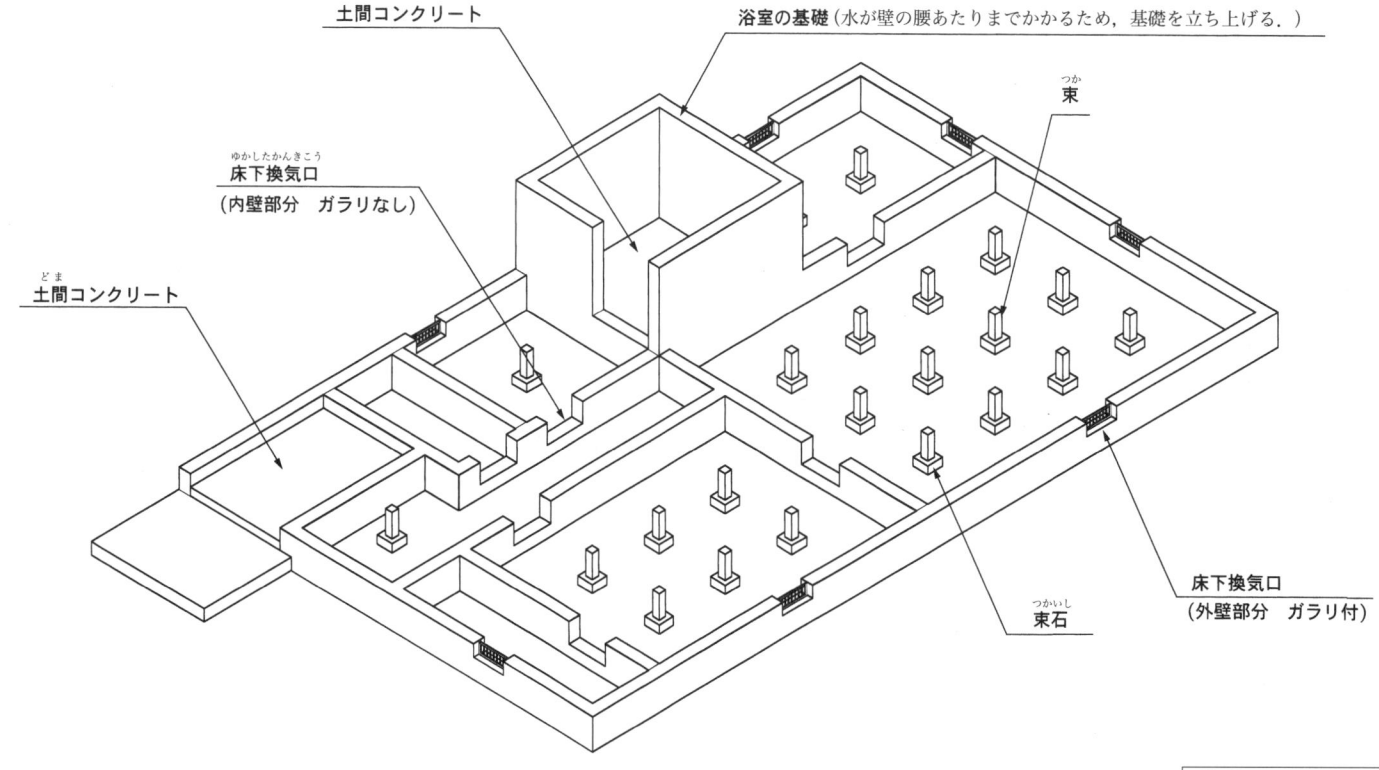

基礎　アイソメ

2 床伏図

- 平面図を見て，間仕切壁があるところに，土台があることを確認する．
- 和室とそれ以外とでは，根太の間隔が違う．
  - 〈理由〉床の仕上げ材が違うため……和室，押入，物入 ⇒ 畳，合板張 ……@ 455
  - 上　記　以　外 ⇒ フローリング張 ……@ 303
- 和室とそれ以外とでは，根太および大引きの取付け高さが違う．
  - 〈理由〉フロアレベルおよび床の仕上げ材の厚み（畳とフローリングなど）が違うため［⇨ p.20，床組断面詳細図］．

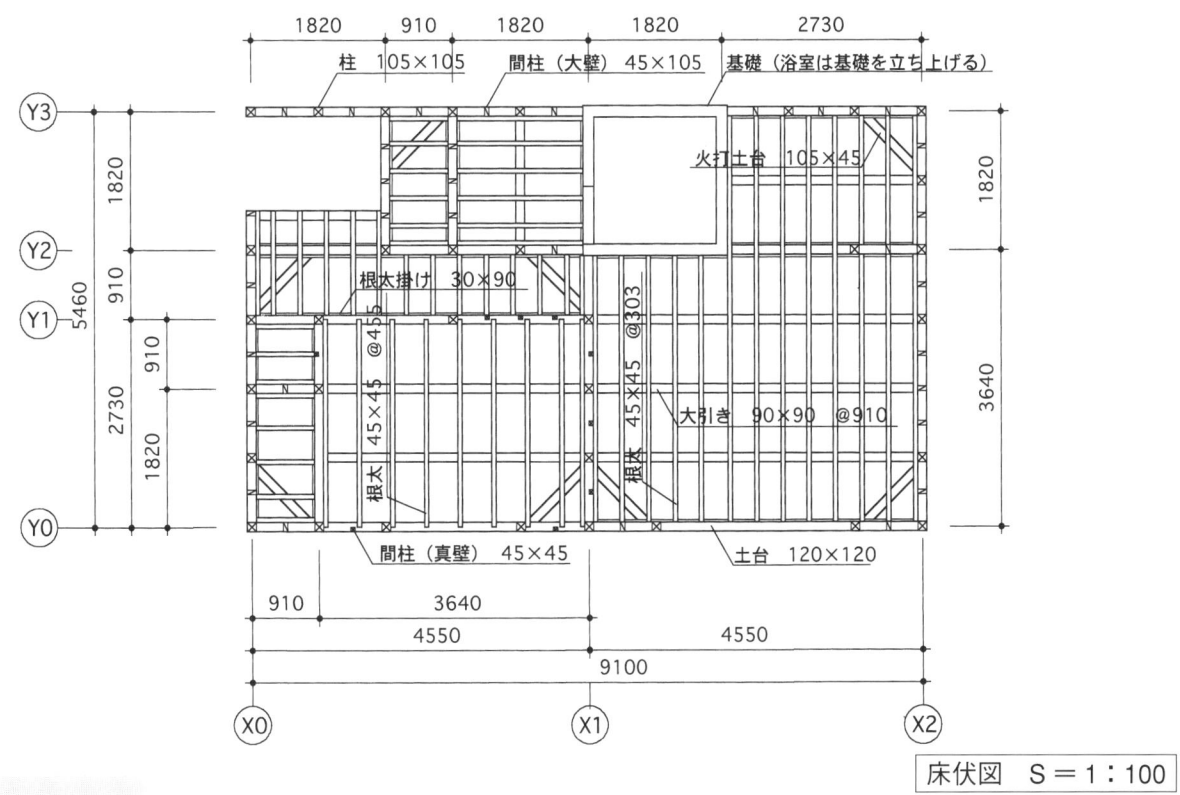

床伏図　S＝1：100

壁の構法
和室…………真壁
和室以外……大壁
［⇨ p.35，大壁と真壁］

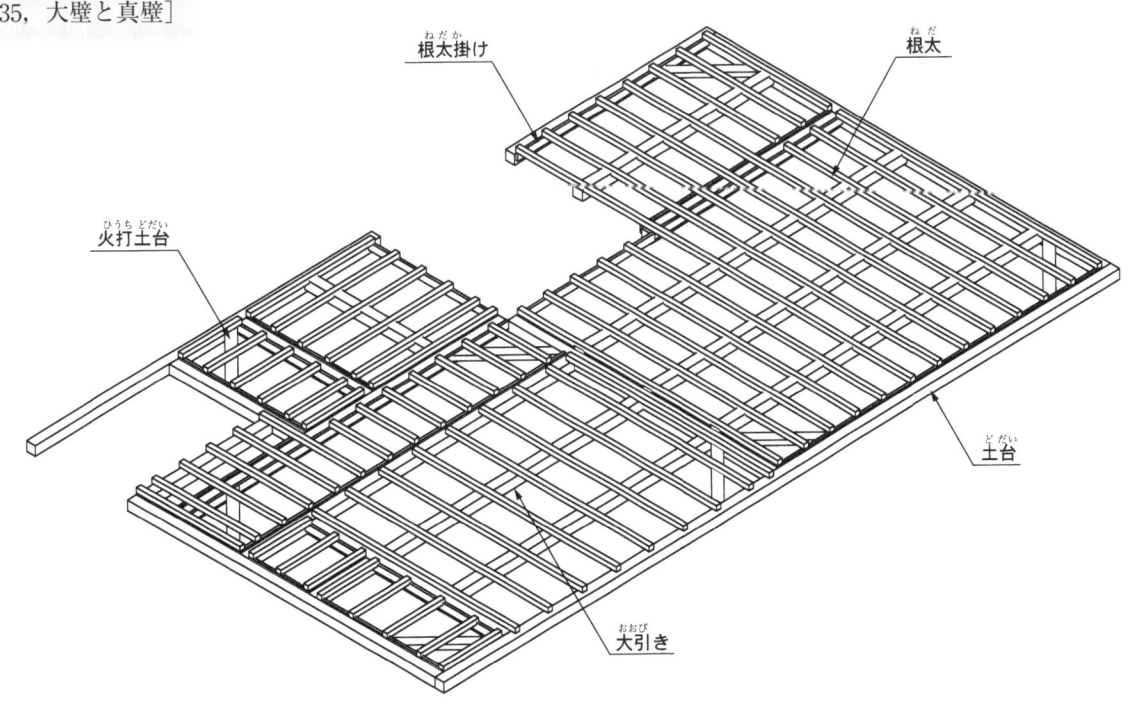

床組　アイソメ

3 小屋伏図

- 梁間・桁行方向により，桁の名称が違う．
  - ※梁間方向 ⇒ 妻梁(つまばり)
  - 桁行方向 ⇒ 軒桁(のきけた)
- 屋根勾配は，小屋束(こやつか)の高さで調整をする［⇒ p.21, 小屋組断面詳細図］．

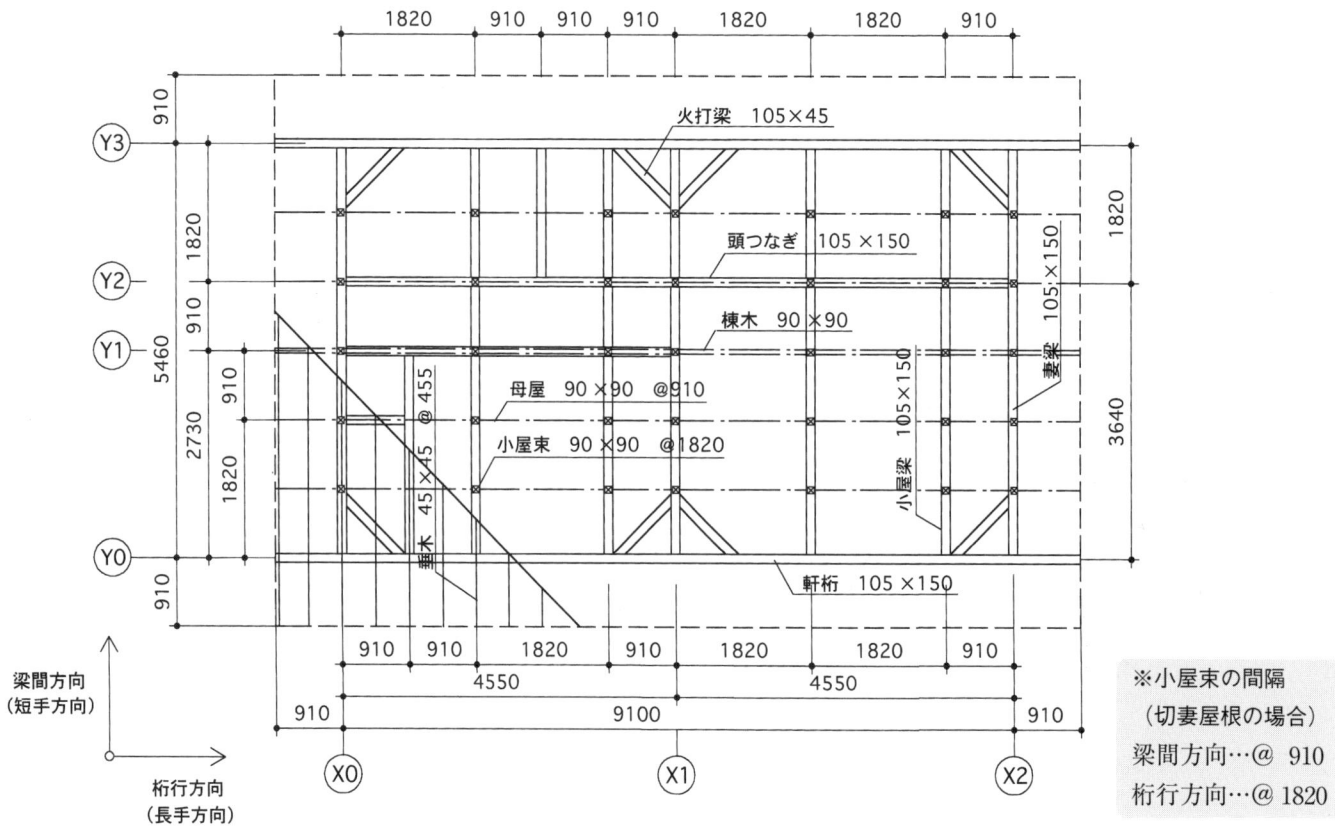

※本来は，スパンによって小屋梁のせいが変わる．また，丸太を使うこともある［⇒ p.77, 小屋梁の寸法（右下図）］．

※小屋束の間隔
（切妻屋根の場合）
梁間方向…@ 910
桁行方向…@ 1820

小屋伏図　S＝1：100

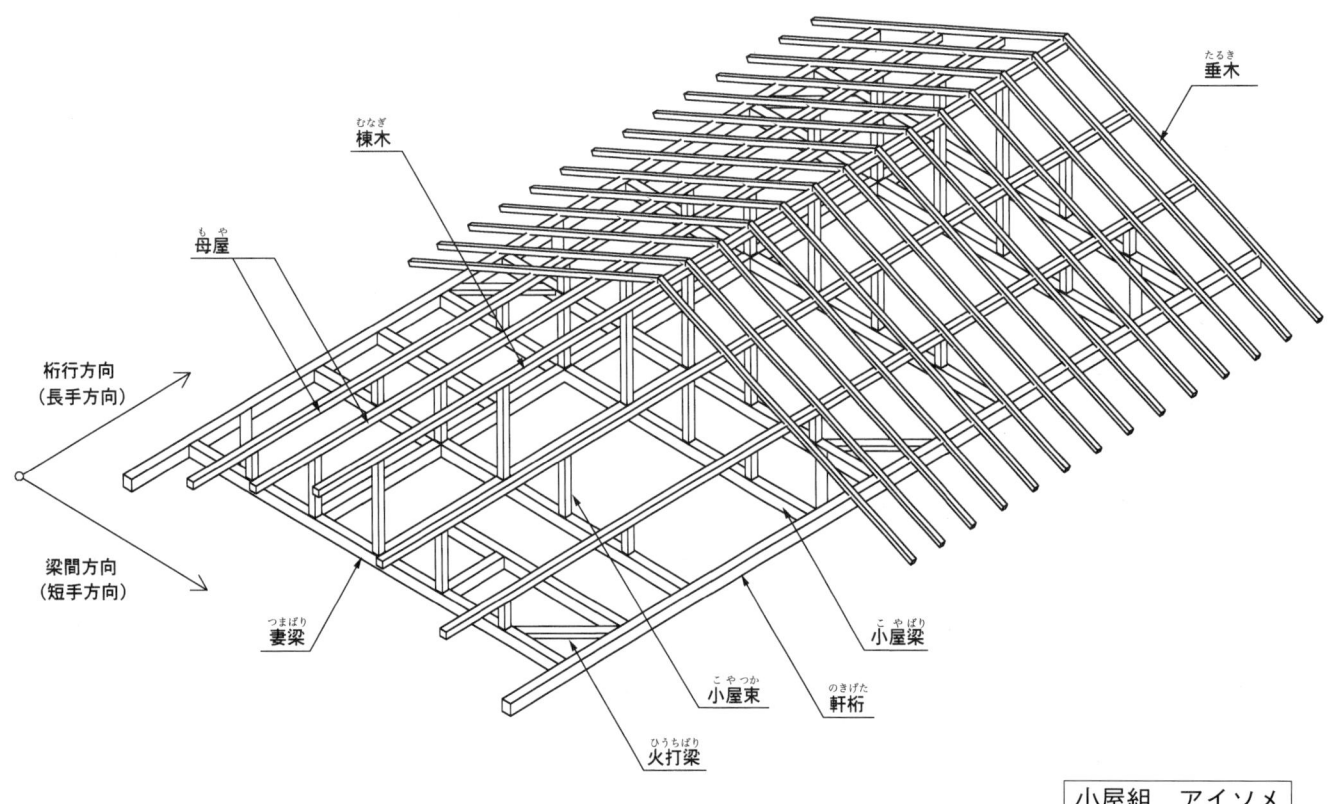

小屋組　アイソメ

4 軸組図 《全体（アイソメ図）》

以下4ページにわたって，軸組図を外壁と内壁に分けて解説します．

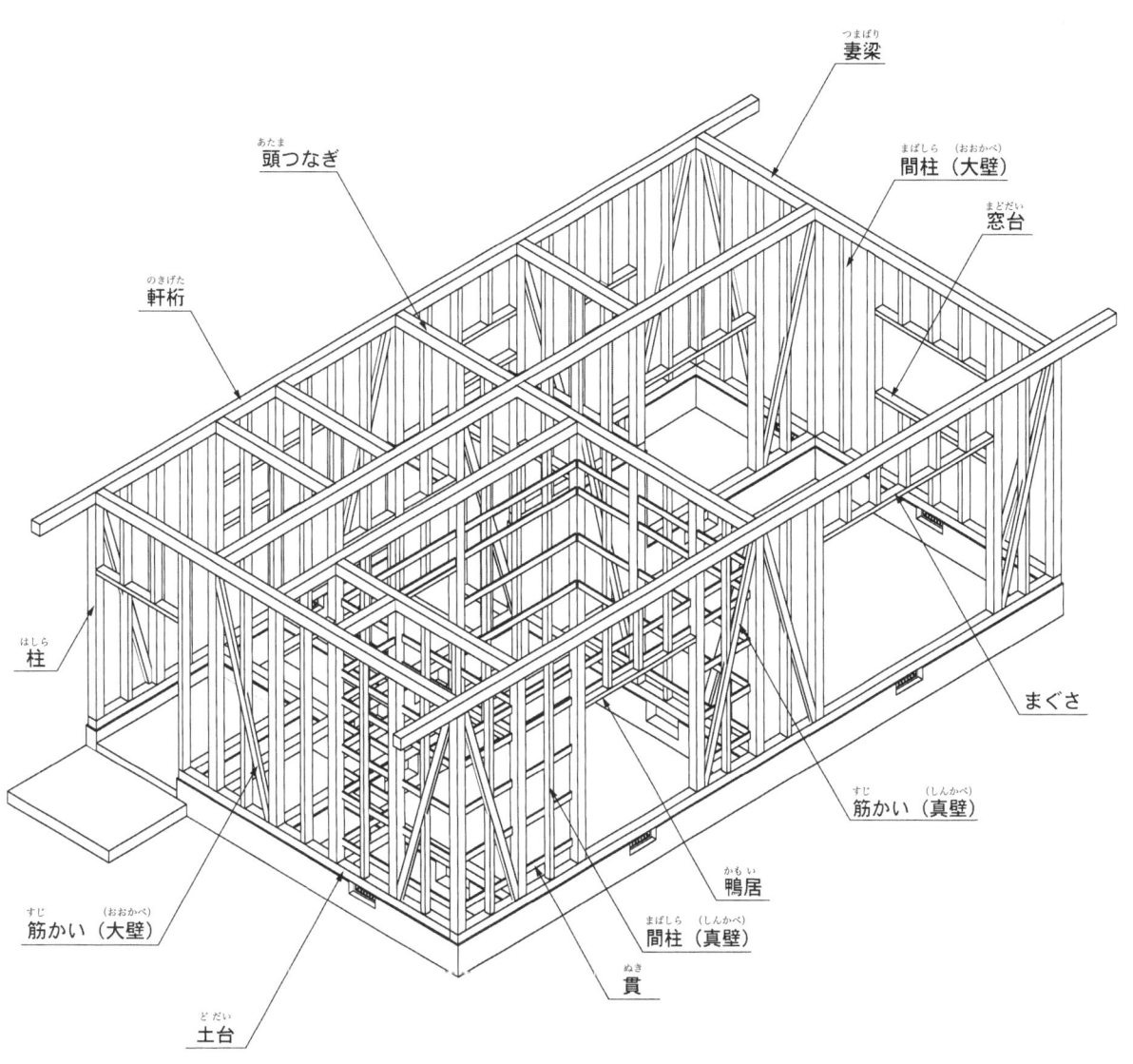

軸組　アイソメ

4-1 軸組図《外壁》

- 外壁にある筋かいは，壁の外側に筋かいを納める．
- 大壁（和室以外）と真壁（和室）の，壁の構法の違いを確認する［⇒ p.36, 38］．
- 大壁（和室以外）と真壁（和室）とでは，間柱および筋かいの大きさが違う［⇒ p.36, 38］．

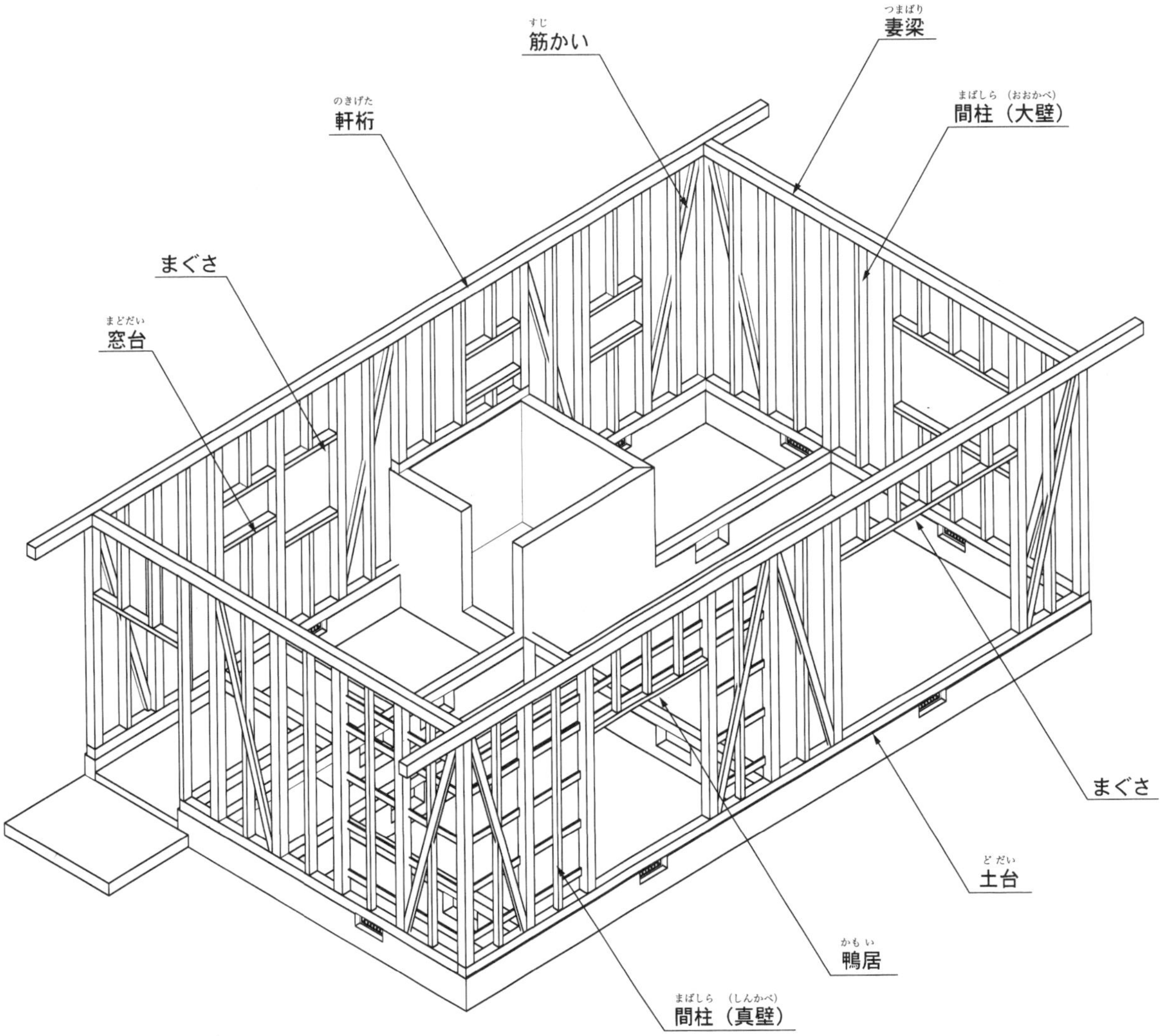

軸組（外壁）アイソメ

壁の構法
和室…………真壁
和室以外……大壁
［⇒ p.35, 大壁と真壁］

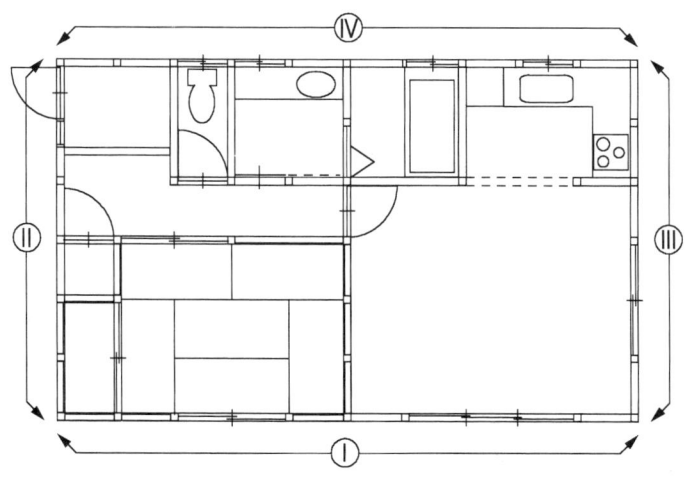

軸組図（外壁）キープラン

キープラン……それぞれの壁の位置を，記号で示したもの．

※次ページの図面の記号と，キープランの記号を合わせると，その壁の位置がわかる．矢印は見る方向を表わす．

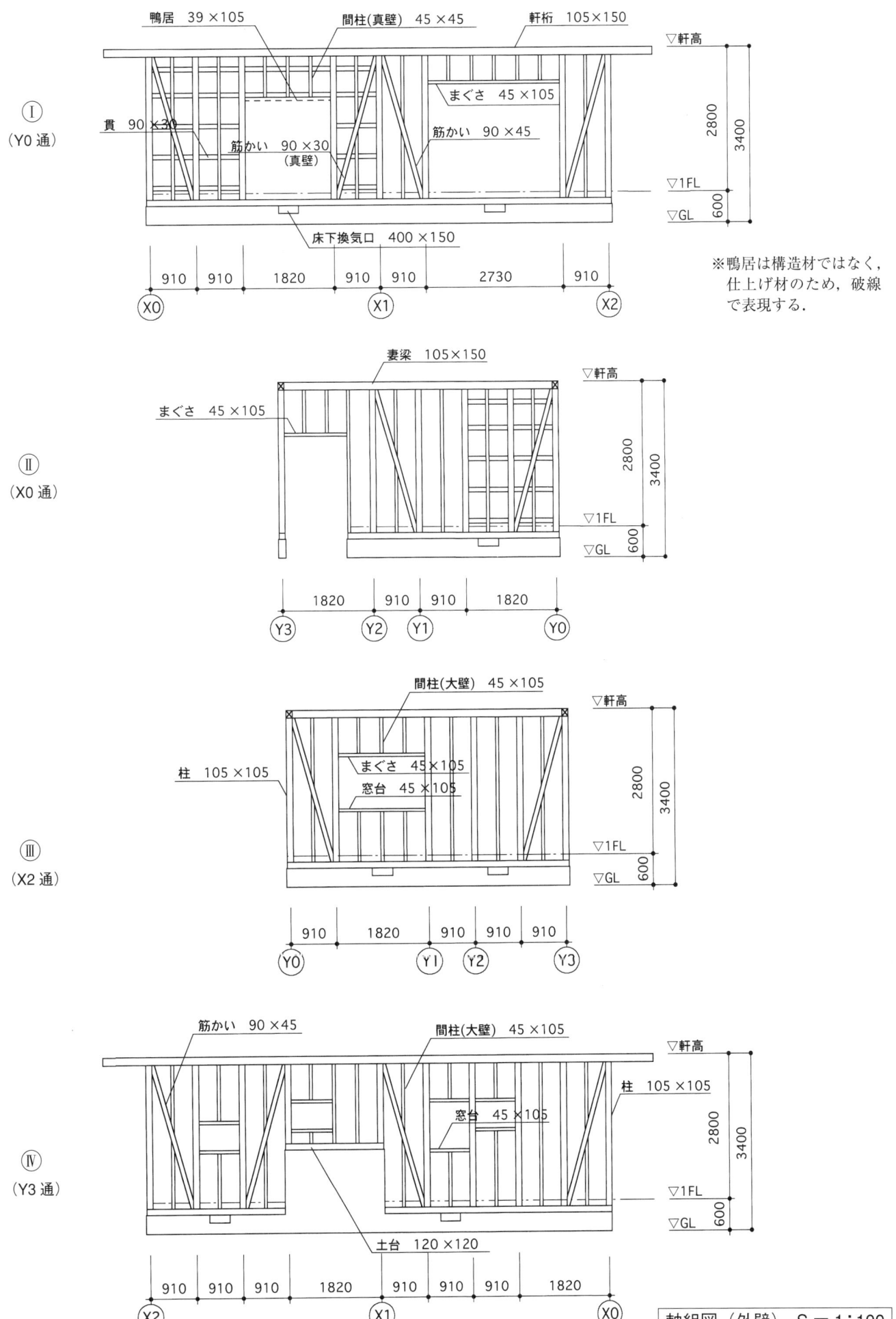

4-2 軸組図《内壁》

- 両側の壁が大壁の場合は，筋かいの位置はどちらでもよい．ただし，片側が真壁の場合は，大壁側に筋かいを納める．
- 大壁（和室以外）と真壁（和室）の，壁の構法の違いを確認する［⇨ p.36，38］．
- 大壁（和室以外）と真壁（和室）とでは，間柱および筋かいの大きさが違う［⇨ p.36，38］．

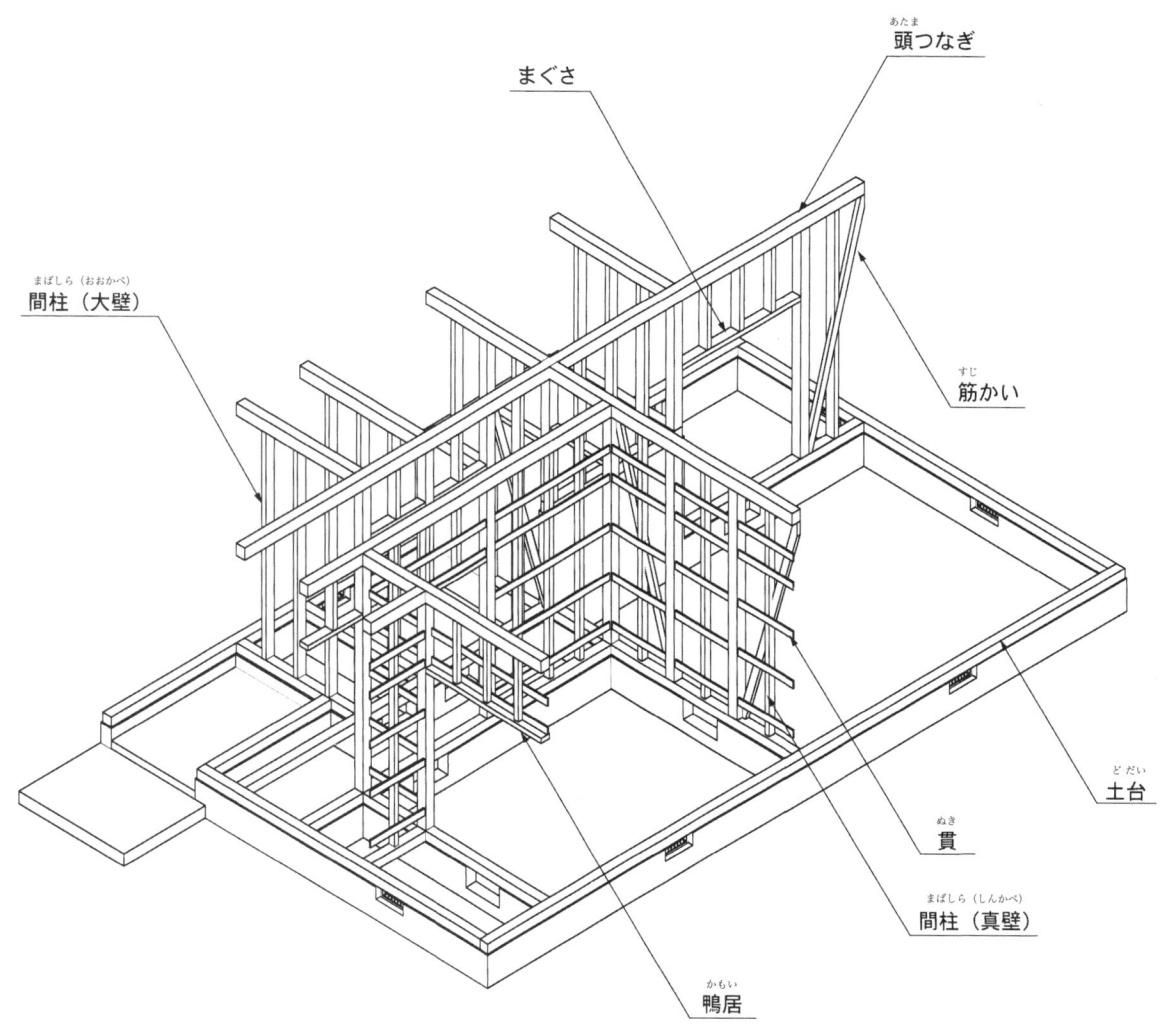

軸組（内壁）アイソメ

壁の構法
和室…………真壁
和室以外……大壁
［⇨ p.35，大壁と真壁］

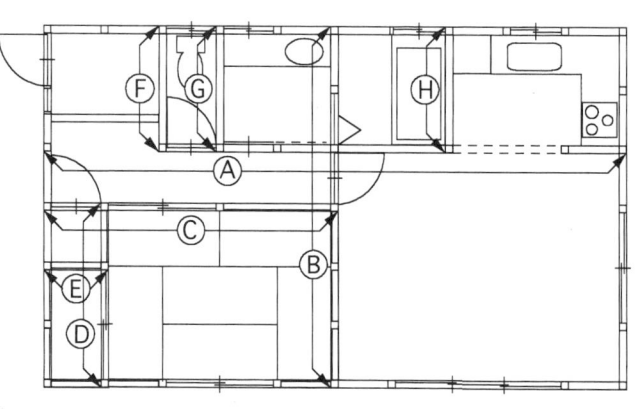

軸組図（内壁）キープラン

キープラン……それぞれの壁の位置を，記号で示したもの．

※次ページの図面の記号と，キープランの記号を合わせると，その壁の位置がわかる．矢印は見る方向を表わす．

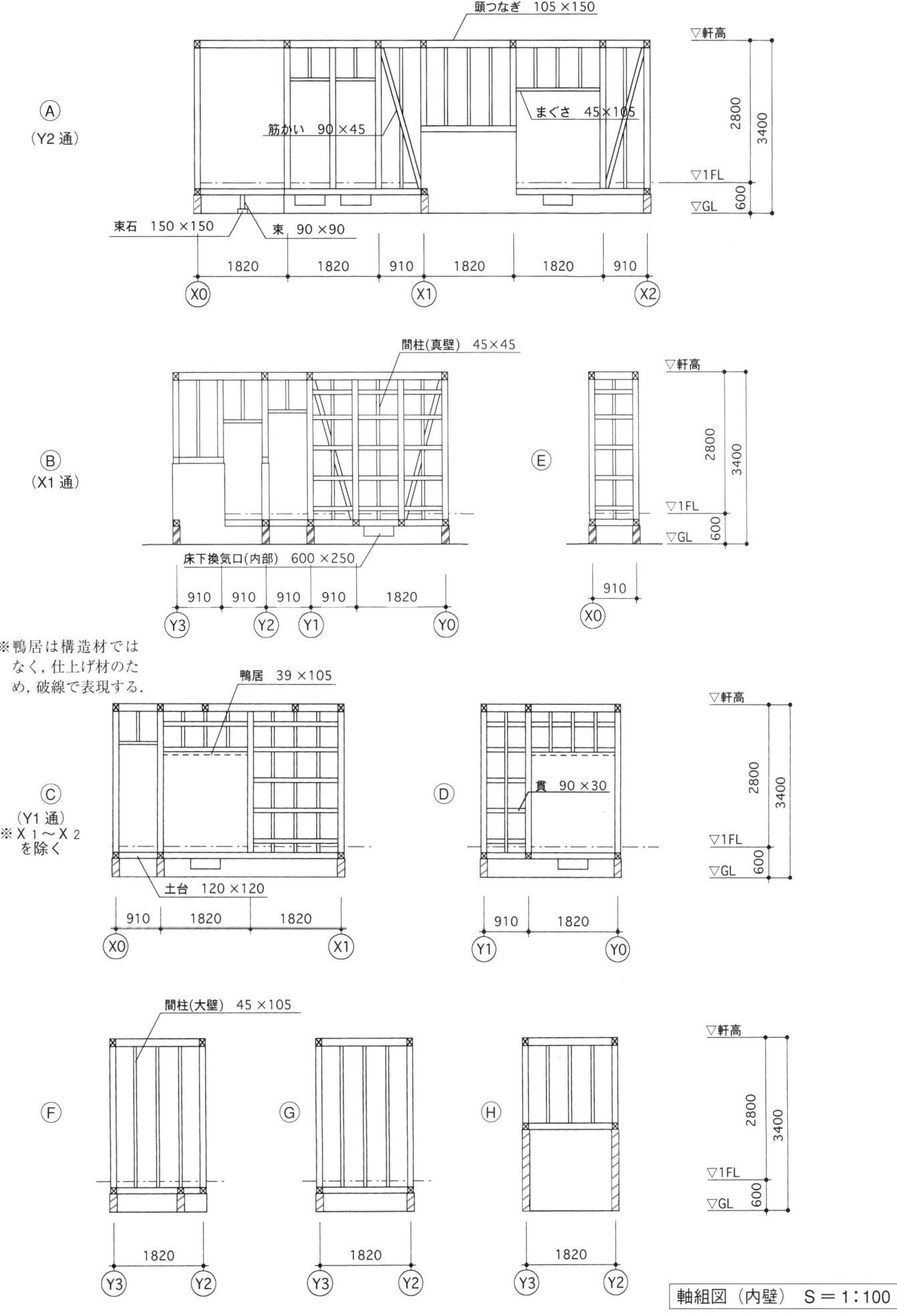

1-4　各部断面詳細図を見る

1 基礎・床組

　フロアレベルおよび仕上げ材などの厚み（畳（厚60），フローリング（厚15）など）が違うため，根太，大引きなどの取り付け位置や束の高さが違う [⇨ p.63, 床組の納まりを考える].

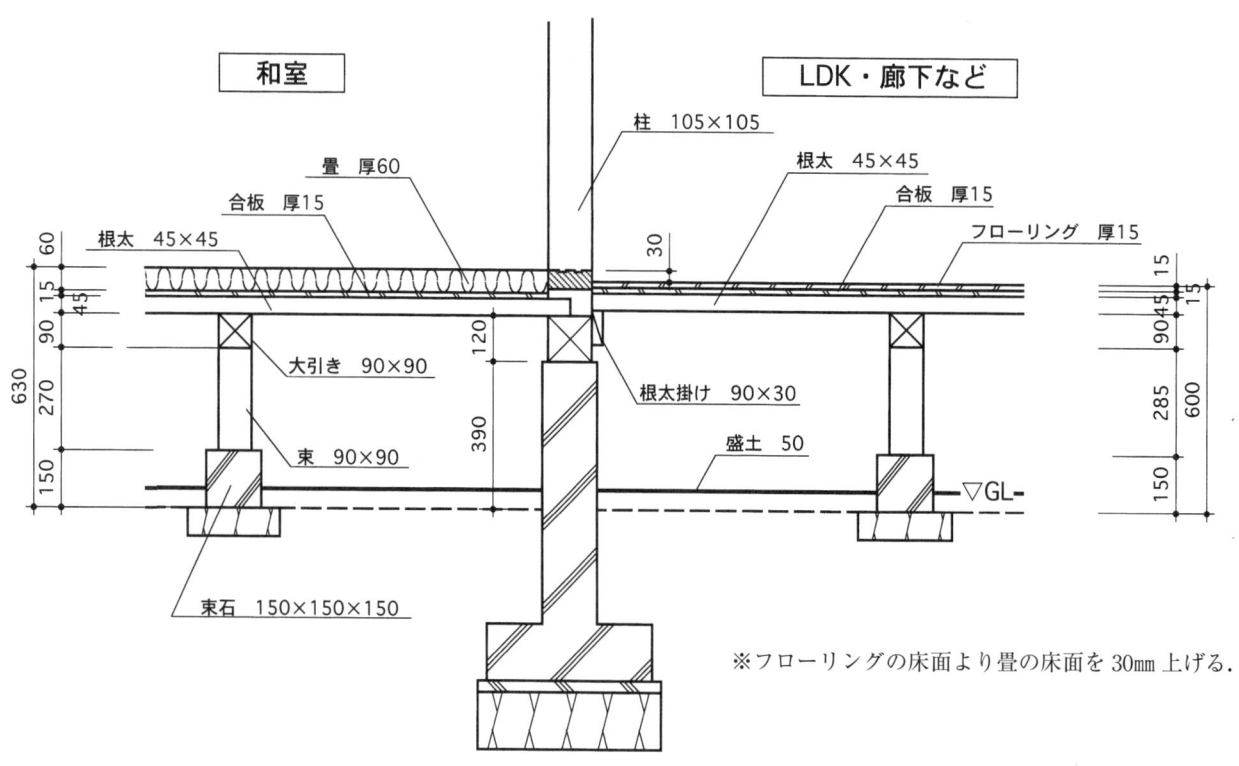

※フローリングの床面より畳の床面を30mm上げる．

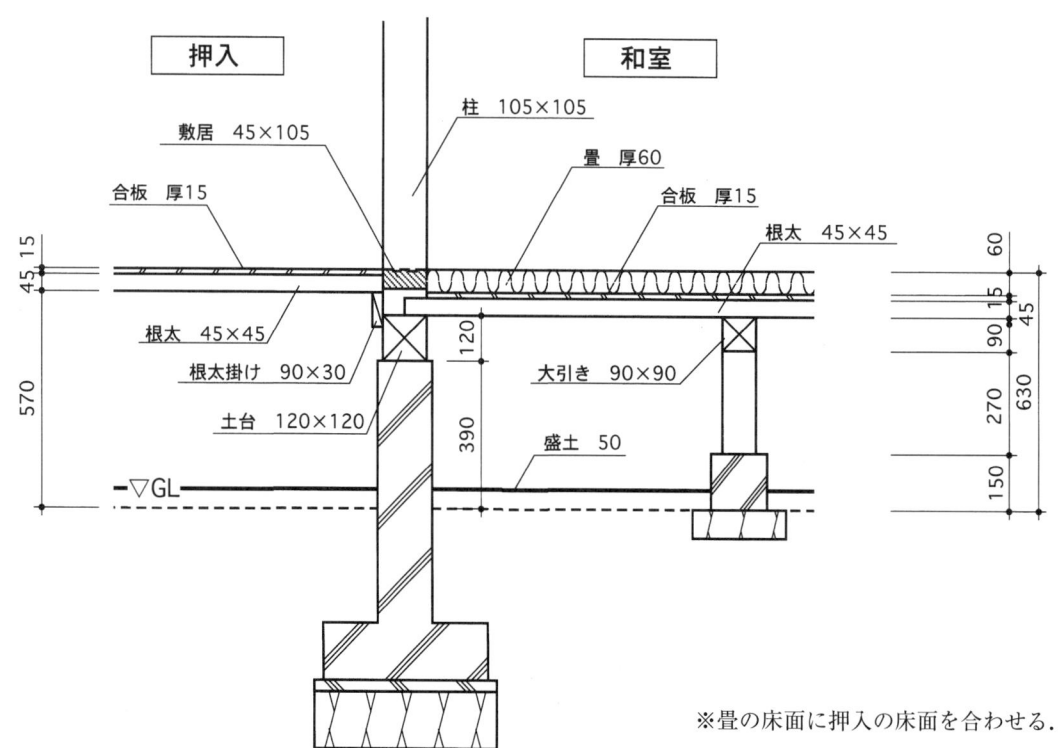

※畳の床面に押入の床面を合わせる．

床組断面詳細図　S＝1：20

2 小屋組

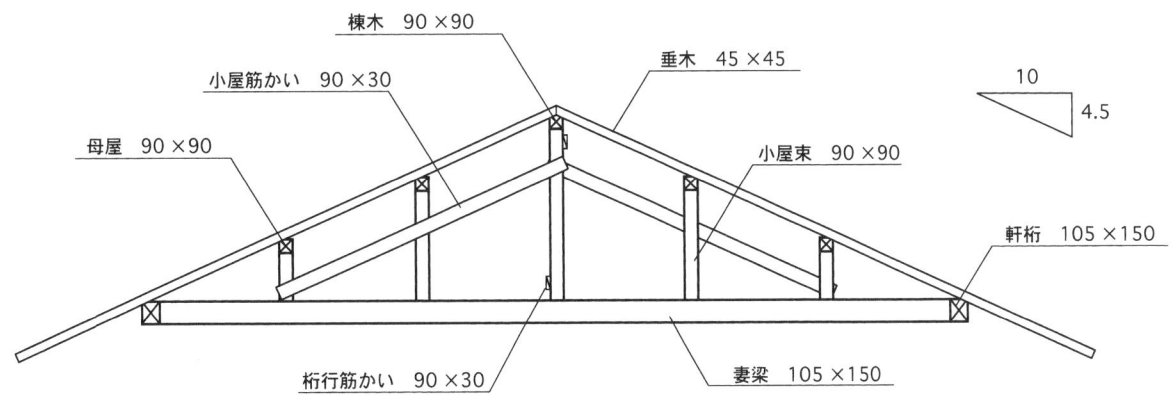

※小屋筋かいと桁行筋かいは，小屋伏図には表わしていない．また，模型でも省略している．

小屋組 断面詳細図　S＝1:50

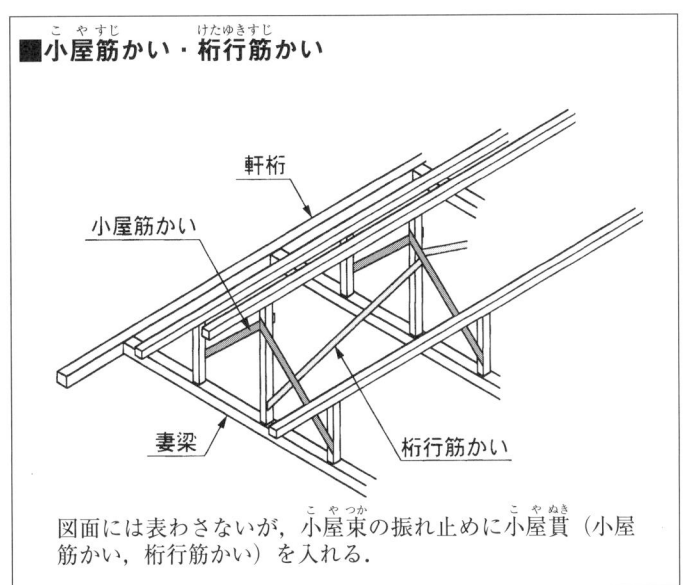

■小屋筋かい・桁行筋かい

図面には表わさないが，小屋束の振れ止めに小屋貫（小屋筋かい，桁行筋かい）を入れる．

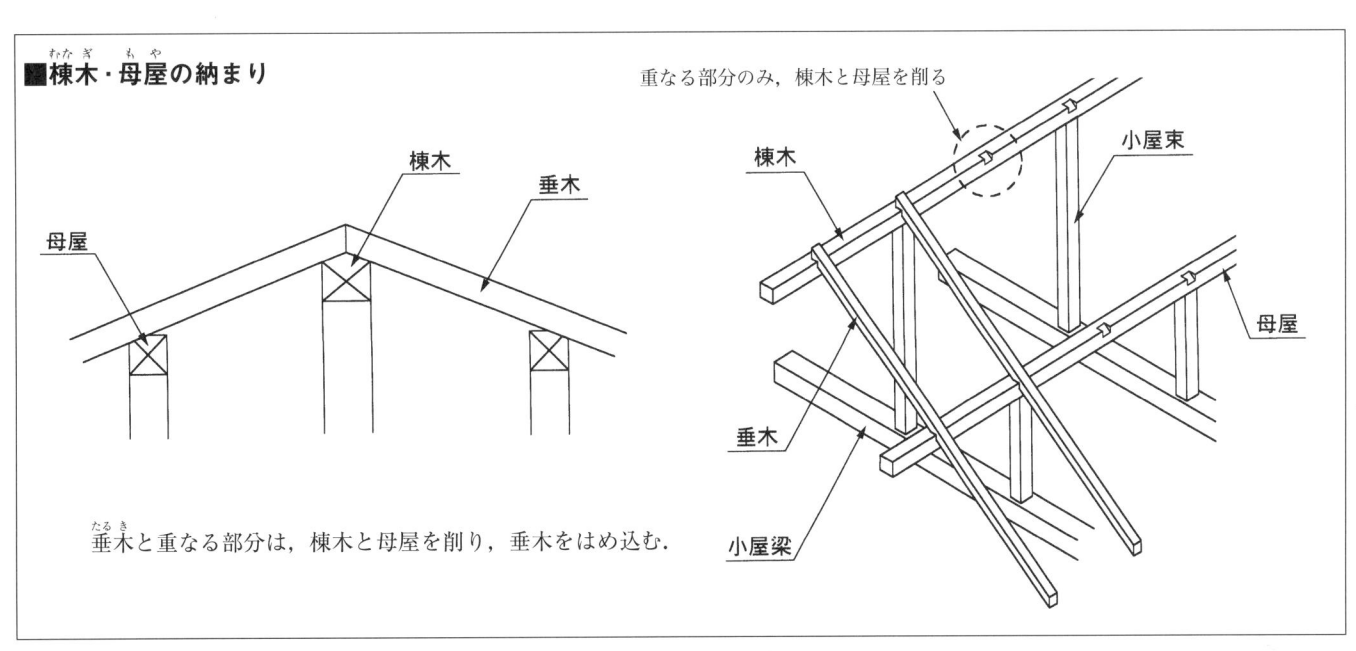

■棟木・母屋の納まり

垂木と重なる部分は，棟木と母屋を削り，垂木をはめ込む．

基礎知識 基礎の種類

1. 布基礎
壁の長さ方向に連続した基礎．

フーチングのない布基礎
平屋建に用いるが，地盤の弱いところには不適．

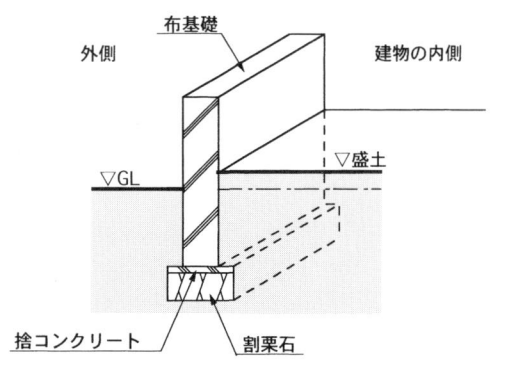

■布基礎の力の伝わり方

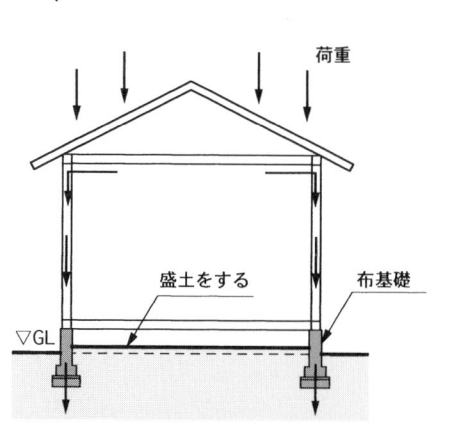

荷重が分散されずに地中へ伝わるので，べた基礎に比べて，地盤への負担が大きい．

フーチングのある布基礎
2階建や地盤の弱いところに用いる．

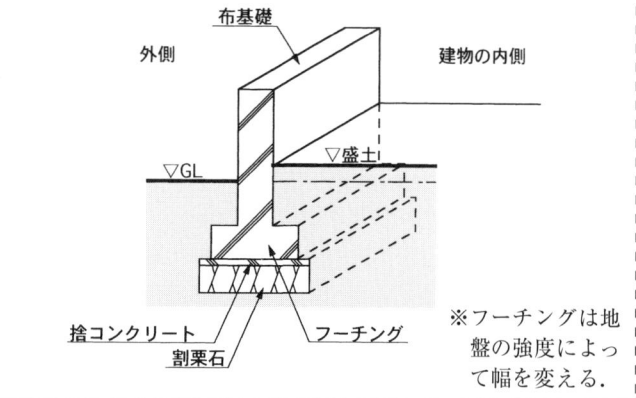

※フーチングは地盤の強度によって幅を変える．

※形状や寸法は，地盤の強度や建物の荷重により決める．

2. べた基礎
建物の底面全体を耐圧板とした基礎．基礎全体の剛性も高まる．

べた基礎
地盤が軟弱なところに用いる．

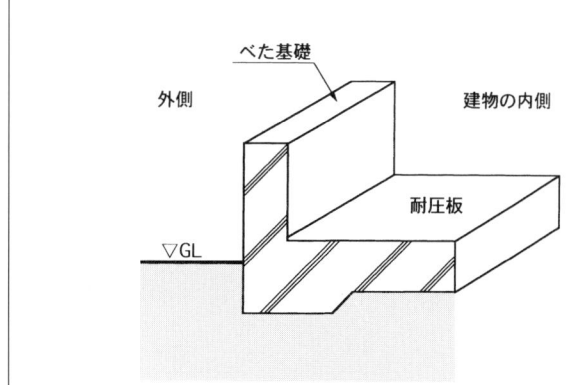

■べた基礎の力の伝わり方

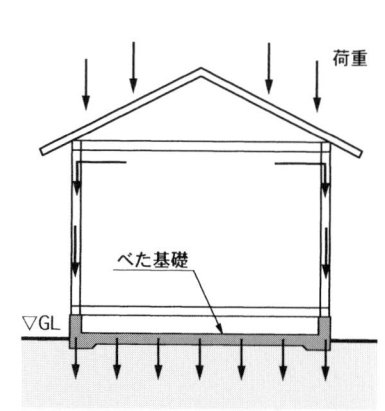

荷重が均等に分散されて地中へ伝わるので，布基礎に比べて，地盤への負担が小さい．

- 基礎に強度が必要な場合は，鉄筋を配筋する．
- 地盤が軟弱すぎる場合や，建物の荷重が大きい場合は，地中に杭を打つ．

1-5 模型を作る

材料はp.5のリストを参考にしてください．

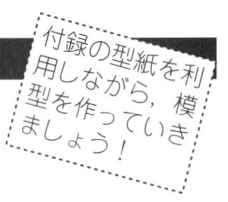
付録の型紙を利用しながら，模型を作っていきましょう！

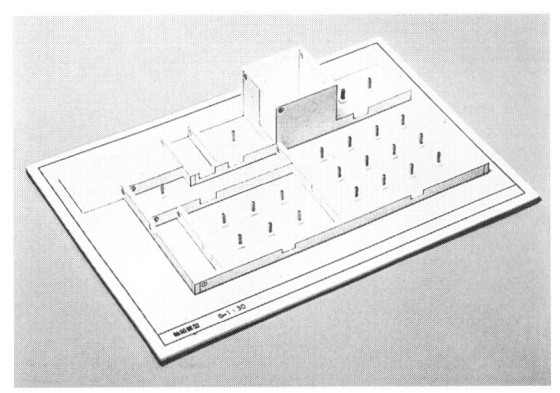
基礎〜束

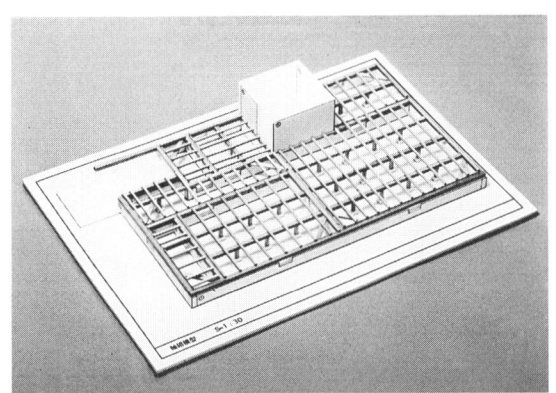
床組

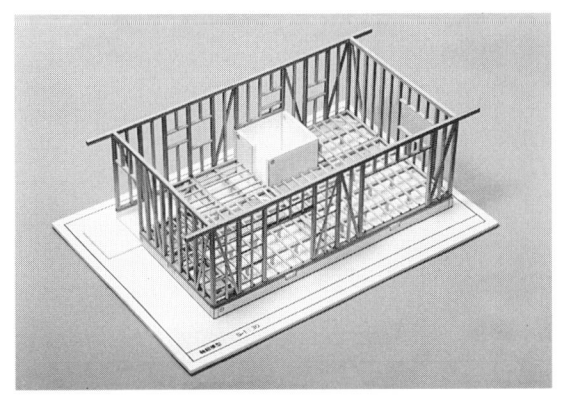
軸組（外壁）

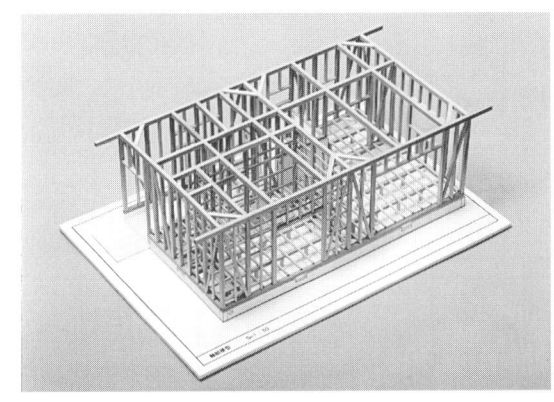
軸組（内壁）

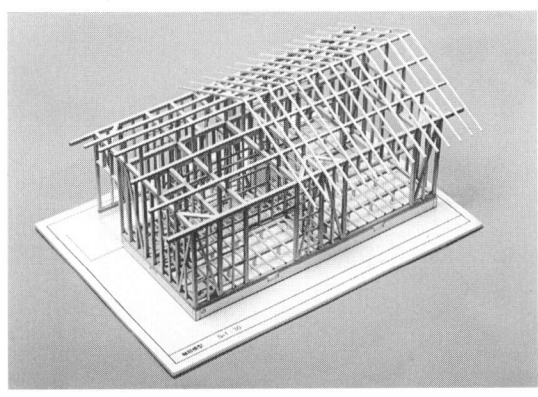
小屋組

完　成

1 ベースの準備

① 付録の 台紙 と，A3サイズのハレパネ（5mm）を用意する．

② ハレパネの剥離紙の短手方向を，3cm ほどめくり，折っておく．

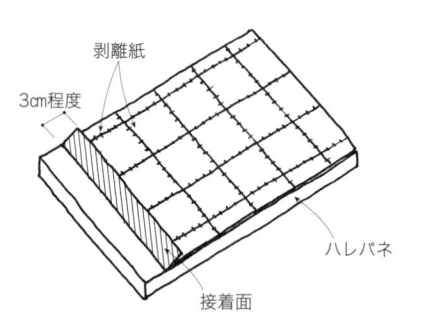

③ ハレパネに型紙を合わせ，②の接着面に型紙を接着する．

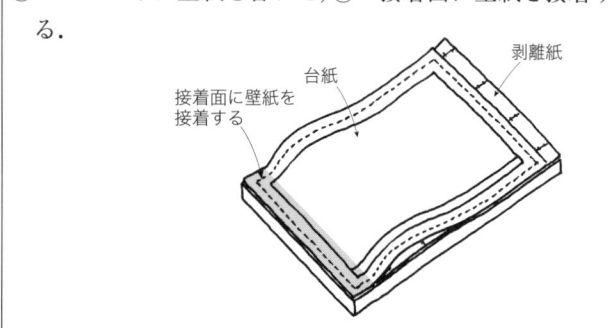

④ ハレパネの紙を少しずつめくりながら，台紙を接着していく．

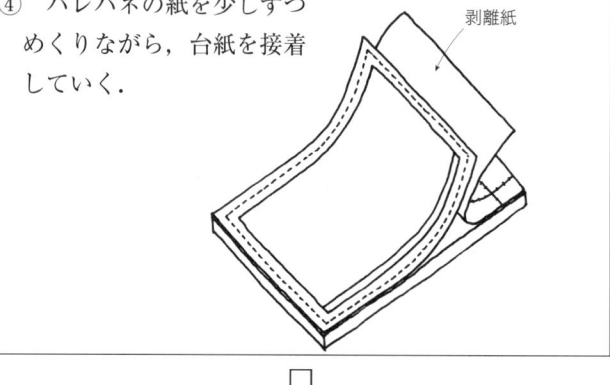

⑤ 台紙のカットラインに合わせて，ハレパネをカットする．

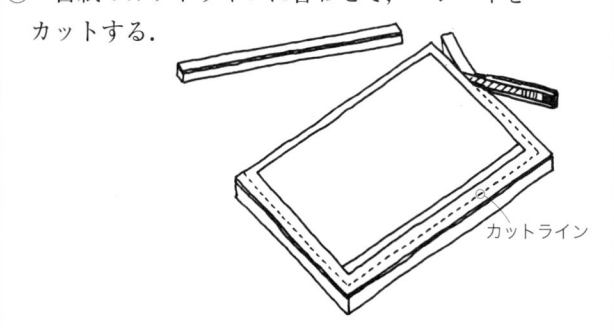

▶台紙や型紙をコピーして使う場合
　コピーすると図面がゆがむことが多い．コピーした図面と付録の台紙や型紙を合わせて，ゆがみがないことを必ず確認する．

ポイント 型紙がずれないようにハレパネに貼ろう！

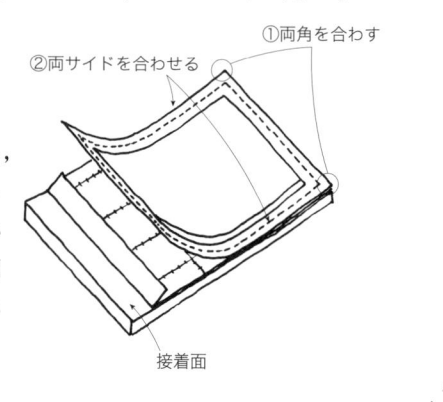

※少しずれても，台紙のカットラインが，ハレパネの内側に納まっていればよい．

▶空気が入るとしわがより，図面がゆがむ．手のひらで，少しずつ，なでるように接着していくと，上手くいく．

［⇒次ページ，ハレパネのカット方法］
▶基礎をカットするときの練習にもなる．なるべく切り口が直角になるようにカットしよう．

ハレパネのカット方法　　ポイント カッターの刃は時々替えること！

ハレパネを直角にカットする（カッターの刃の角度を見ながら，直角にカットする）．
※一度で切ろうとせず，2〜3回に分けて，繰り返して切るとよい．

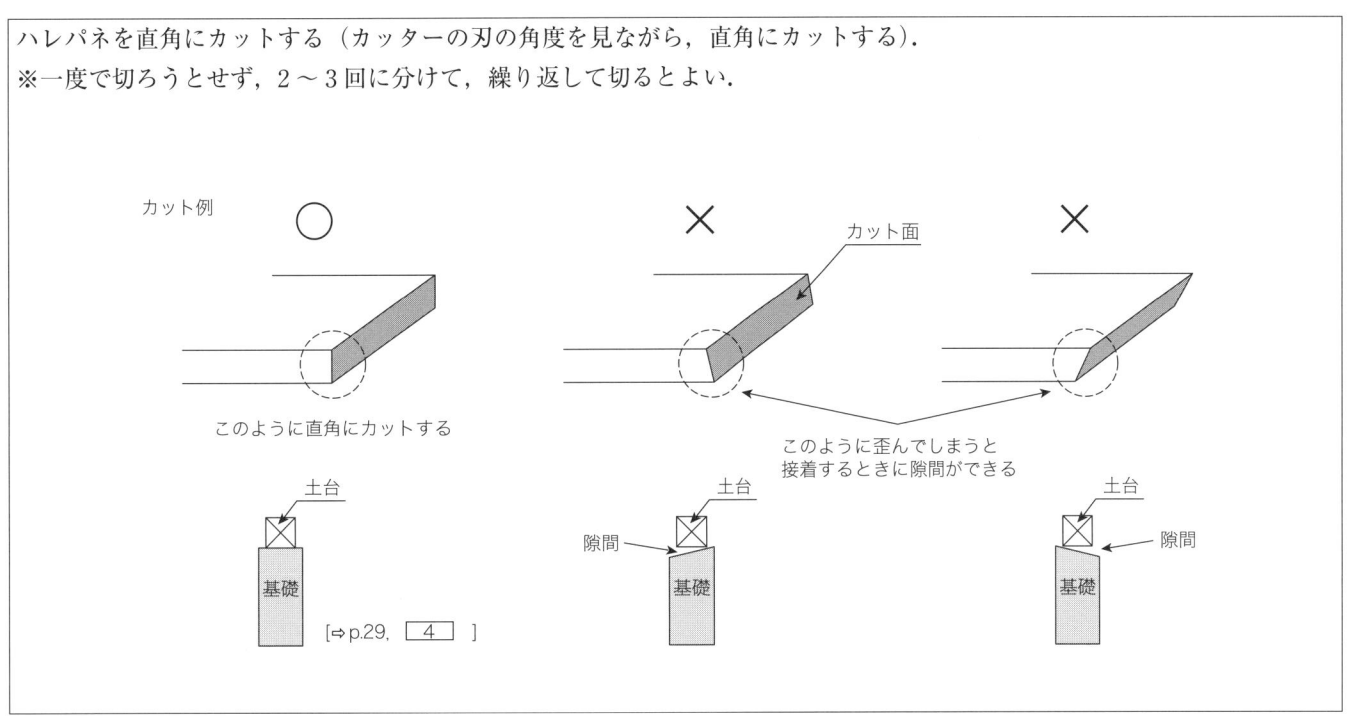

45°のカット方法　　型紙1　[⇒ p.26 右中央図，45°カットが必要なもの]

① ハレパネの裏面に，厚みと同じ寸法を，端から測り，カッターで筋目を入れる．

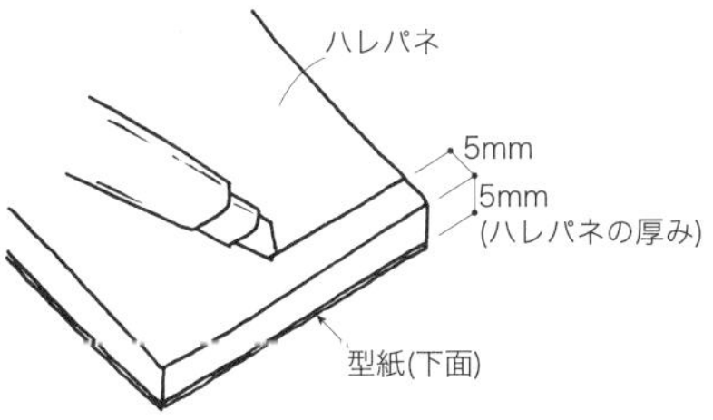

② 筋目より少し下がったところに定規を置き，筋目からハレパネの下端に向けてカットする．

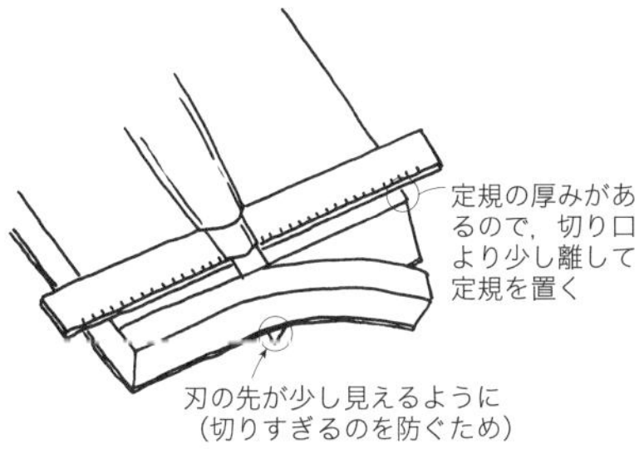

※1回でカットをするのが難しい場合

①下端より少し上の部分に向けて，1度カット

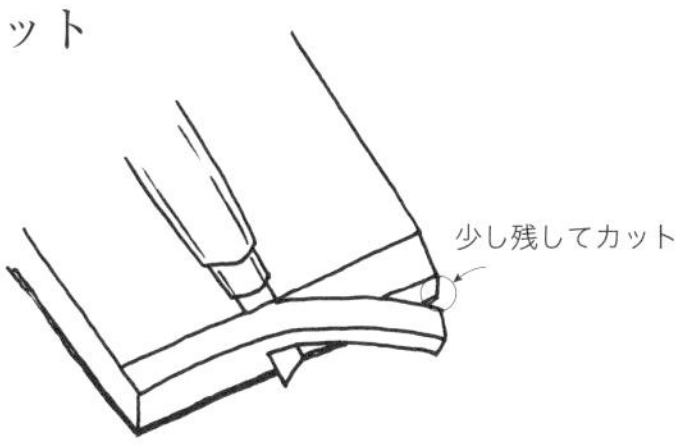

②残った部分を少しずつカット

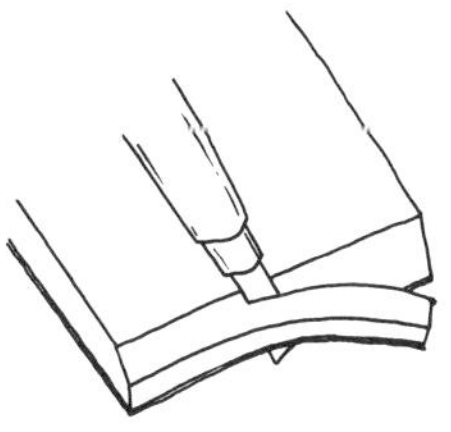

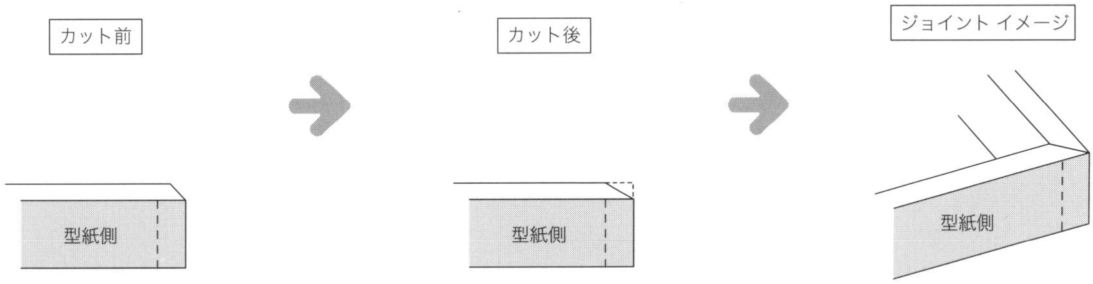

カット前 → カット後 → ジョイントイメージ

2 基礎の作り方

① 付録の 型紙1 と，A3サイズのハレパネ（5mm）を用意する．

⬇

② ベースを作った時と同じ要領で，①のハレパネに型紙を接着する［⇨ p.24，②～④］．

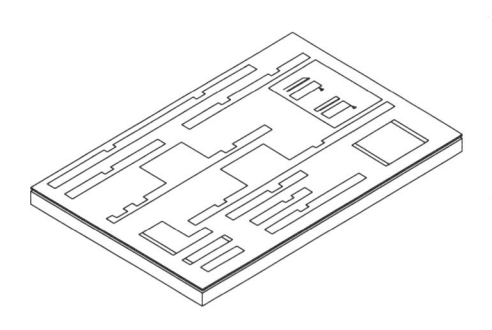

⬇

③ ②をそれぞれの大きさに切り分ける．

A3サイズのままでは大きすぎて切りにくいので，適当な大きさに分割するとよい

▶基礎の上に床組を取り付ける時に，基礎と床組の間に隙間を作らないために，切り口は直角になるようにカットしよう［⇨ p.25，ハレパネのカット方法］．

45°カットが必要なもの［⇨ p.25，45°のカット方法］
型紙の記号　Ⅰ　Ⅱ　Ⅲ　Ⅳ　Ⅴ　Ⓐ　Ⓕ

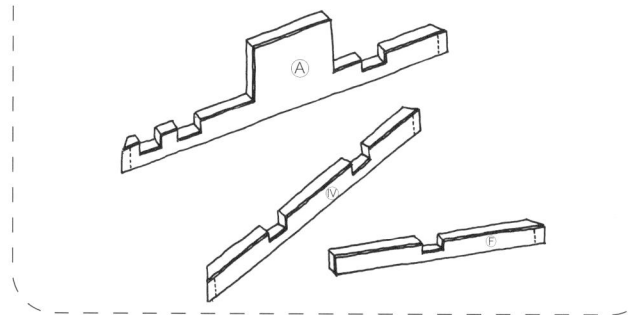

※ p.24で作ったベースを用意する．

⬇

④ キープランの記号（型紙右中央図）に合せて，ベースに基礎を木工用ボンドで接着する．

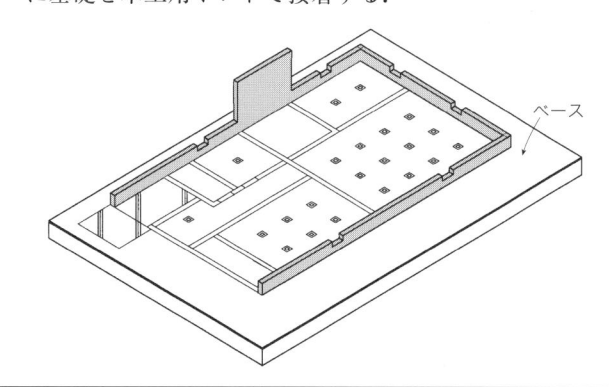

ベース

ポイント 接着面を木工用ボンドで接着する
ボンドが固まるまでテープで留めておいたほうが，より安定する．
※ボンドを接着面からはみだすほど塗ると，テープまで固まり，剥がせなくなるので，要注意．
※ボンドは薄く塗るほうが，接着面に強度がでる．

⬇

⑤ 模型をつくる 2 3 （⇨ p.27）の順序に従って完成させる．
（付録 参考図2 参照）

2 で用意する物……スチレンペーパー（3mm）
3 で用意する物……檜棒（3×3）

模型をつくる

1 基礎をつくる

付録 参考図2　型紙1
材料：ハレパネ 5mm

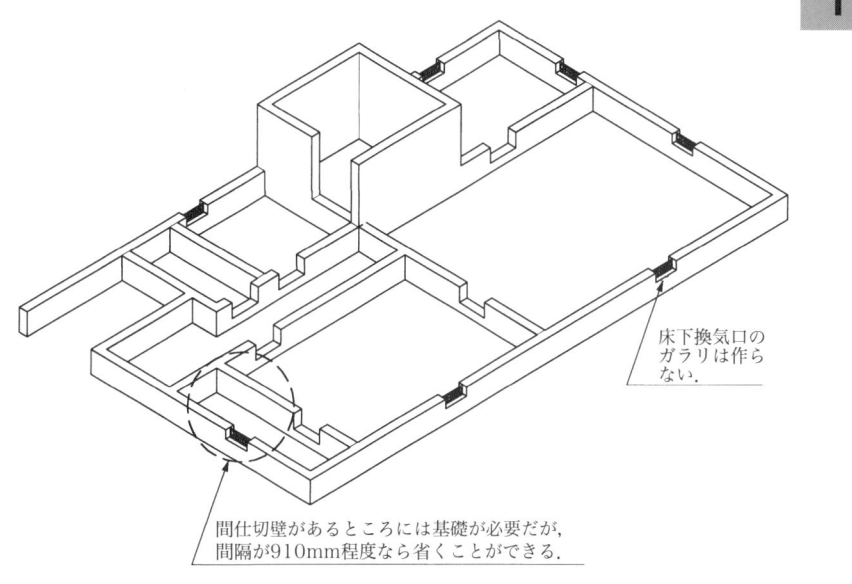

床下換気口の
ガラリは作ら
ない．

間仕切壁があるところには基礎が必要だが，
間隔が910mm程度なら省くことができる．

2 束石・土間コンクリートをつくる

①束石　付録 参考図2
　材料：スチレンペーパー 3mm
　サイズ 7mm × 7mm × 3mm（厚さ）

②土間コンクリート
　付録 参考図2
　材料：スチレンペーパー 3mm
　サイズ：型紙の大きさに合わせる．
　　ポーチ　厚さ 3mm
　　玄　関　厚さ 6mm
　　浴　室　厚さ 3mm
　※玄関のみ，スチレンペーパーを
　　2枚重ねる．

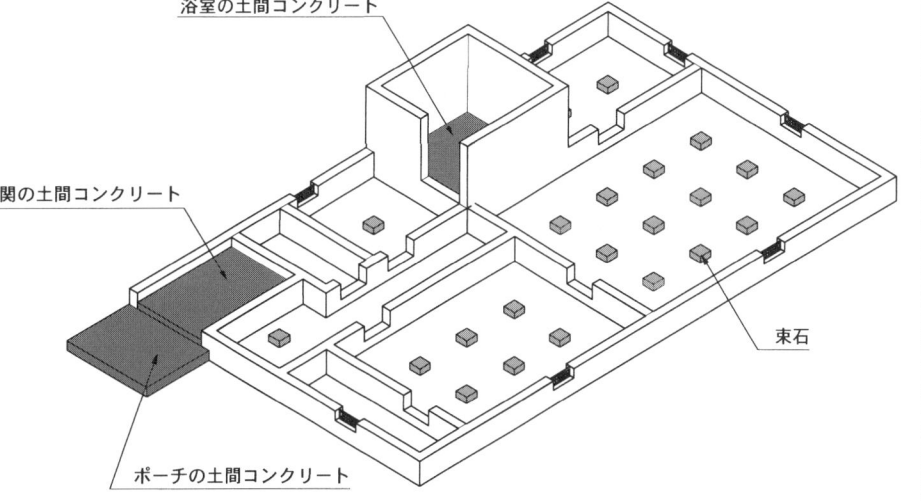

浴室の土間コンクリート
玄関の土間コンクリート
ポーチの土間コンクリート
束石

3 束を立てる

付録 参考図2
材料：檜棒　3×3
サイズ（高さ）：下記
　和室・玄関 束の高さ 約 9.5mm
　上記以外　　束の高さ 約 10.5mm

■根がらみ貫

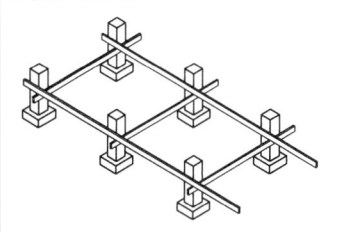

束の移動を防ぐため，それぞれを連
結した貫材．模型では表現しない．

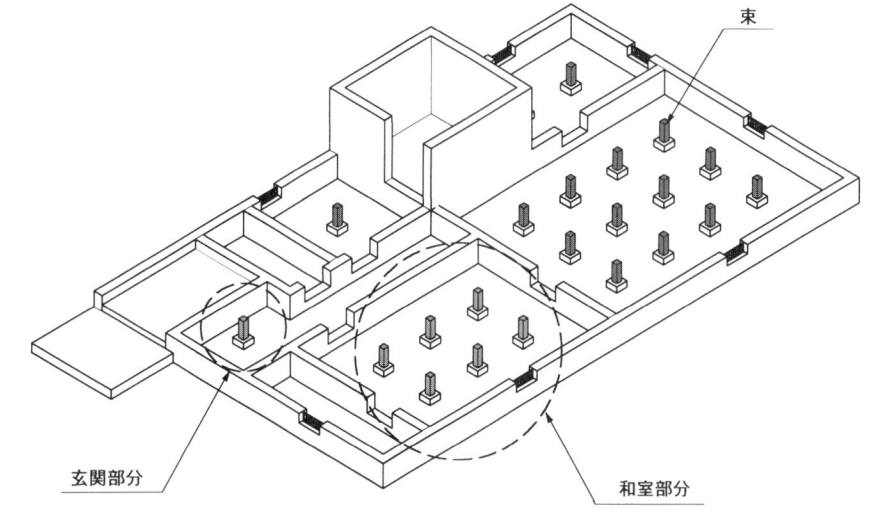

束
玄関部分
和室部分

3 床組の作り方

① 付録の 型紙2 と，檜棒を用意する．

※用意する檜棒のサイズ
4×4, 2×4, 1×3, 2×2

② 型紙の図面が印刷されている面に，仮貼用のスプレーのりを吹き付ける．

▶スプレーのりが飛び散らないように，段ボールを用意して，その中で吹き付けるとよい．

ポイント スプレーのりの吹き付け
20cm 程度離れたところから，軽く吹き付ける．
※のりが溜まるほど吹き付けてしまうと，「⑥型紙をはがす」(p.30)の時にはがれにくく，また模型を汚す原因となるので，注意すること．

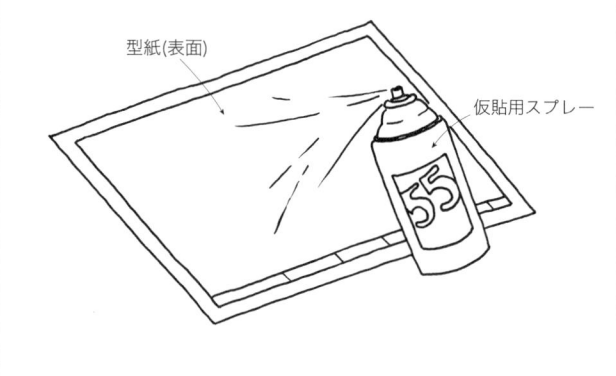

③ p.29, 31 の部材（火打土台，大引き，根太掛け，根太）を，型紙の長さにカットする．

［⇒ p.30，檜棒のカット方法］
▶檜棒のジョイントは突き付けにする．

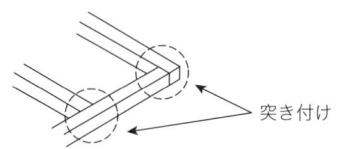

④ p.30〜31 の順序に従って，部材同士を木工用ボンドで接着する．

（注1）型紙には接着しないで，部材同士を接着させる．
（p.30 ⑥で型紙をはがすため）
（注2）木工用ボンドを塗りすぎると，ボンドが盛り上がってしまい，軸組(壁)が取り付けにくくなる．
　　　［⇒ p.34，⑥注3］
※特に土台の上には，ボンドがはみ出さないように気をつける．

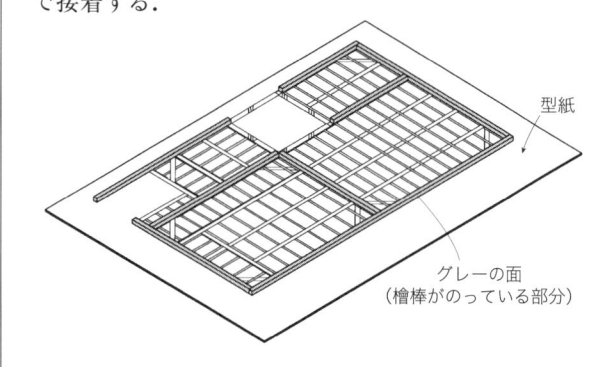

⑤ 浴室の入口部分には，土台を基礎に直接取り付ける（p.29 4 を参照）．

p.30 へ

模型をつくる

4 土台を基礎の上に載せる

付録 型紙2
材料：檜棒 4×4

■玄関部分の納まり
土台
1×3の部材を土台の上に取り付ける

■土台の納まり
土台
基礎

5 火打土台を取り付ける

付録 型紙2
材料：檜棒 2×4

■火打土台の納まり
土台
火打土台
土台の天端に合わせて火打土台を取り付ける

6 大引きを束の上に取り付ける

付録 型紙2
材料：檜棒 4×4

■和室以外の大引きは土台より1mm上げる

和室	和室以外
土台／大引き／基礎	大引き／土台より1mm上げる／基礎
土台／大引き	大引き(1mm上げる)／土台／1×3の部材を大引きの両側に仮置きする

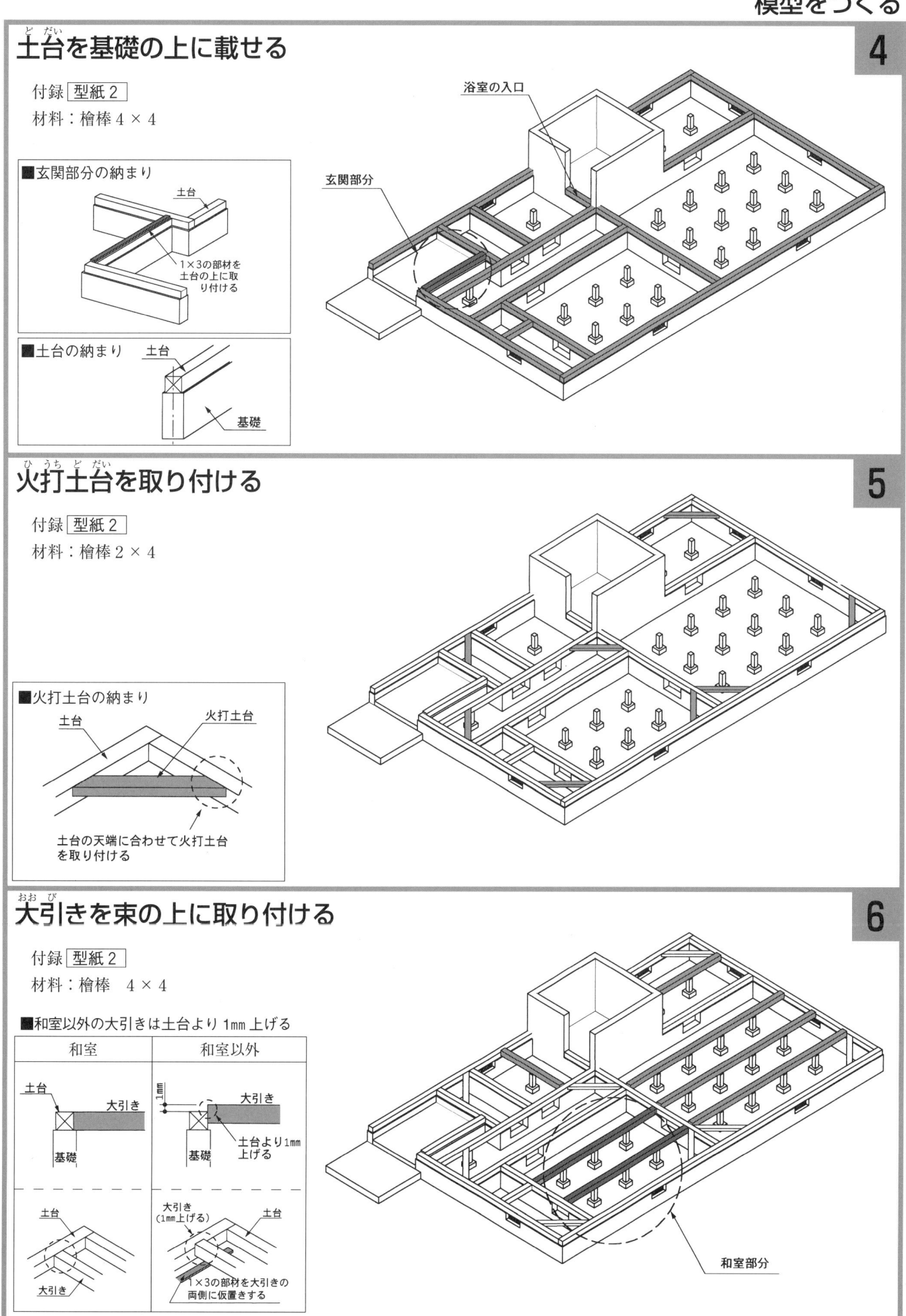

浴室の入口
玄関部分
和室部分

⑥ 型紙をはがす．	▶接着部分に残った型紙は，できる範囲で取り除く．

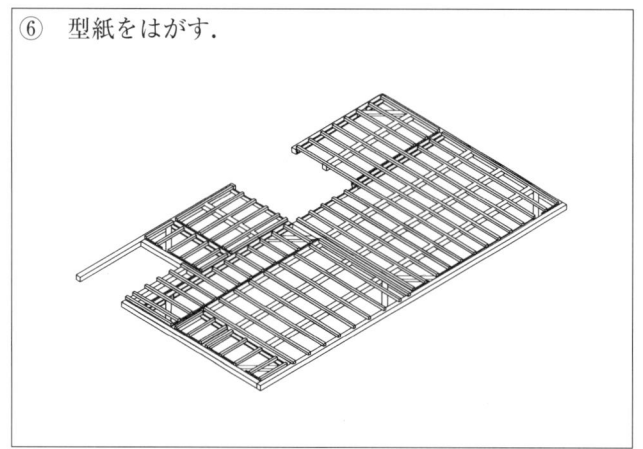

> **ポイント** きれいにはがしたい時はどうする？
> 　水でぬらした筆で，残った型紙部分に水を染み込ませるように塗る．しばらくおくと，残った型紙は，部材からきれいにとれる．
> ※水が垂れるほど染み込ませると，部材同士まではずれてしまうので，注意すること．

⑦　床組を基礎の上に取り付ける．

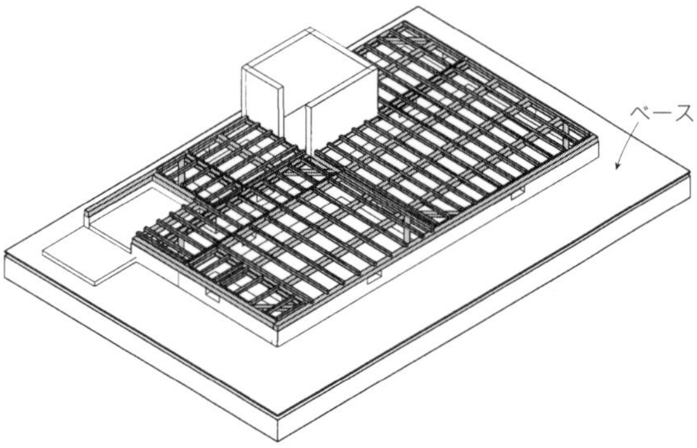

▶基礎の中心と土台の中心を合わせて，接着する．
（⇒ p.29, ４ ■土台の納まり）

> **ポイント** 基礎の制作精度により，基礎と土台にすき間ができることもあるが，そのままにしておく
> 〈理由〉土台を基礎にあわせて変形させてしまうと，軸組（壁）や小屋組が合わなくなるため．

檜棒のカット方法

① 檜棒の４面に，カッターの刃を押し込むようにして切り目を入れる．

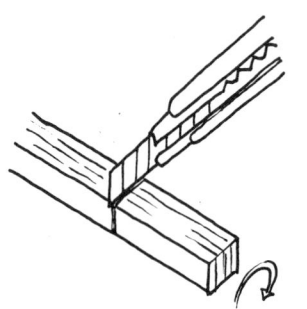

※のこぎりを使うように，カッターを前後に動かすと，刃が摩擦ですぐに使えなくなる．必ず，上から下へ押し込むように切ること．

② 切り目の両側を持って，檜棒を折る．

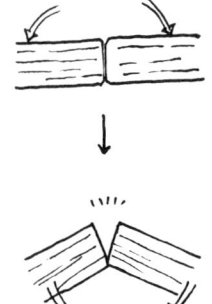

※一度で折れない場合は，持つ面を変えながら，少しずつ折っていくとよい．

③ 木口に残った部分をカットし，木口を平らにする．

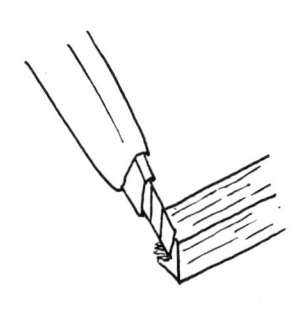

模型をつくる

7 根太掛けを土台（側面）に取り付ける

付録 型紙2

材料：檜棒 1×3

■根太掛けの取り付け高さの違いに注意する

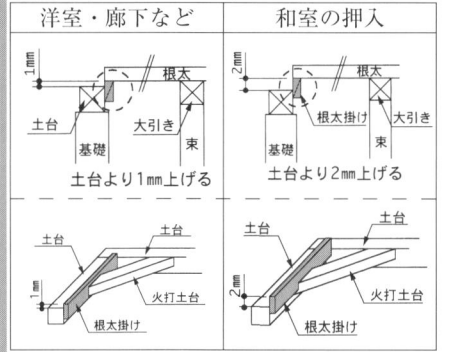

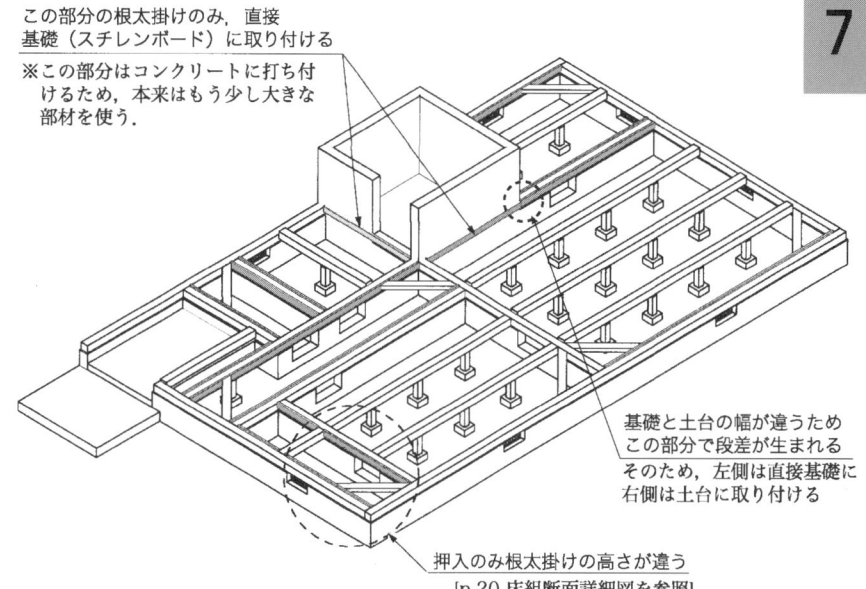

この部分の根太掛けのみ，直接基礎（スチレンボード）に取り付ける
※この部分はコンクリートに打ち付けるため，本来はもう少し大きな部材を使う．

基礎と土台の幅が違うためこの部分で段差が生まれる
そのため，左側は直接基礎に右側は土台に取り付ける

押入のみ根太掛けの高さが違う
[p.20 床組断面詳細図を参照]

8 和室と押入に根太を掛ける

付録 型紙2

材料：檜棒 2×2

■根太の取り付け高さと納まりの違いに注意する

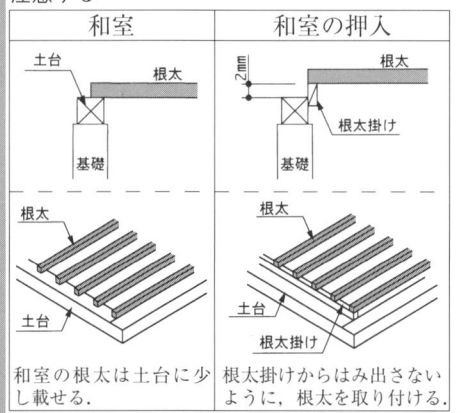

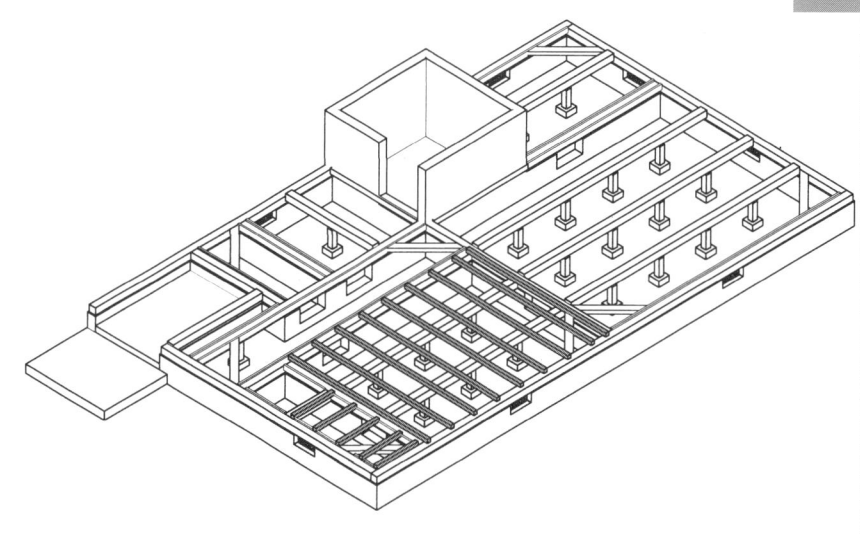

9 残りの根太を掛ける

付録 型紙2

材料：檜棒 2×2

■根太の納まりに注意

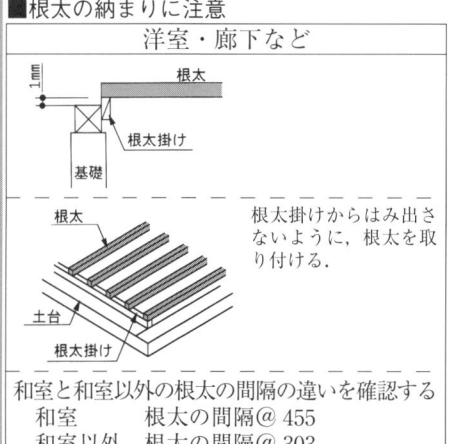

和室と和室以外の根太の間隔の違いを確認する
 和室　　　根太の間隔＠455
 和室以外　根太の間隔＠303

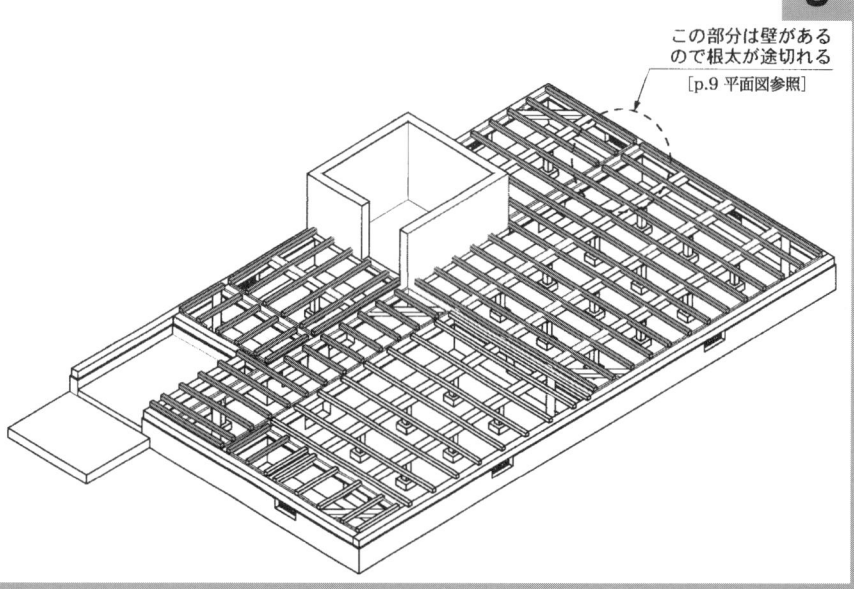

この部分は壁があるので根太が途切れる
[p.9 平面図参照]

4 軸組の作り方

① 付録の 型紙3〜10 と，檜棒を用意する．

※ 型紙3〜6 ……外壁用
　 型紙7〜10 ……内壁用　▶外壁から始めるとよい．
※ 用意する檜棒のサイズ
　 4×4, 4×5, 2×4, 2×2, 2×3, 1×3

② 型紙の図面が印刷されている面に，仮貼用のスプレーのりを吹き付ける．

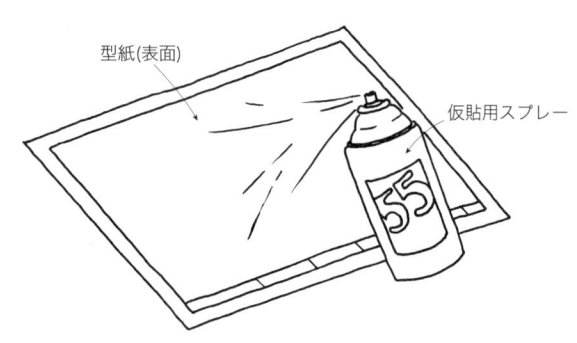

※スプレーのりを吹き付けておくと，部材を置いたときにずれないので，作業しやすくなる．

③ それぞれの部材を，型紙の長さにカットする．

(注1) 間柱と筋かいの断面寸法が，大壁と真壁では違うので，注意する [⇒ p.36, p.38, ■柱・間柱・筋かいの位置関係] を参照．
(注2) 筋かいと間柱が交差するところは，間柱側をカットする [⇒ p.34 下図, 間柱をカットする方法]．

④ 大壁と真壁の違いに注意しながら，部材同士を木工用ボンドで接着する．

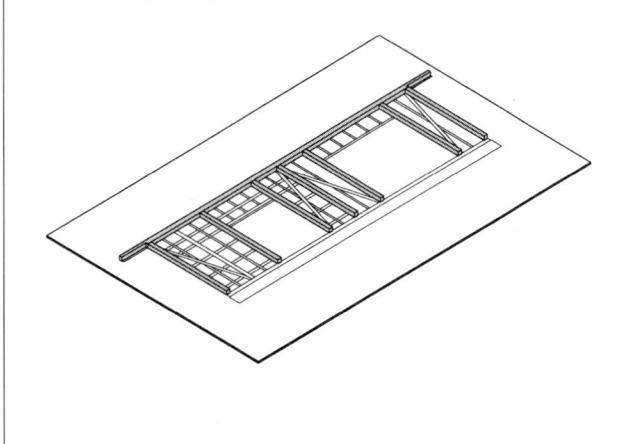

▶型紙には接着しないで，部材同士を接着する．

大壁と真壁の作り方の違いを確認しよう [⇒ p.36, p.38]．

⑤ 型紙をはがす．

▶部材同士の接着部分に残った型紙は，できる範囲で取り除く．

ポイント きれいにはがしたい時 [⇒ p.30 右上] を参考にする．

p.34 へ

模型をつくる

外壁の軸組を立てる　10

付録 型紙3　①

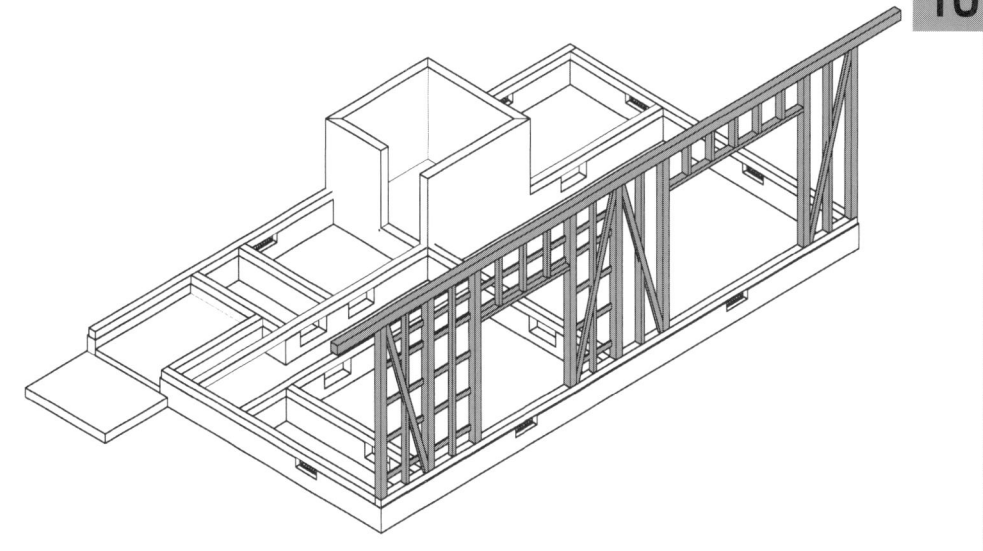

外壁の軸組を立てる　11

付録 型紙4　②

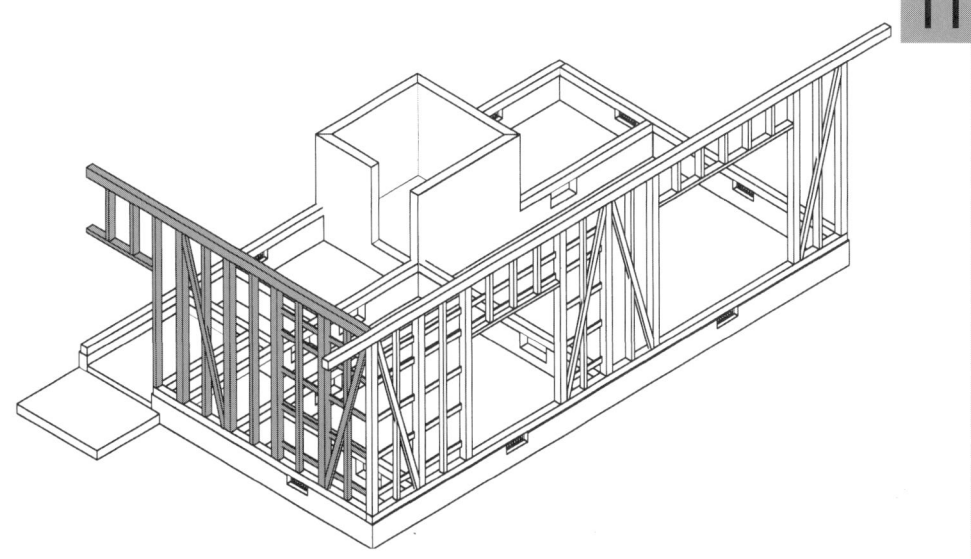

外壁の軸組を立てる　12

付録 型紙5　③

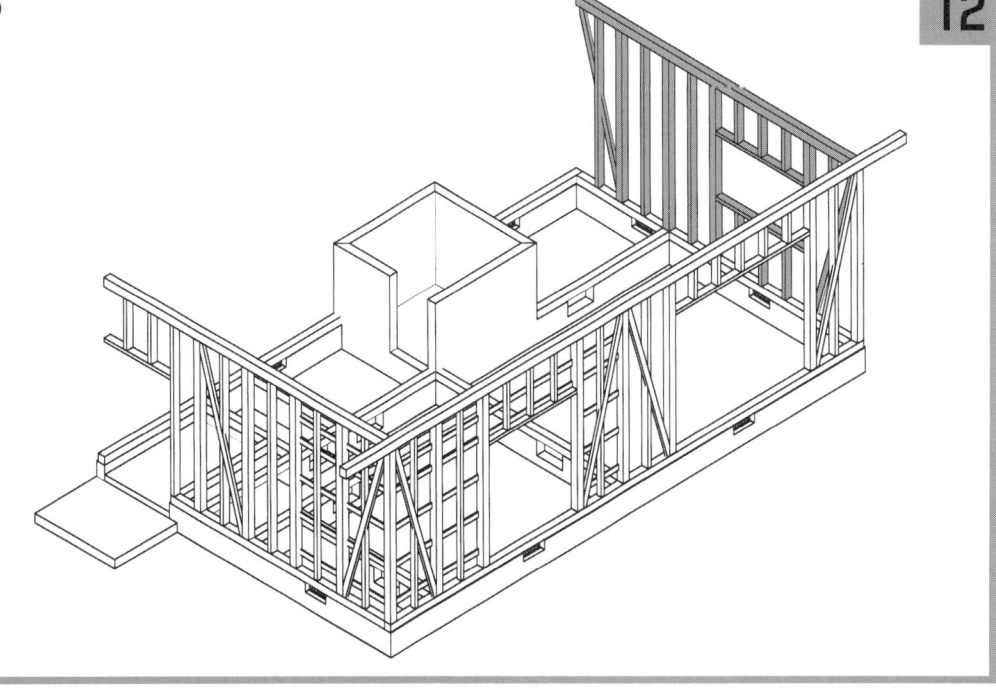

⑥ 軸組を土台の上に接着する．

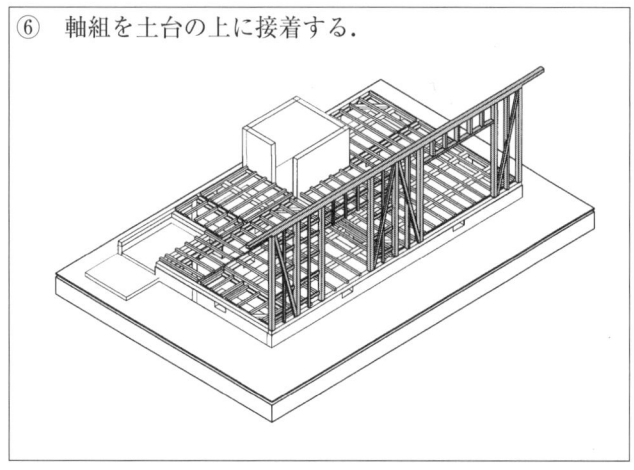

（注1）はじめて壁を立てる場合は，2枚の壁を一緒に取り付けると安定する．

ポイント 接着の方法
木口は，木工用ボンドで接着するが，ボンドが固まるまで，テープで固定しておいた方が，より安定する．

（注2）土台の上にボンドが固まって残っているようであれば，ボンドを取り除いておく．
〈理由〉ボンドの固まりによって，それぞれの軸組の取り付け高さが変わってしまうため．

（注3）土台の両側に根太掛けがある場合，非常に取り付けにくい．柱が土台につくまで，しっかり押し込むこと．

（注4）軸組（壁）は，直交する壁の柱に合わせて，垂直に立てる．

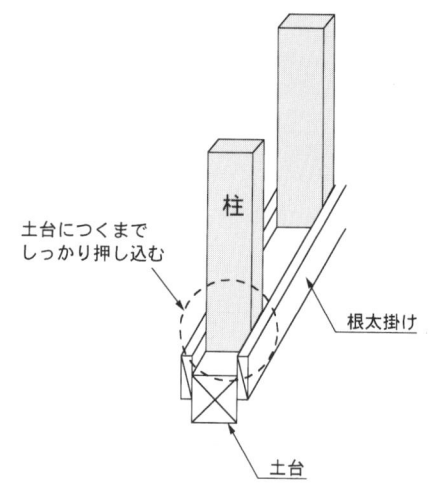

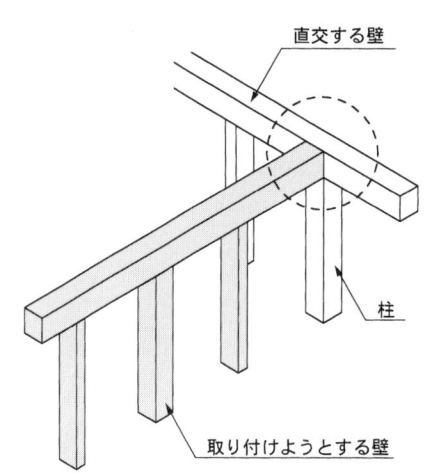

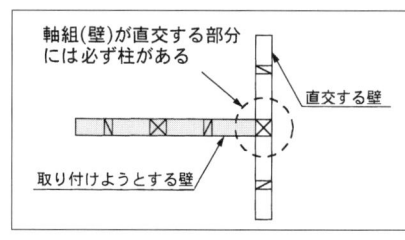

間柱をカットする方法

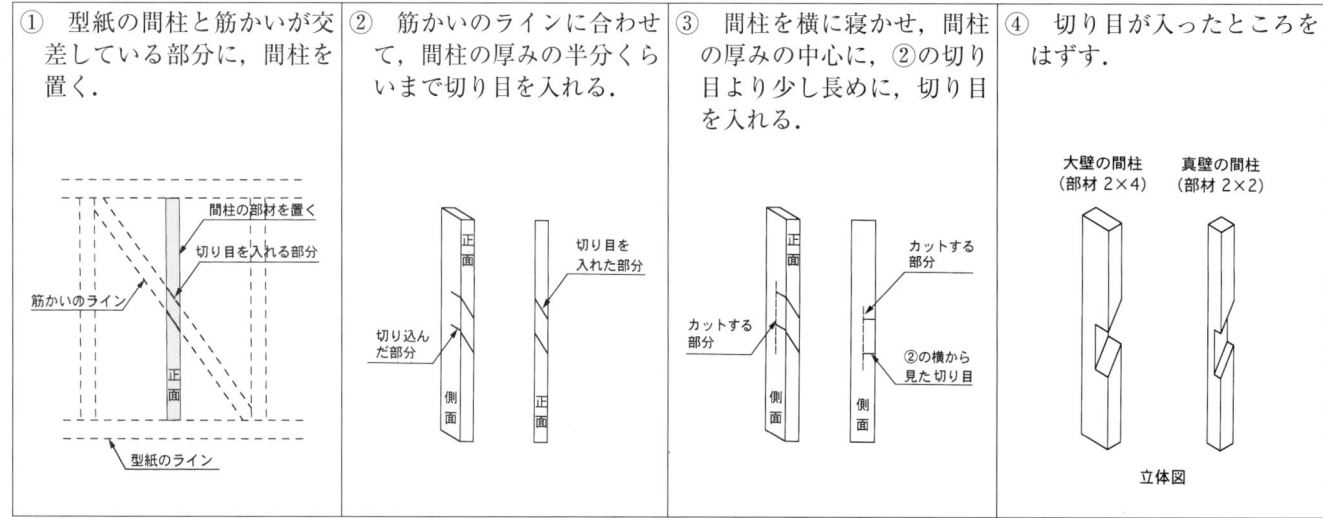

① 型紙の間柱と筋かいが交差している部分に，間柱を置く．

② 筋かいのラインに合わせて，間柱の厚みの半分くらいまで切り目を入れる．

③ 間柱を横に寝かせ，間柱の厚みの中心に，②の切り目より少し長めに，切り目を入れる．

④ 切り目が入ったところをはずす．

外壁の軸組を立てる

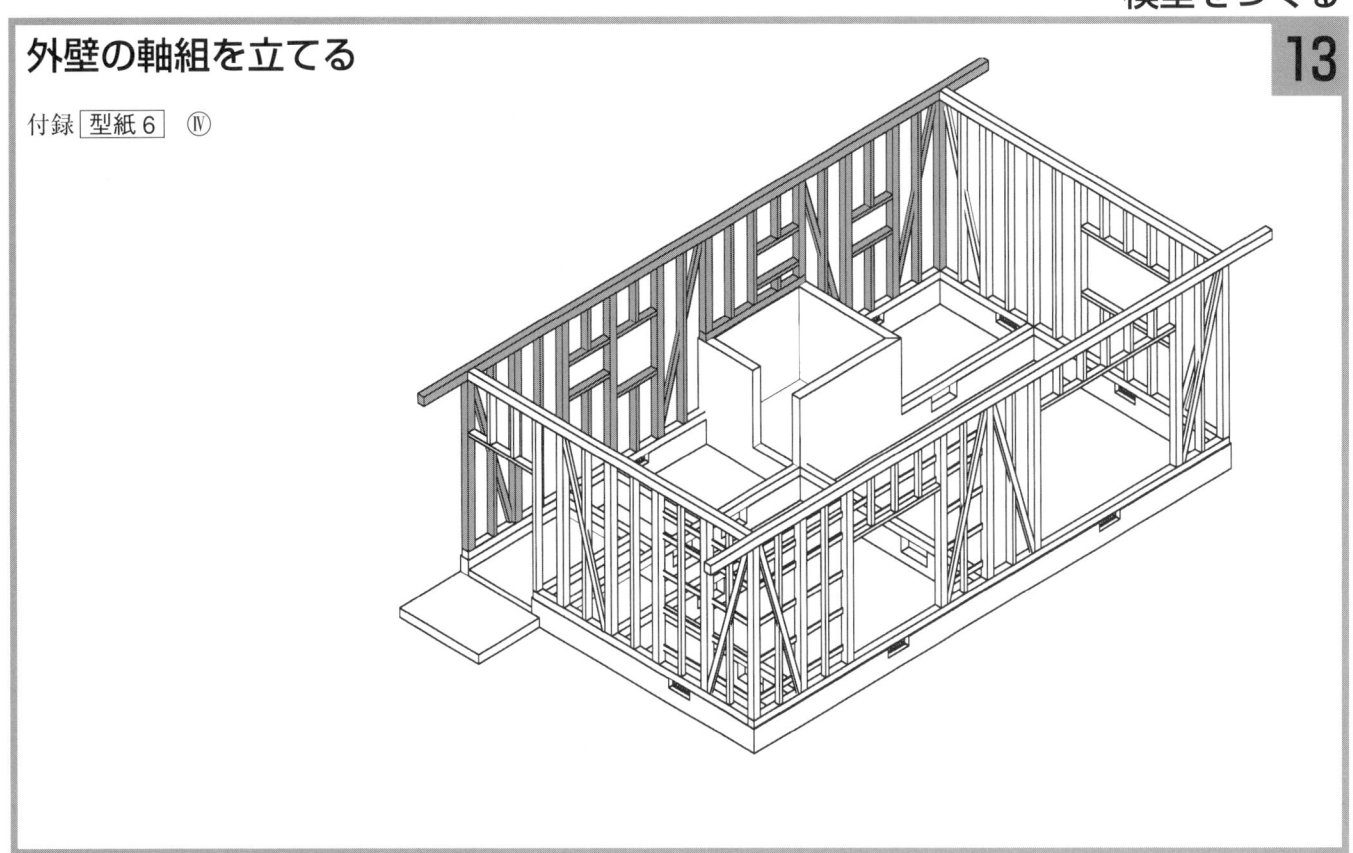

付録 型紙6 Ⅳ

模型をつくる
13

大壁と真壁

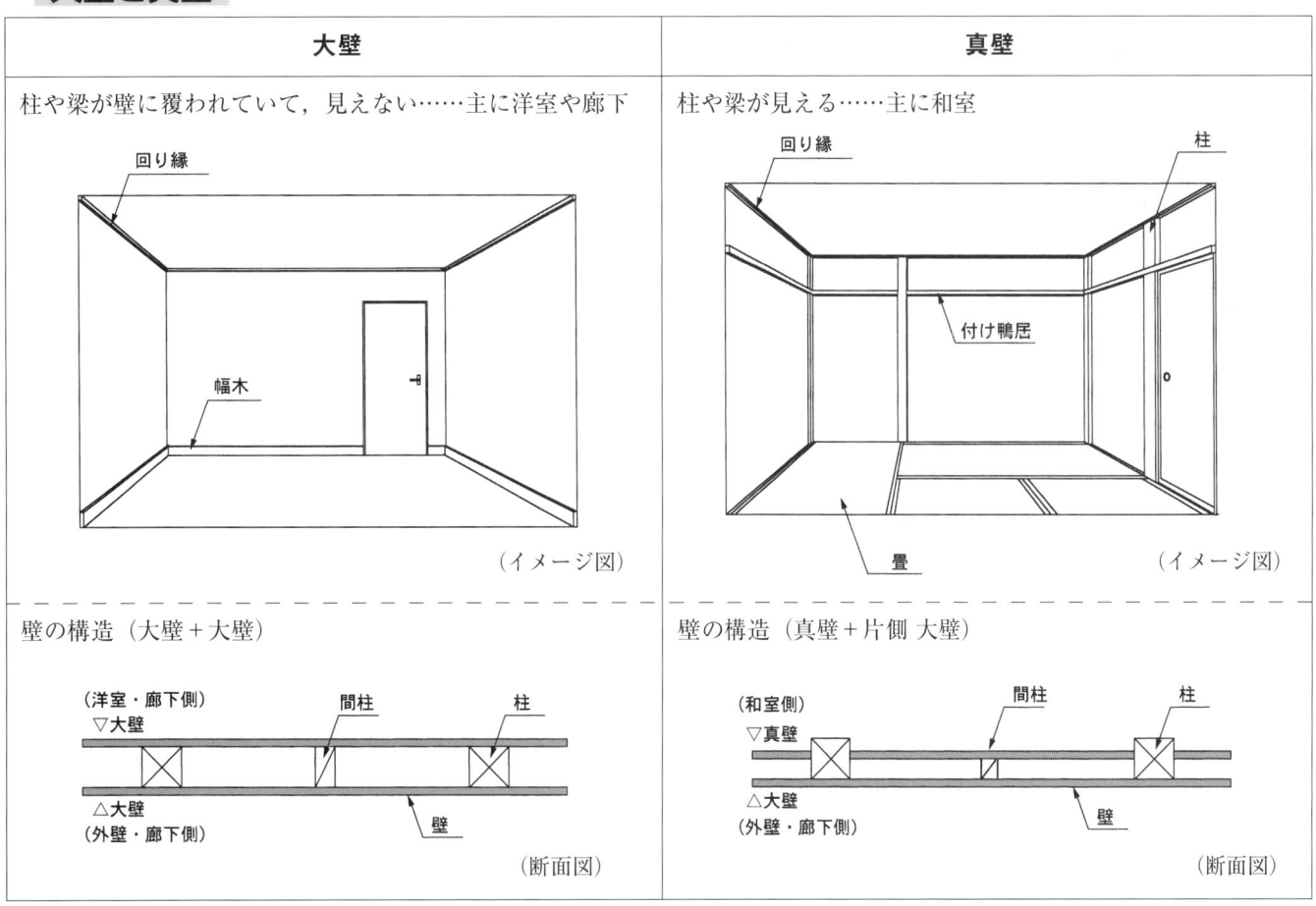

大壁	真壁
柱や梁が壁に覆われていて，見えない……主に洋室や廊下	柱や梁が見える……主に和室
回り縁／幅木（イメージ図）	回り縁／柱／付け鴨居／畳（イメージ図）
壁の構造（大壁＋大壁） （洋室・廊下側）▽大壁／間柱／柱／△大壁（外壁・廊下側）／壁（断面図）	壁の構造（真壁＋片側 大壁） （和室側）▽真壁／間柱／柱／△大壁（外壁・廊下側）／壁（断面図）

大　壁

納まり

大壁の構成

- 妻梁・軒桁・頭つなぎ
- 間柱
- 筋かい
- まぐさ
- 土台
- 基礎

■柱・間柱・筋かいの位置関係（図の寸法は，模型を作るための寸法）

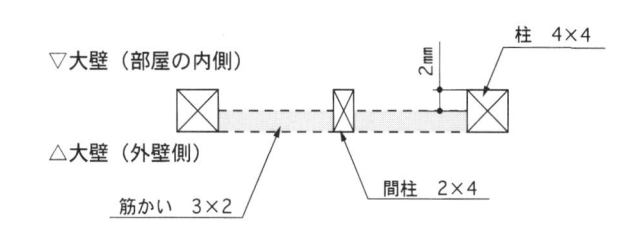

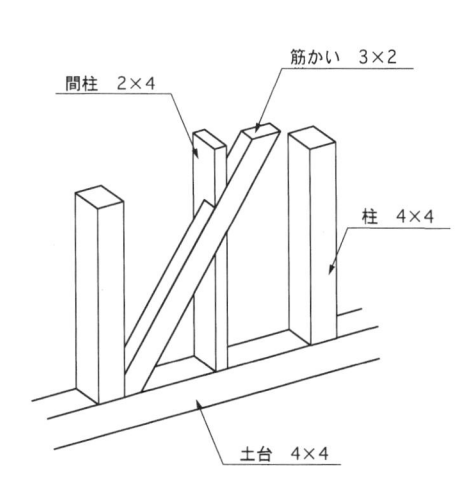

- ▽大壁（部屋の内側）
- △大壁（外壁側）
- 柱　4×4
- 間柱　2×4
- 筋かい　3×2
- 2mm

- 間柱　2×4
- 筋かい　3×2
- 柱　4×4
- 土台　4×4

- 間柱と筋かいが交差する部分は，間柱をカットし，間柱と筋かいが同面になるように納める［⇨ p.34 下図，間柱をカットする方法］．
  ※筋かいは構造材なので，強度が落ちないように，間柱と交差する場合には，間柱をカットする．
- 筋かいのある方が，外壁側になる．

作り方

① 桁と柱を接着する．

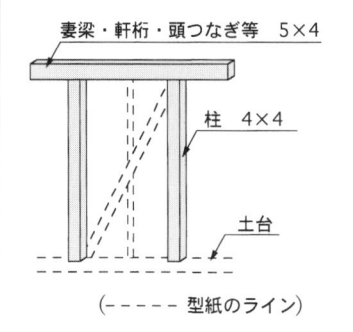

- 妻梁・軒桁・頭つなぎ等　5×4
- 柱　4×4
- 土台
- (----- 型紙のライン)

（注）土台は床組で作っているので，必要ない．

② 間柱を接着する．

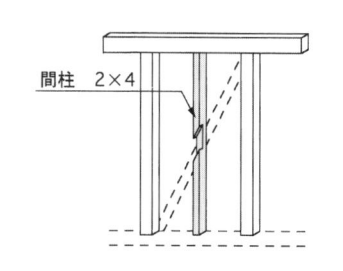

- 間柱　2×4

（注）間柱と筋かいが交差している部分は，間柱をカットしておく［⇨ p.34 下図］．

③ 筋かいがある場合は，間柱のカットされている部分に，はめ込むようにして接着する．

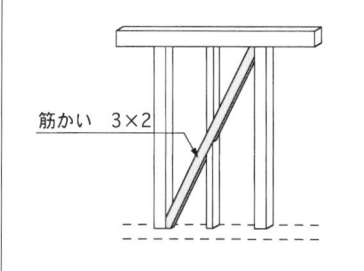

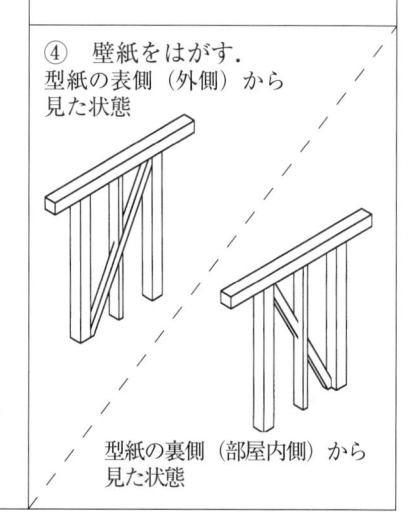

- 筋かい　3×2

④ 壁紙をはがす．
型紙の表側（外側）から見た状態

型紙の裏側（部屋内側）から見た状態

模型をつくる

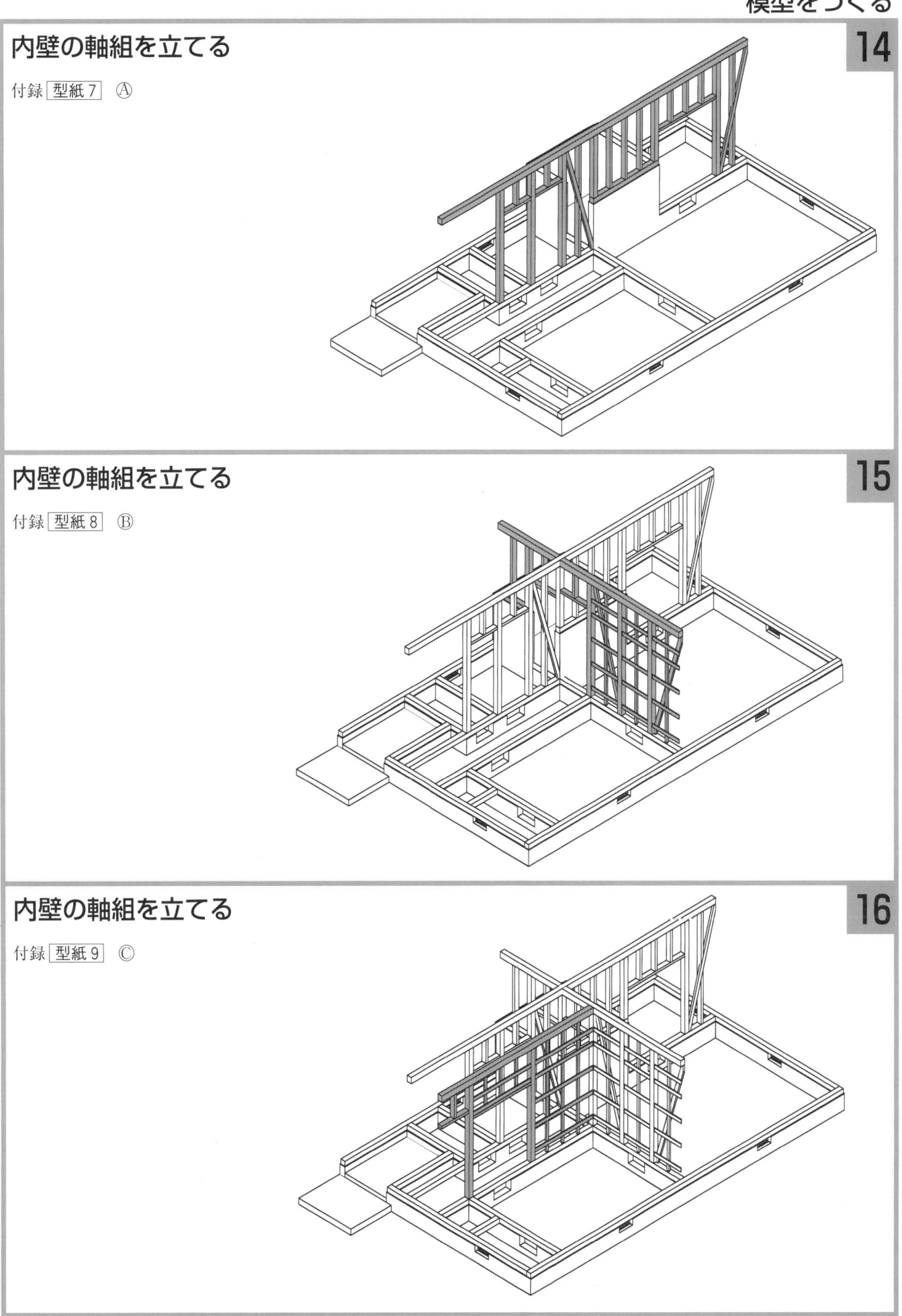

内壁の軸組を立てる 14
付録 型紙7 Ⓐ

内壁の軸組を立てる 15
付録 型紙8 Ⓑ

内壁の軸組を立てる 16
付録 型紙9 Ⓒ

真壁（和室）＋大壁

納まり	作り方

納まり

真壁の構成

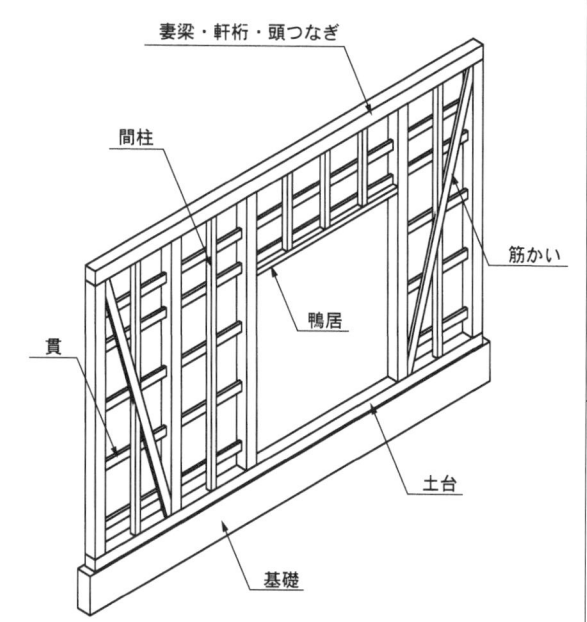

（図：妻梁・軒桁・頭つなぎ、間柱、筋かい、鴨居、貫、土台、基礎）

※鴨居は仕上げ材であり，実際には構造材ではない．

■柱・間柱・筋かい・貫の位置関係

（図の寸法は，模型を作るための寸法）

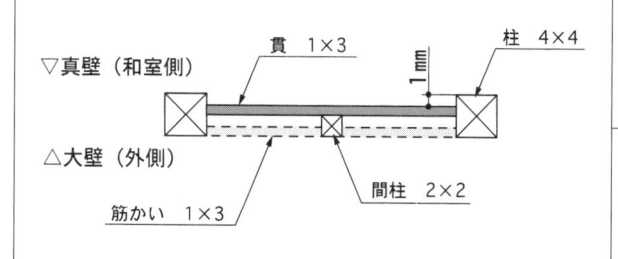

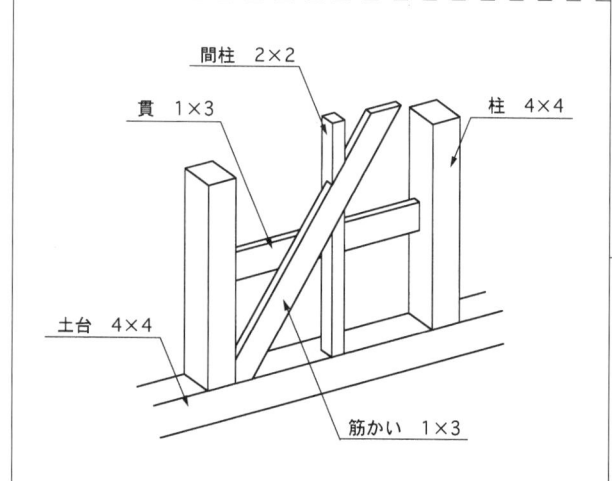

▽真壁（和室側）：貫 1×3、柱 4×4、1mm
△大壁（外側）：筋かい 1×3、間柱 2×2

（図：間柱 2×2、貫 1×3、柱 4×4、土台 4×4、筋かい 1×3）

- 間柱と筋かいが交差する部分は，間柱をカットし，間柱と筋かいが同面になるように納める．
- 貫は，柱より1mm下がった位置に取り付ける．
- 貫のある方が必ず和室側になり，筋かいは外側になる．

作り方

① 桁と柱を接着する．

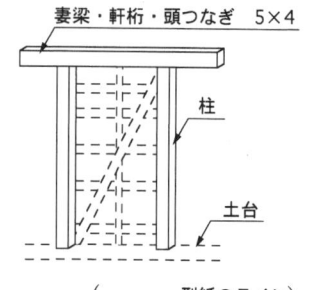

妻梁・軒桁・頭つなぎ 5×4、柱、土台
（- - - - - 型紙のライン）
（注）土台は床組で作っているので，必要ない．

② 貫の両端に3×1の端材を仮置きする．

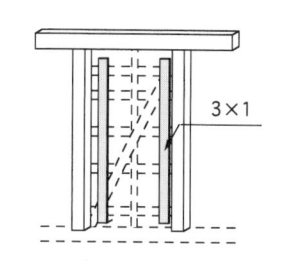

3×1

※貫のある側が和室側となるので，柱が見えるように貫を浮かせる．

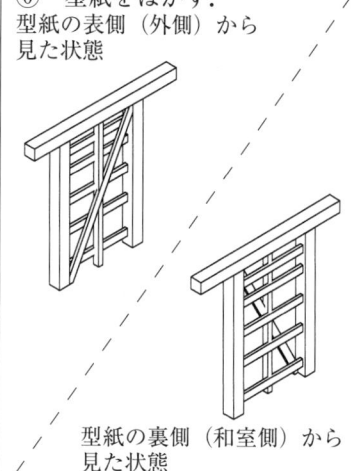

③ 貫を柱に接着する．

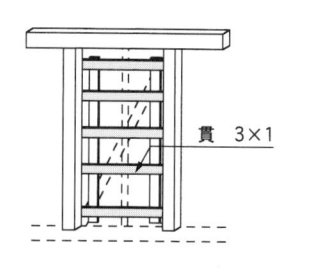

貫 3×1

（注）②の部材とは接着しない．

④ 間柱を接着する．

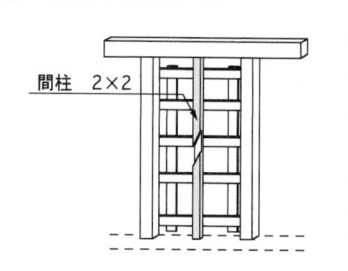

間柱 2×2

（注）間柱と筋かいが交差している部分は，間柱をカットしておく［⇒p.34 下図］．

⑤ 筋かいがある場合は，間柱のカットされている部分に，はめ込むようにして接着する．

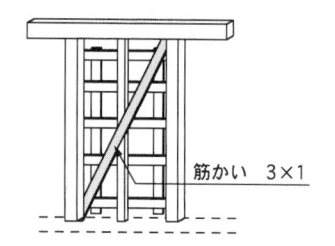

筋かい 3×1

⑥ 型紙をはがす．
型紙の表側（外側）から見た状態

型紙の裏側（和室側）から見た状態

模型をつくる

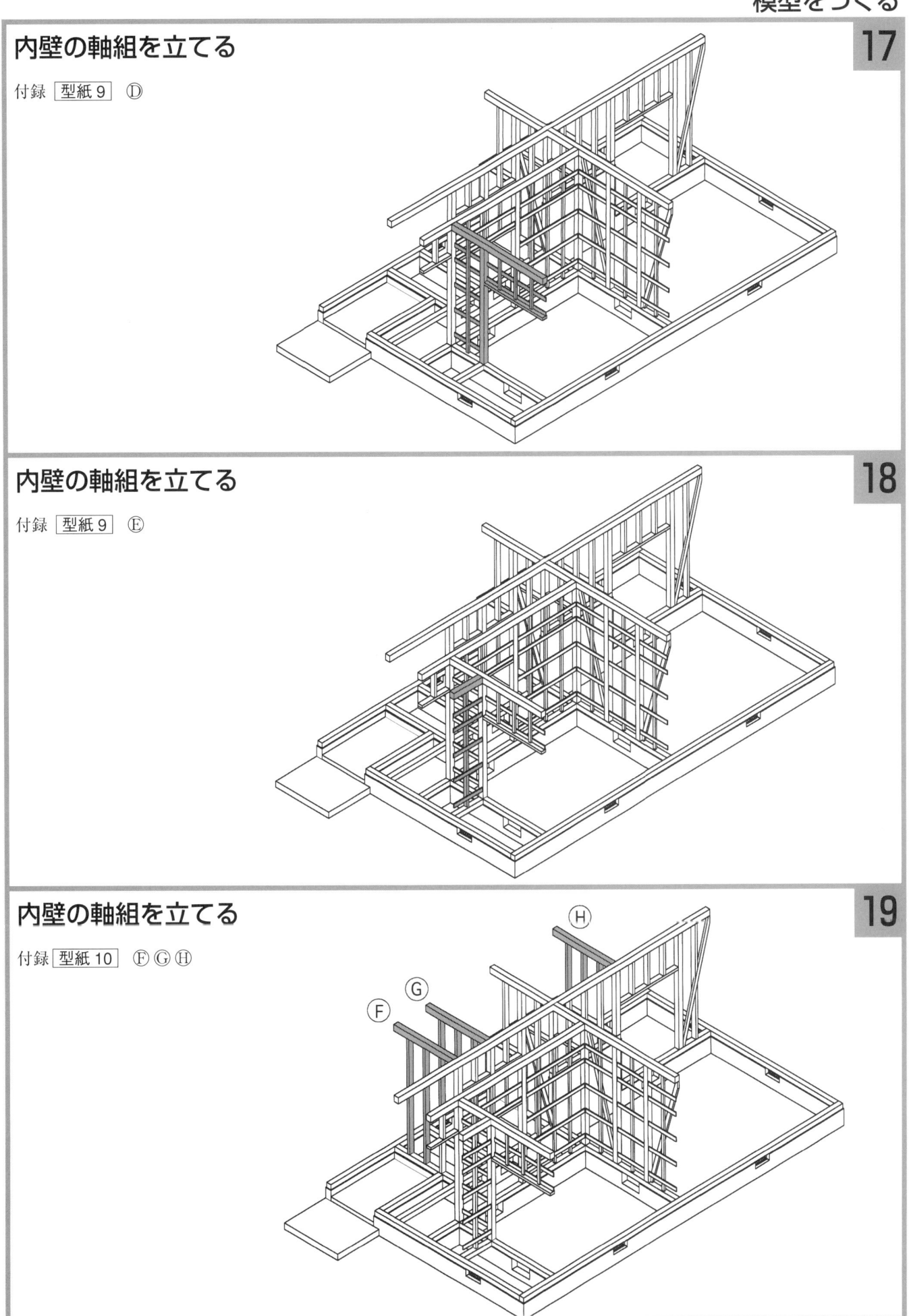

内壁の軸組を立てる　17

付録 型紙9　Ⓓ

内壁の軸組を立てる　18

付録 型紙9　Ⓔ

内壁の軸組を立てる　19

付録 型紙10　ⒻⒼⒽ

5 小屋組の作り方
※小屋組は直接，模型に部材を接着していきます．

① 付録の 参考図3 と，檜棒を用意する．

※ 用意する檜棒のサイズ
4×5, 2×4, 3×3, 2×2

⬇

② 付録の 参考図3 と，p.41 20 を見比べ，火打梁の位置を確認し，参考図3 に合わせて部材をカットして接着する．

⬇

③ 付録の 参考図3 と，p.41 21 を見比べ，小屋梁の位置を確認し，自作の模型に合わせて部材をカットして接着する．

▶ 少しでも模型がゆがんでいると，型紙どおりでは，長さが足りず，取り付けられないので，製作した模型に合わせること．

⬇

④ 棟木の部材を付録の 型紙11 の棟木の位置に合わせ，垂木の取り付け位置に印を入れる．

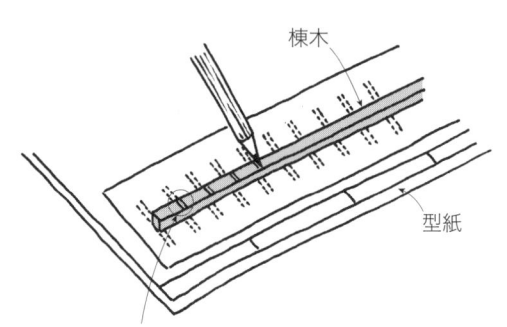

▶ 完成した時に，鉛筆でつけた印が見えるので，あまり濃くつけないようにする．

※型紙に，仮貼用のスプレーのりを吹き付け，棟木の部材を固定すると作業がしやすい．

棟木
型紙
棟木に垂木の間隔(取り付け位置)がわかるように印を入れる(目立たないように軽く)

⬇

⑤ 付録の 型紙11 のパーツを作る．

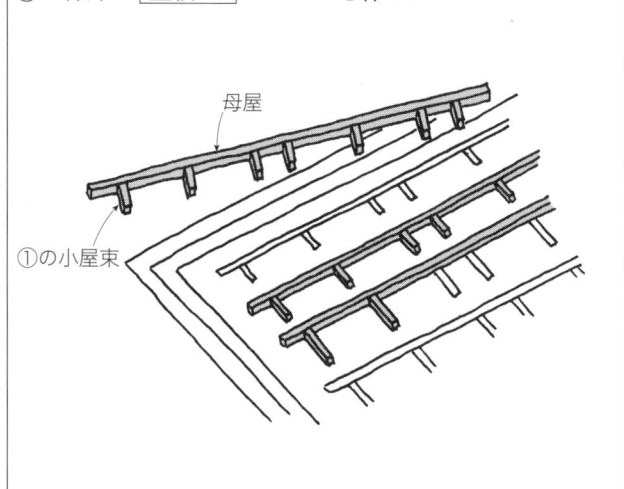

▶ 床組や軸組を作る時と同じ様に，型紙に仮貼用のスプレーのりを吹き付ける．
▶ 型紙には接着しないで，部材同士を接着させる．

※ p.41 22 と p.43 23 を，同時に進行させる．

母屋
①の小屋束

⬇

p.42へ

模型をつくる

20 火打梁を取り付ける

付録 参考図3
材料：檜棒 2×4

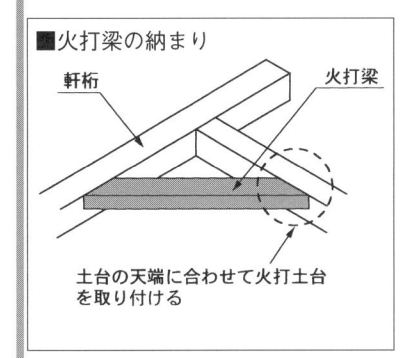

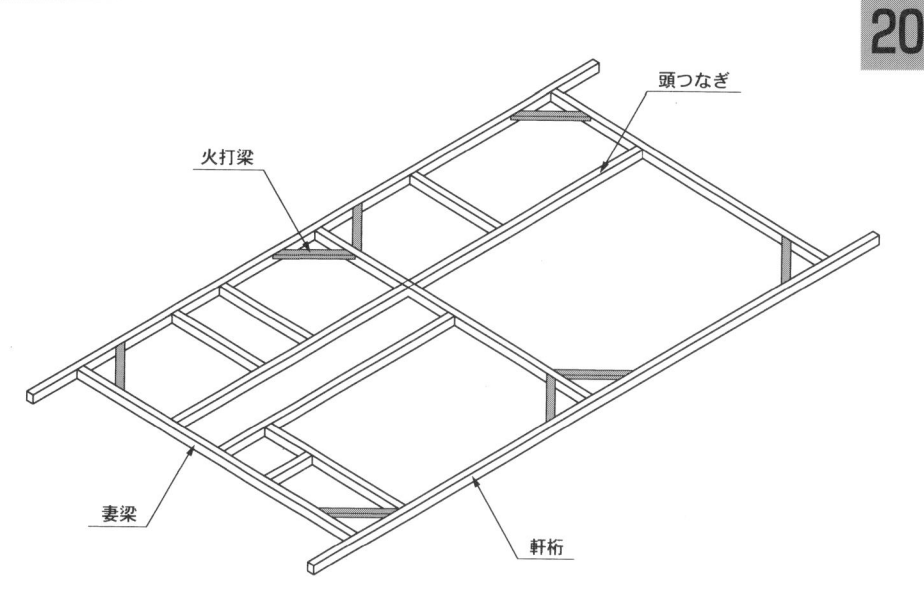

■火打梁の納まり
- 軒桁
- 火打梁
- 土台の天端に合わせて火打土台を取り付ける

- 頭つなぎ
- 火打梁
- 妻梁
- 軒桁

21 小屋梁を取り付ける

付録 参考図3
材料：檜棒 4×5

※参考図3を参考に，自作の模型に長さを合わせる．

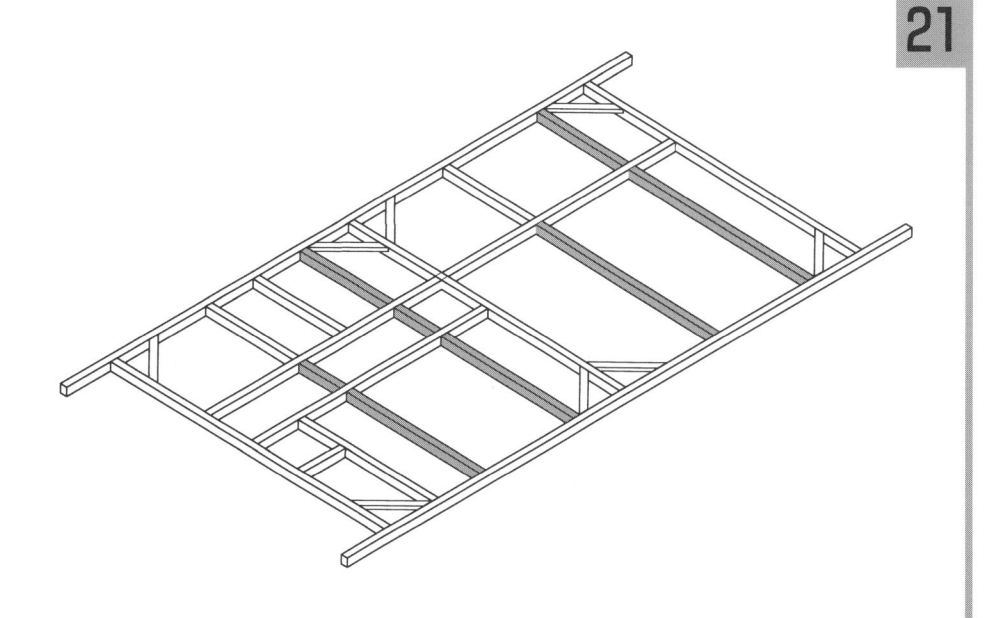

22 小屋束を妻梁・小屋梁の上に載せる

型紙11・12　参考図3
材料：檜棒 3×3

※型紙11では，母屋 23 に小屋束を先に取り付けてから（p.40 ⑤参照），模型に取り付ける．

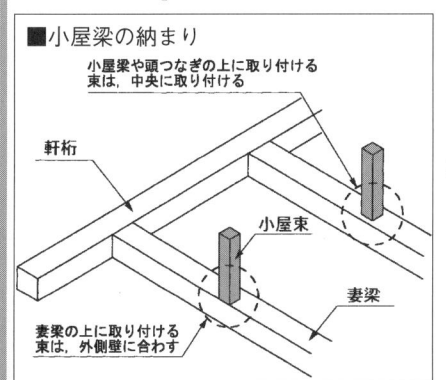

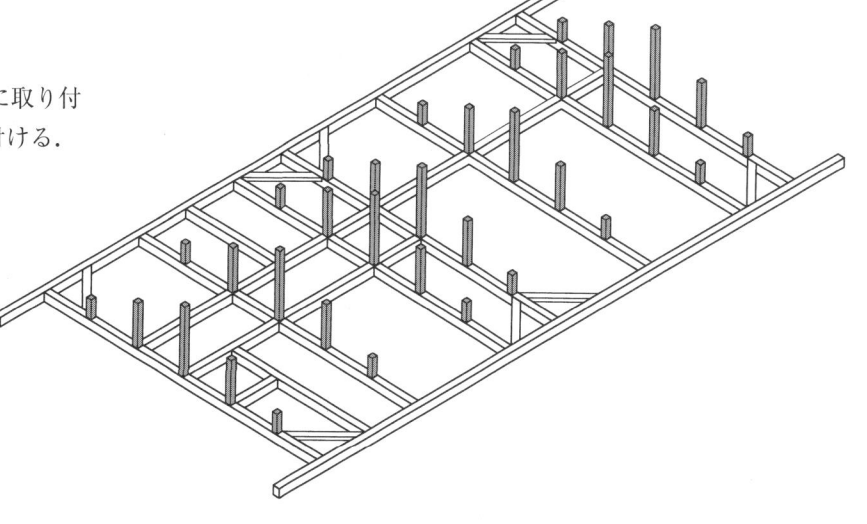

■小屋梁の納まり
小屋梁や頭つなぎの上に取り付ける束は，中央に取り付ける
- 軒桁
- 小屋束
- 妻梁
- 妻梁の上に取り付ける束は，外側壁に合わす

⑥ ⑤の模型に接着する．

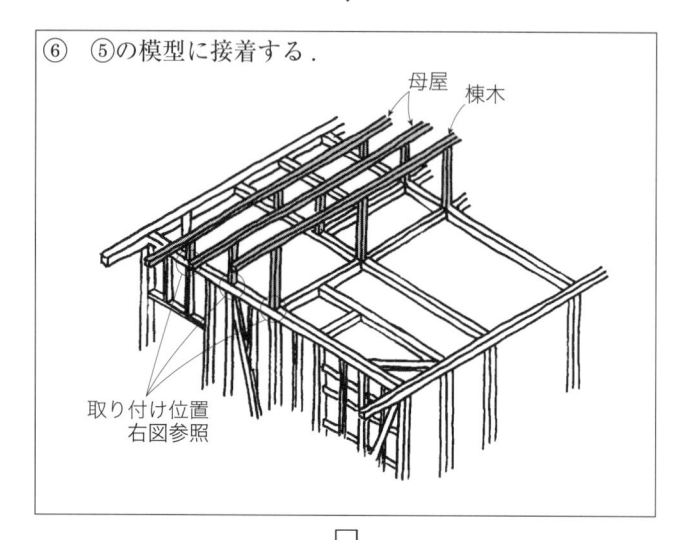

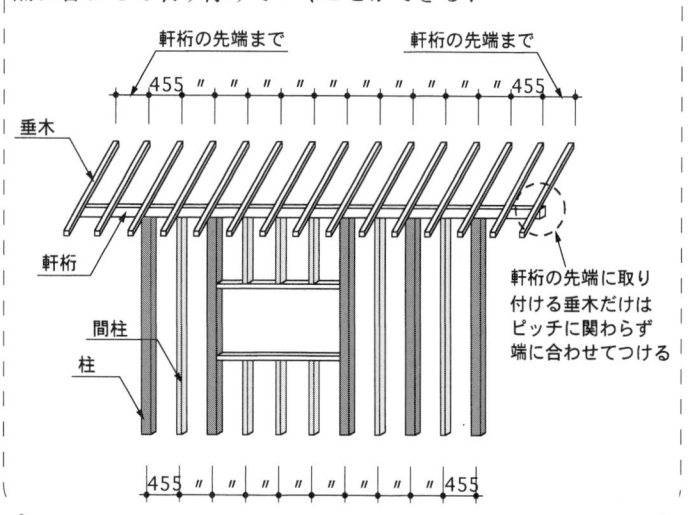

（注1）参考図3で，小屋束の取り付け位置を確認し，ゆがまないように気をつける．

ポイント 小屋束の位置を確認する

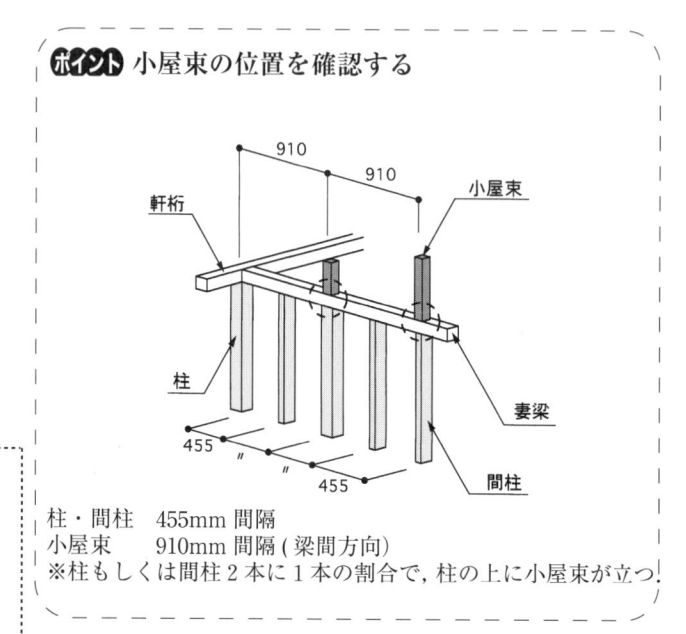

柱・間柱　455mm 間隔
小屋束　　910mm 間隔 (梁間方向)
※柱もしくは間柱2本に1本の割合で，柱の上に小屋束が立つ．

⑦ 垂木 型紙12 の部材をカットし，模型に取り付ける．

（注）④で棟木につけた印と下図を参考に，垂木の頂部が開かないように取り付ける．

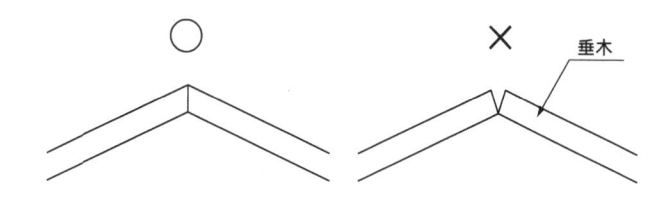

（注2）
①妻梁の上の小屋束は，妻梁の外側（外壁側）に寄せて取り付ける．
②小屋梁の上の小屋束は，小屋梁の中央に取り付ける．

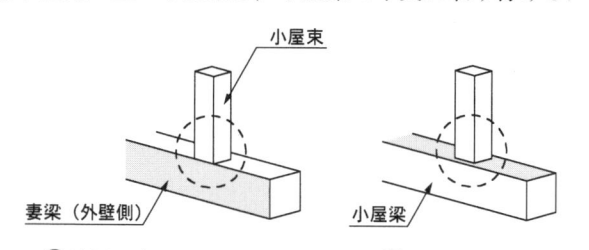

①外側に合わせて取り付ける　　②中央に取り付ける

ポイント 垂木の位置を確認する

柱や間柱の間隔は455mmピッチなので，垂木もその間隔に合わせて取り付けていくことができる．

軒桁の先端に取り付ける垂木だけはピッチに関わらず端に合わせてつける

ポイント 小屋束を立てるコツ

あらかじめ小屋束の取り付け位置に印をつけておくと，ゆがみにくくなる．

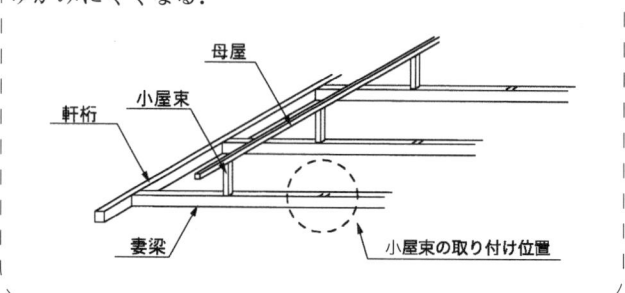

模型をつくる

23 母屋・棟木を小屋束の上に載せる

付録 型紙11　参考図3
材料：檜棒 3×3

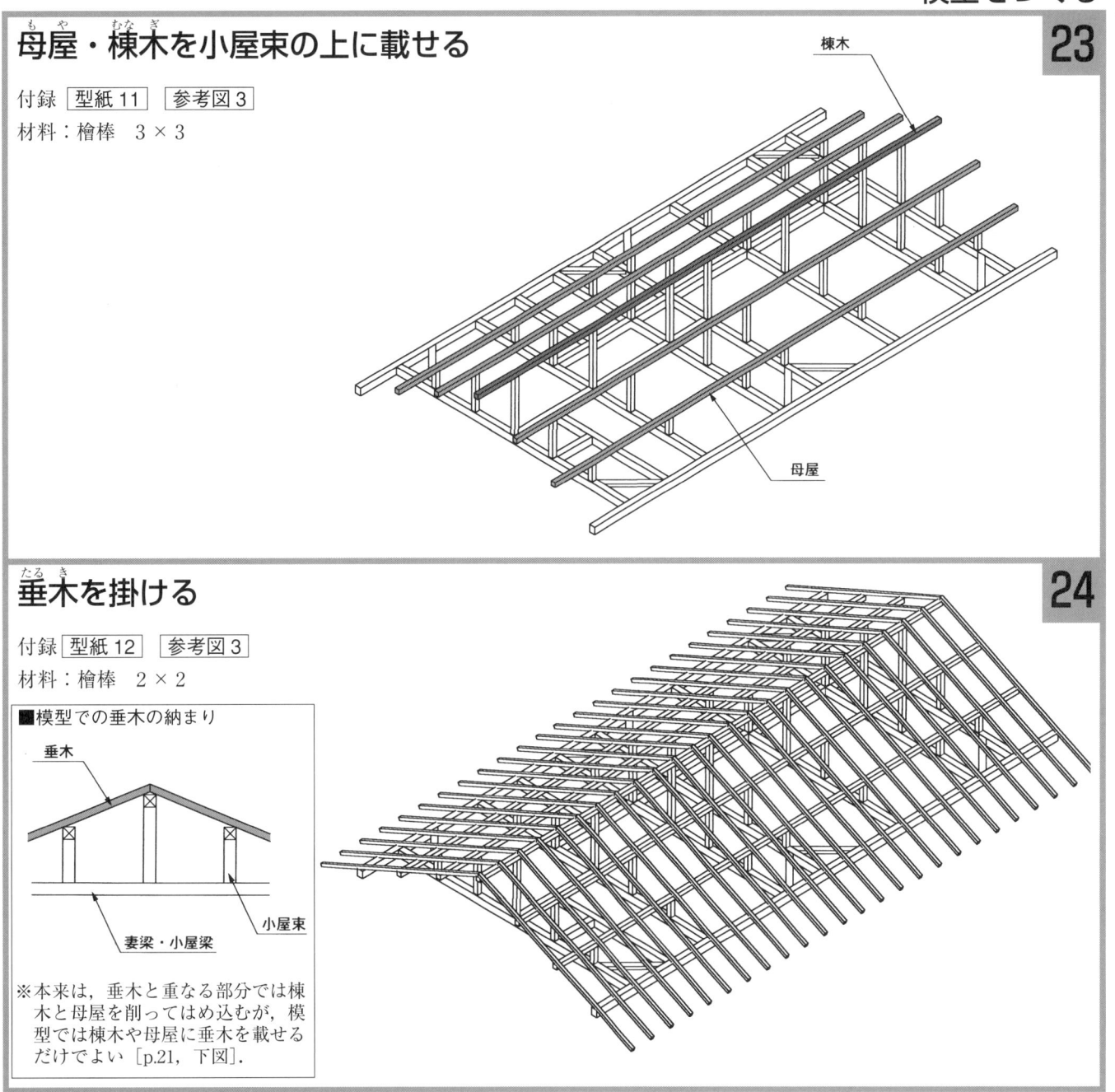

棟木

母屋

24 垂木を掛ける

付録 型紙12　参考図3
材料：檜棒 2×2

■模型での垂木の納まり

垂木

小屋束

妻梁・小屋梁

※本来は，垂木と重なる部分では棟木と母屋を削ってはめ込むが，模型では棟木や母屋に垂木を載せるだけでよい [p.21，下図]．

屋根の種類 (その他にも，さまざまな形状がある)

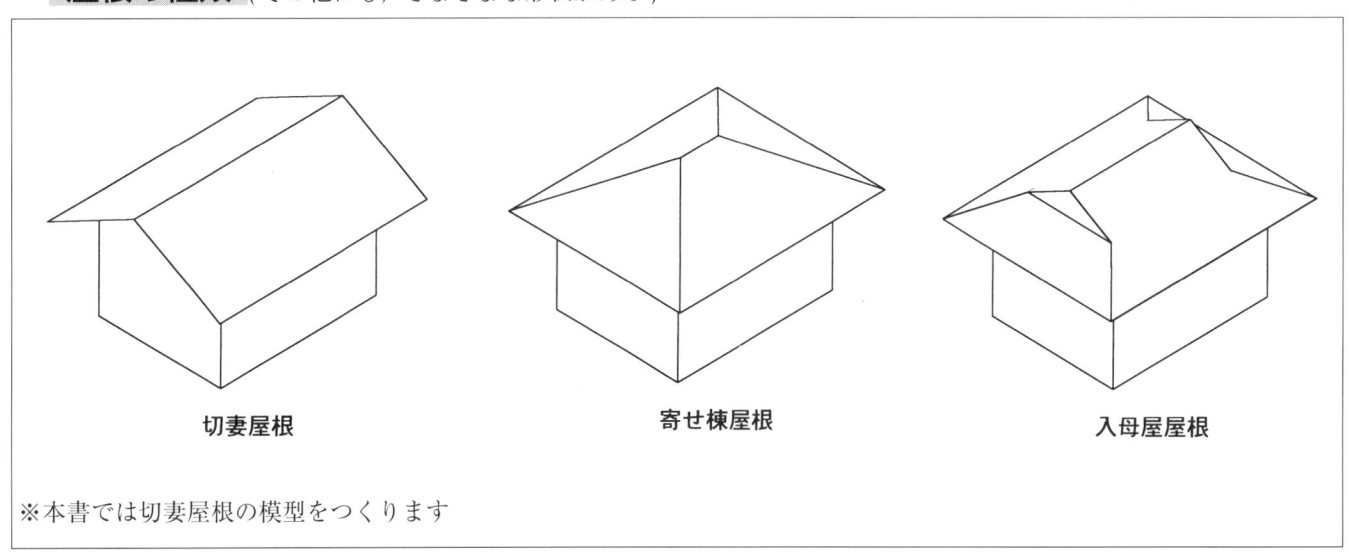

切妻屋根　　　寄せ棟屋根　　　入母屋屋根

※本書では切妻屋根の模型をつくります

| 発展 | **2階建の軸組模型を作る** | 2階建に挑戦してみましょう！ |

下記の順序で進める．※プランによっては，下記の進め方では制作が難しい場合があります．

① 付録の型紙を参考に，必要な図面を描く．

⬇

② ベースと基礎を作る［⇒ p.24〜27］．

⬇

③ 床組を作り，基礎の上に取り付ける［⇒ p.28〜31］．

⬇

④ 外壁部分の軸組を作り，4面のうち3面を接着する［⇒ p.32〜35］．
※プランにもよるが，作業性を考えると，長手方向の軸組を最後に残しておいた方がよい．
▶壁が直交する場合は，交差する部分の柱や梁などを，重複して作らないように注意すること．

⬇

⑤ 1階の間仕切壁の軸組を作り，取り付ける．

⬇

⑥ 2階の火打梁と床梁を取り付ける．
（小屋組 p.41 [20] [21] 参照）

⬇

⑦ 2階の根太を取り付ける．
（1階の根太 p.31 [8] [9] 参照）
▶根太のサイズに注意する［⇒ p.71 右下図］．

⬇

⑧ 2階の間仕切壁を作り，取り付ける．
※床梁は，2階床組で作っているので必要ない．

⬇

⑨ 残りの外壁を，取り付ける．

⬇

⑩ 小屋組を作り，取り付ける［⇒ p.40〜43］．
　　　　　　　　　　　　　　　　完成！

■イメージ図1

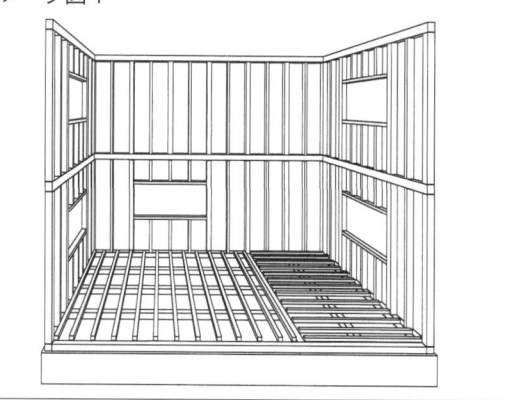

■イメージ図2

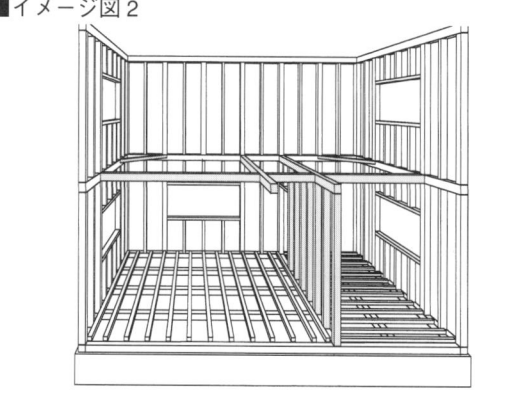

■根太の間隔

　図のように，1階の柱の間隔に根太を合わせると，目分量でも根太を取り付けることができる．

床がフローリングの場合
根太の間隔は，柱の間隔（910mm）の1／3（@303）

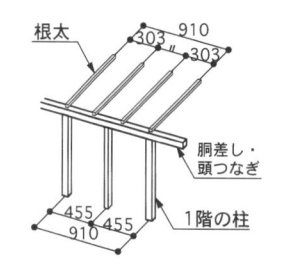

床が畳の場合
根太の間隔は，柱の間隔（910mm）の1／2（@455）

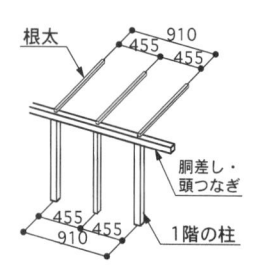

■イメージ図3

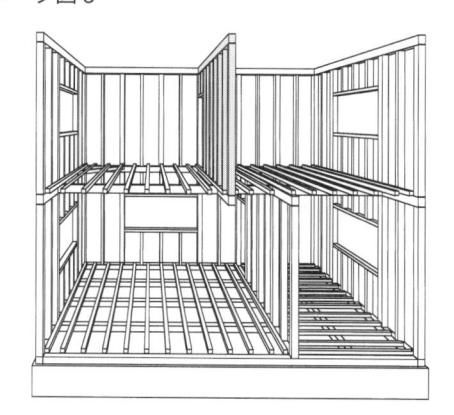

演習2 形を理解し図面を描く

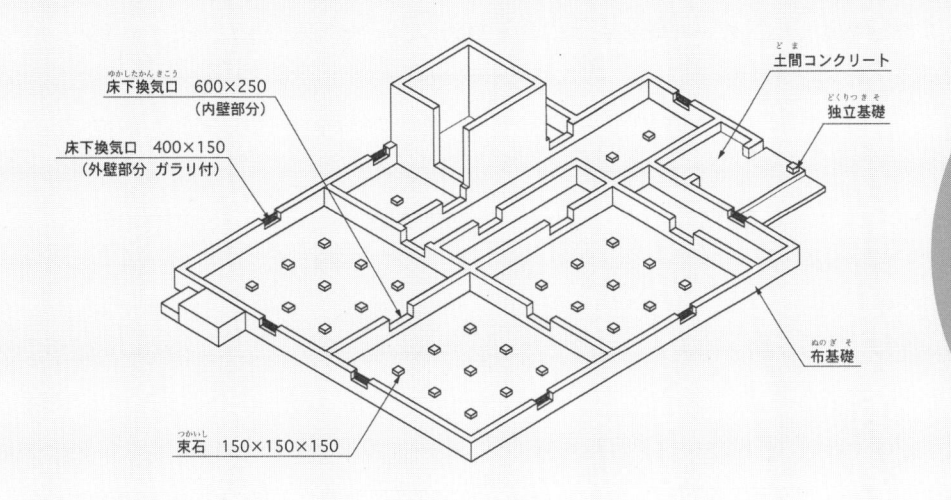

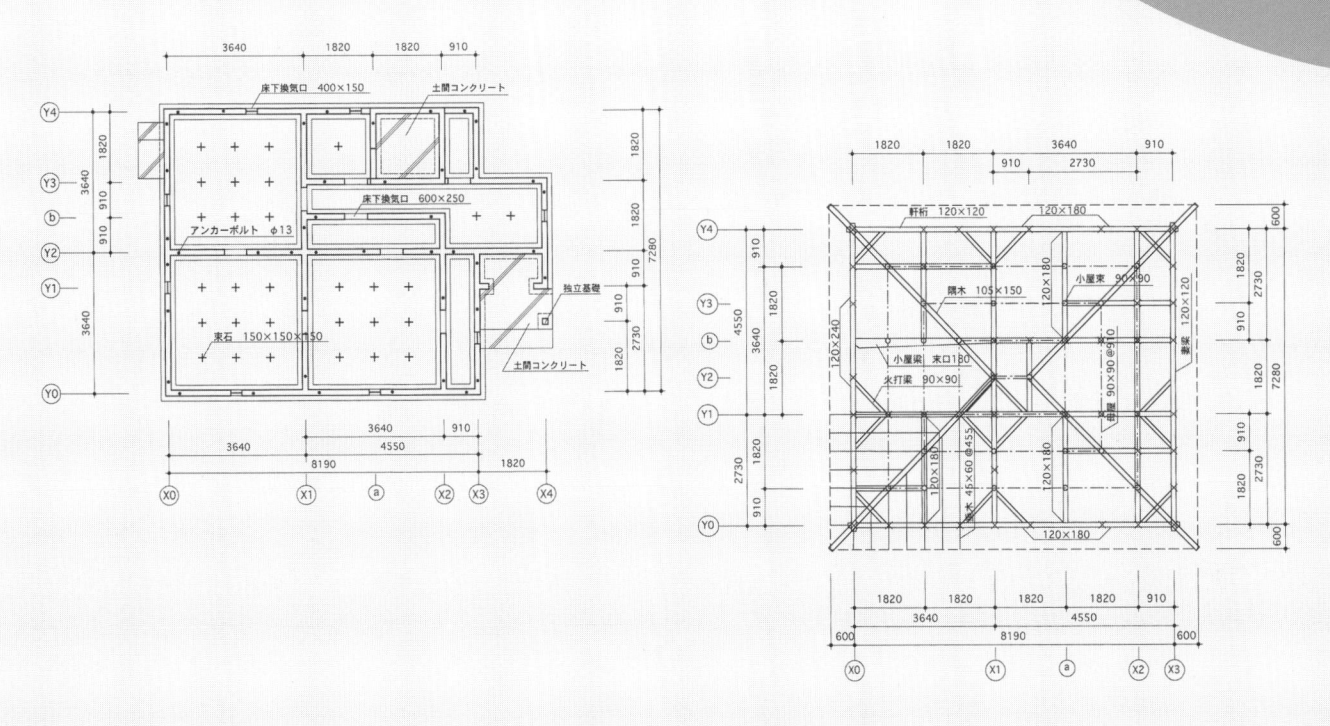

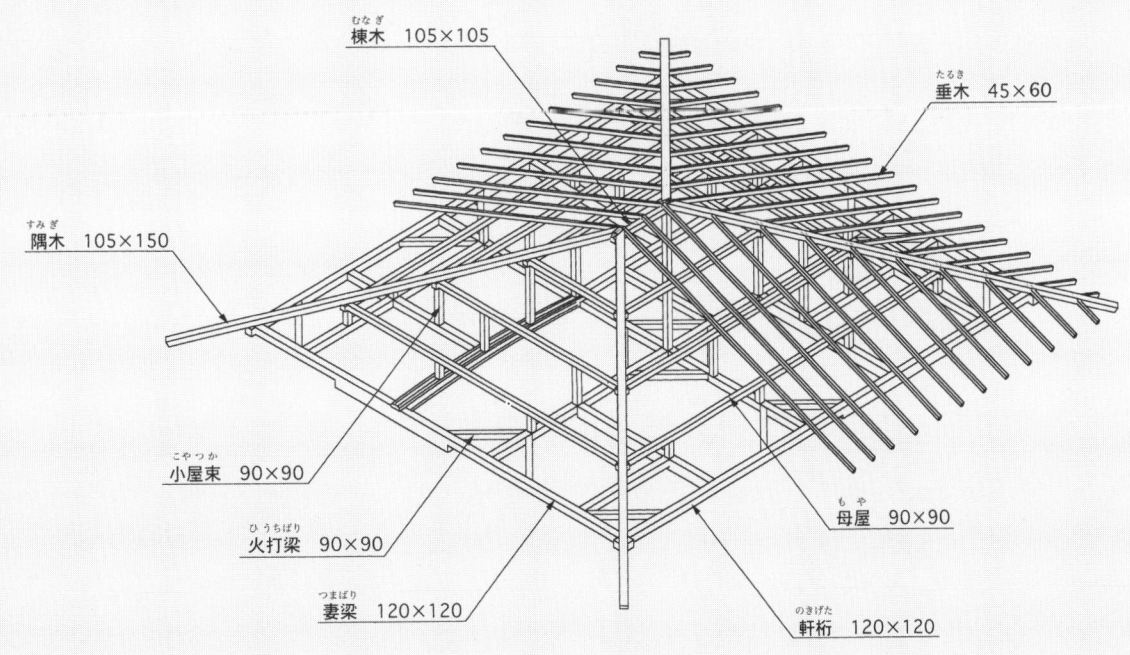

2−1　意匠図を見る

本書を参考にして，オリジナルプランでも構造図に挑戦してみよう！！

1　平面図

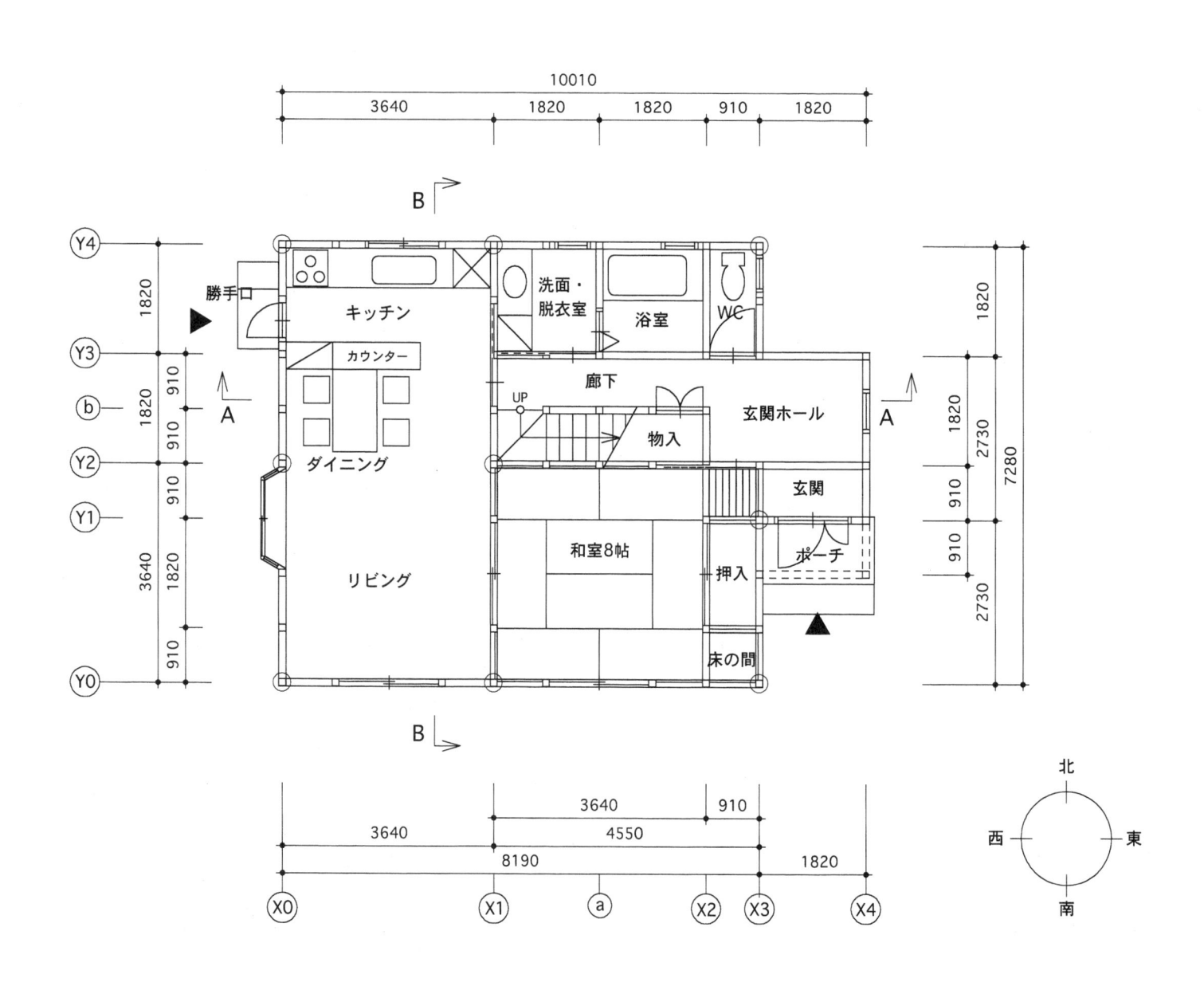

1階平面図　S＝1：100

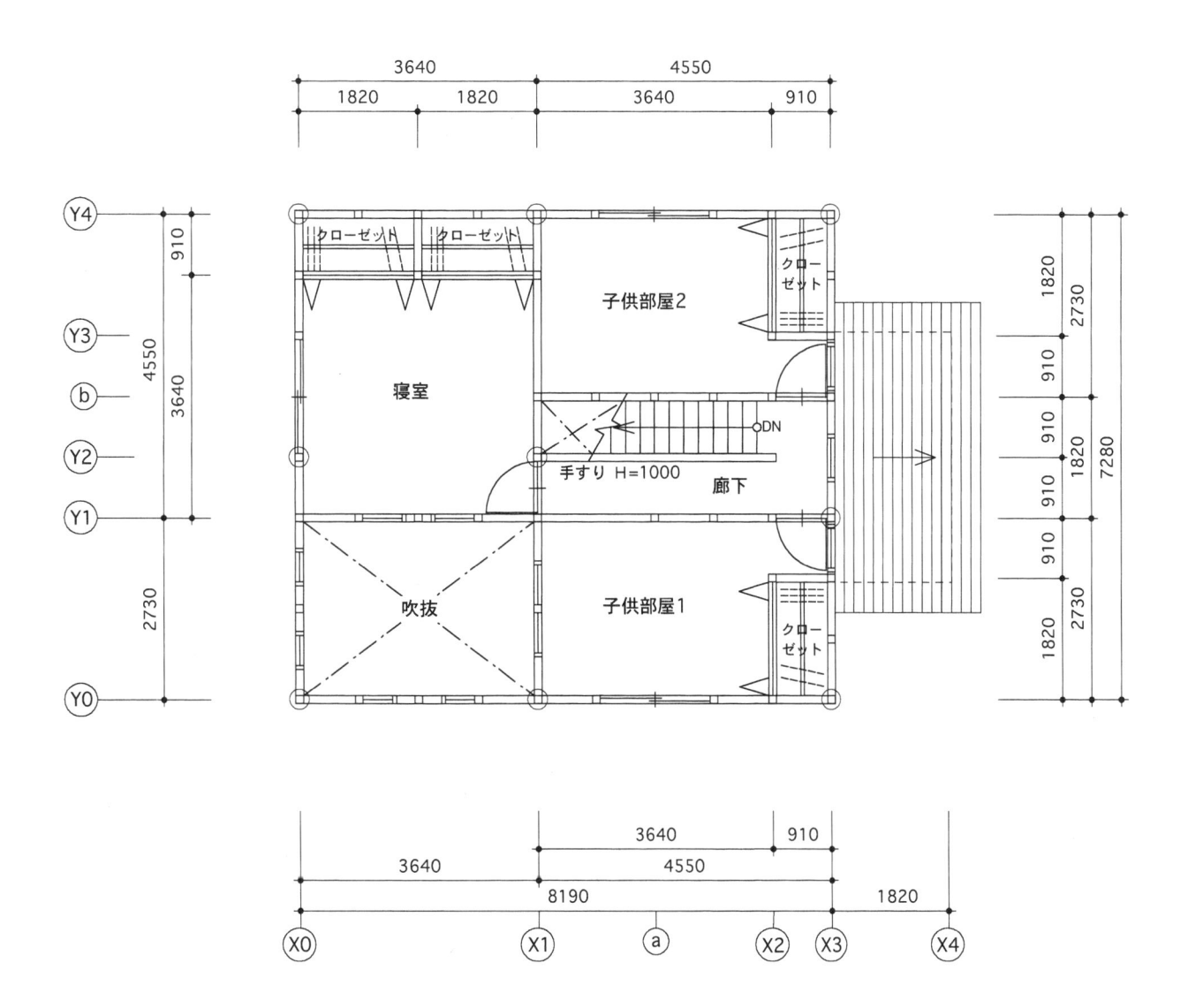

2階平面図 S=1:100

2 立面図

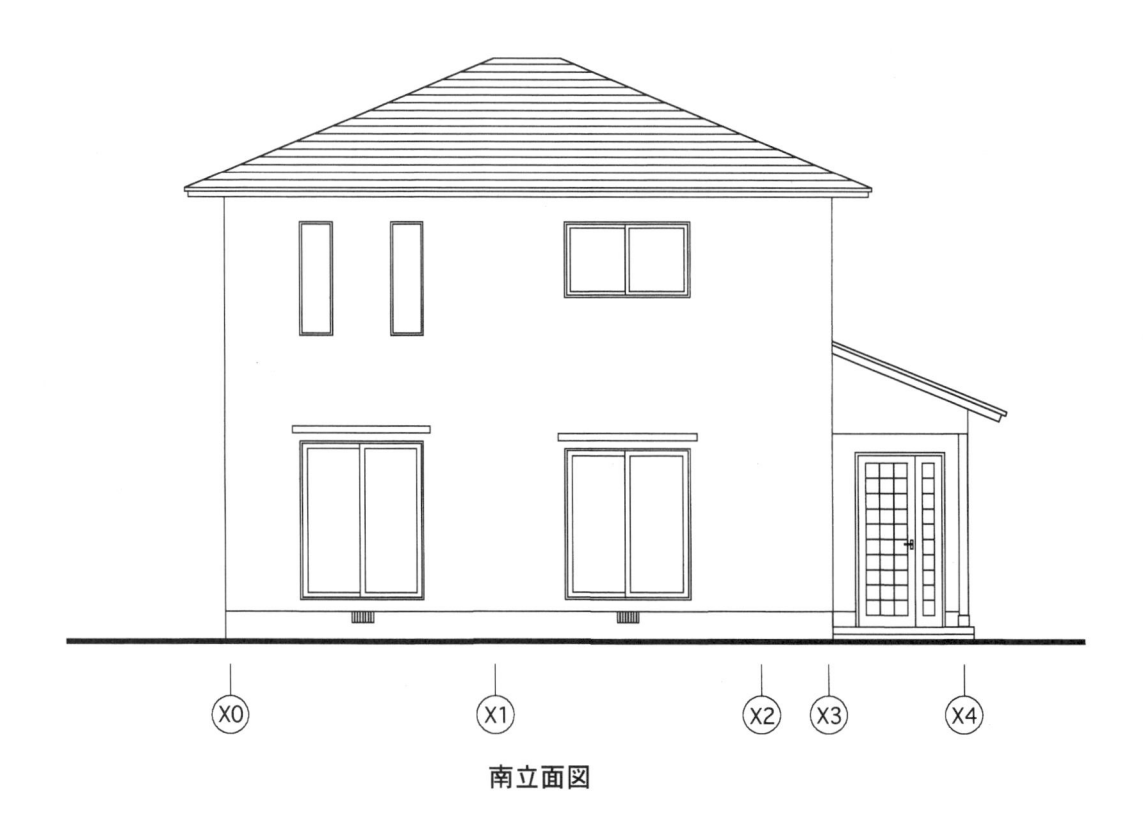

立面図　S＝1：100

南立面図

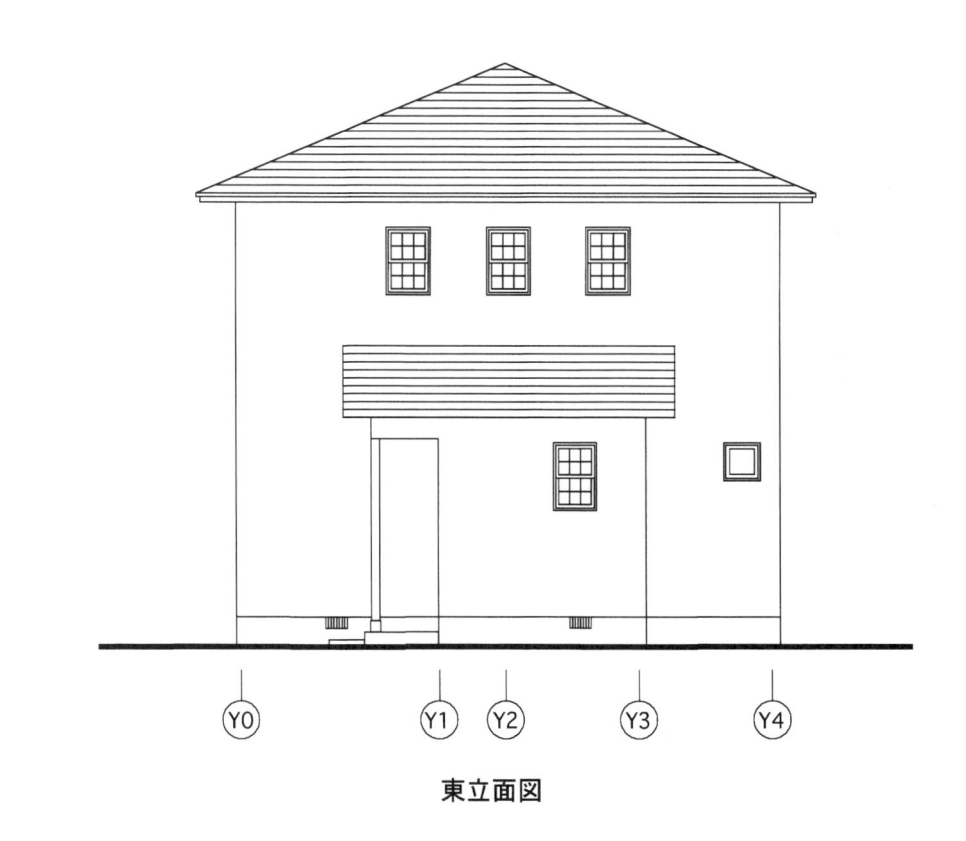

東立面図

立面図　S＝1：100

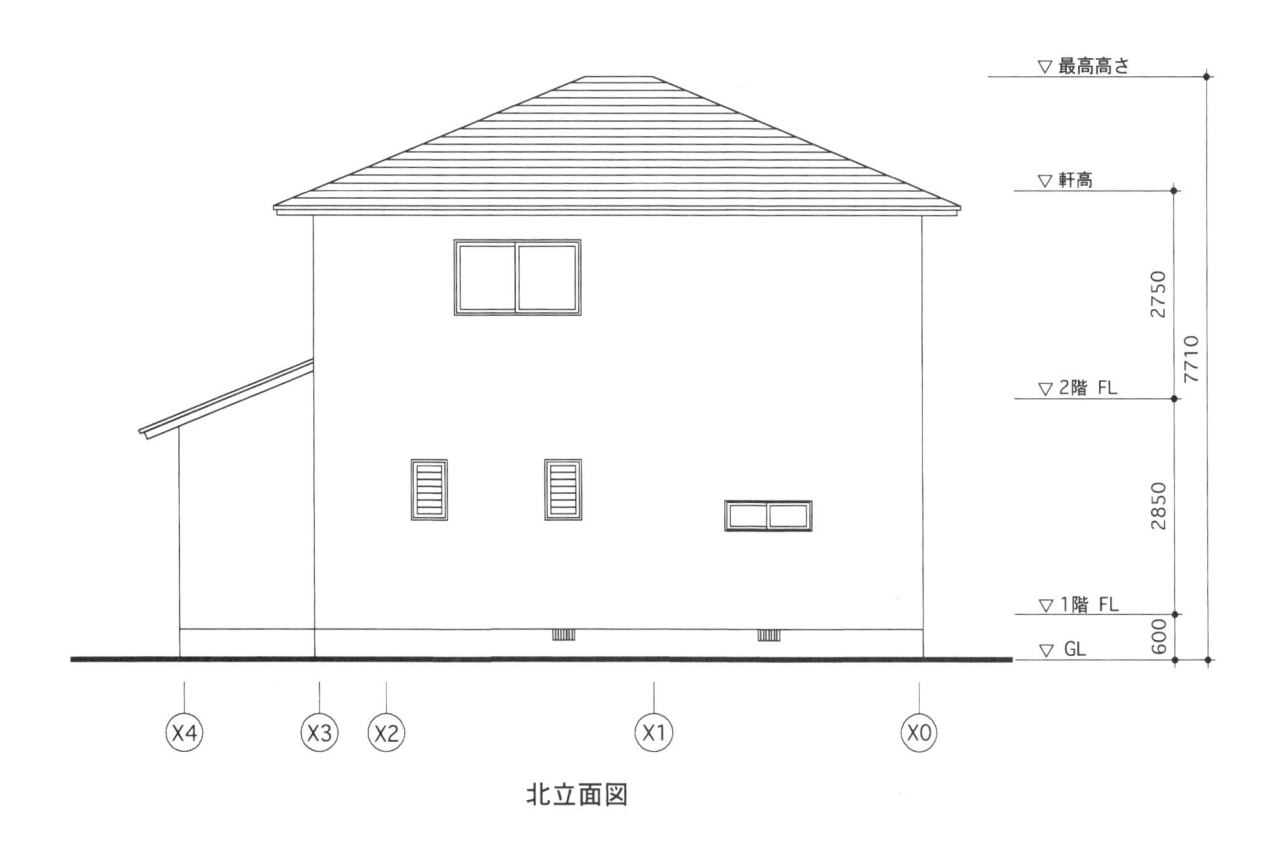

北立面図

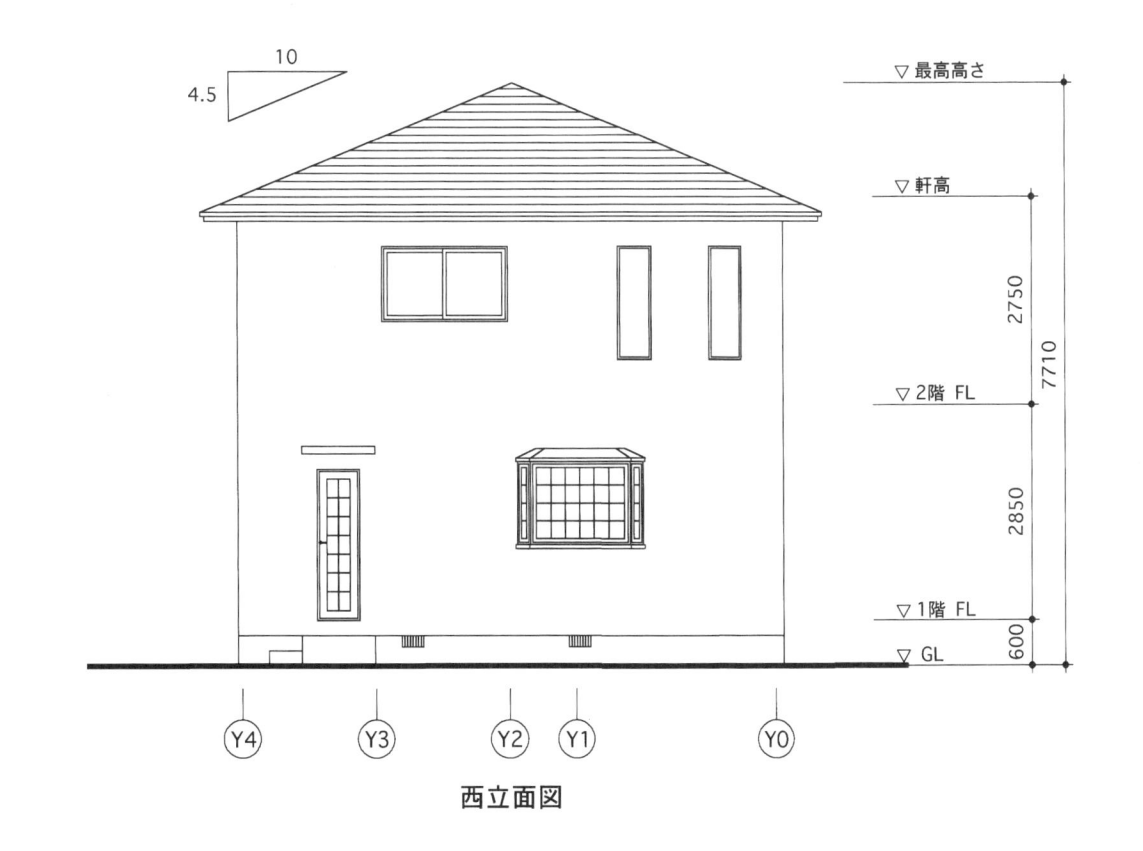

西立面図

立面図　S = 1:100

3 断面図

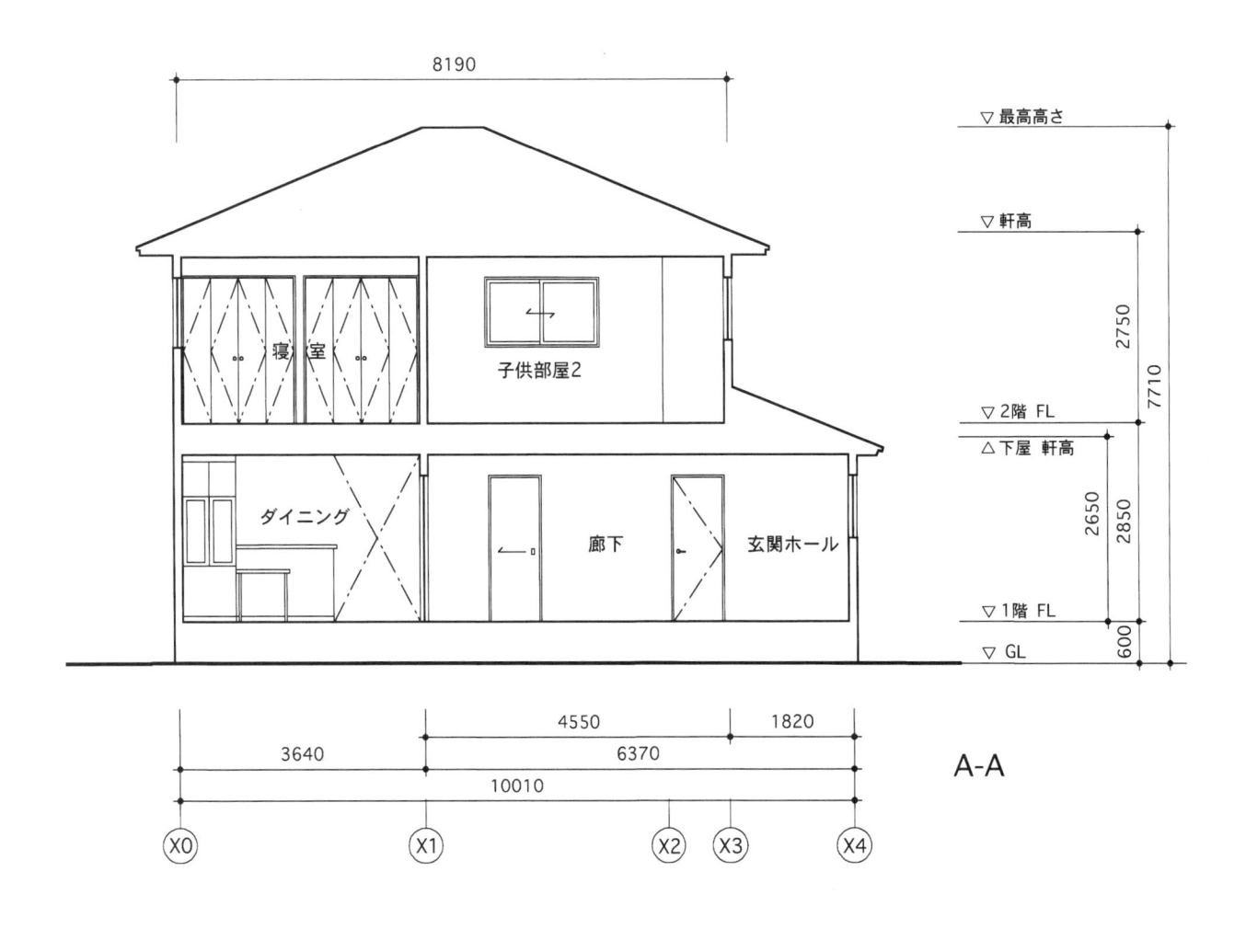

A-A

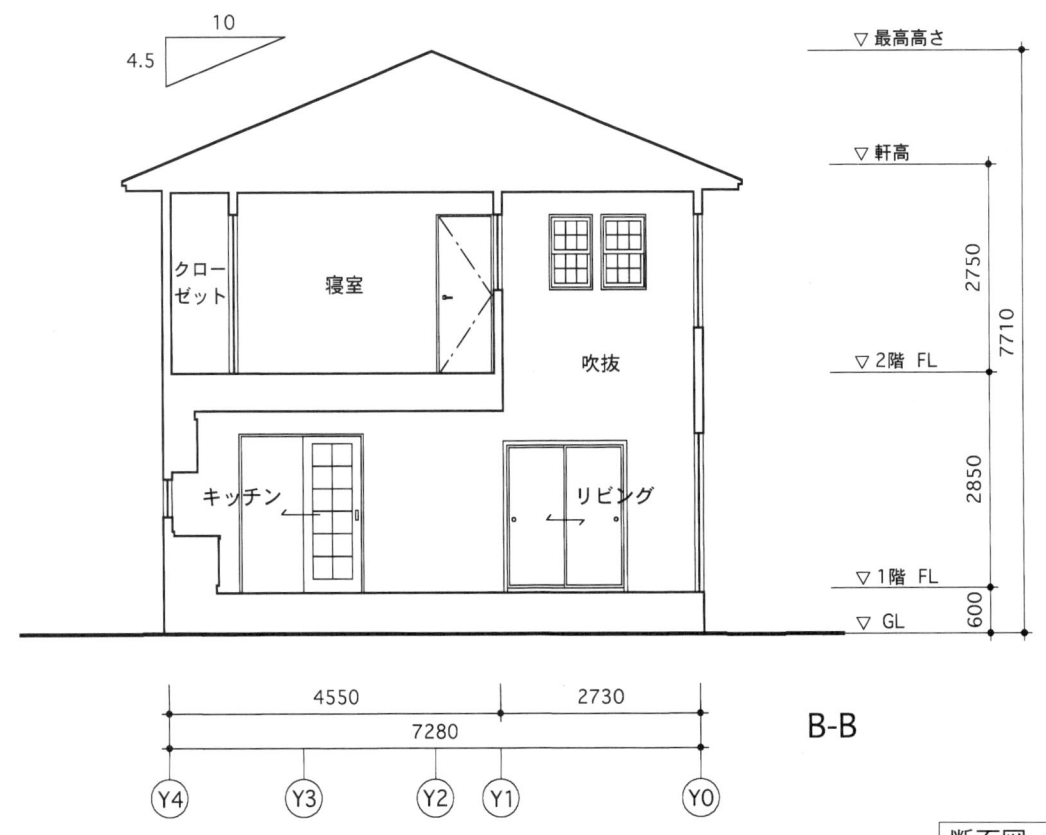

寸法: 8190

室名: 寝室、子供部屋2、ダイニング、廊下、玄関ホール

高さ: 最高高さ、軒高 2750、2階FL、下屋 軒高、2650、2850、1階FL、600、GL、7710

X方向寸法: 3640、4550、1820、6370、10010
通り芯: X0、X1、X2、X3、X4

B-B

勾配: 4.5 / 10

室名: クローゼット、寝室、吹抜、キッチン、リビング

高さ: 最高高さ、軒高 2750、2階FL、2850、1階FL、600、GL、7710

Y方向寸法: 4550、2730、7280
通り芯: Y4、Y3、Y2、Y1、Y0

断面図　S＝1：100

断面パース　S＝1:35

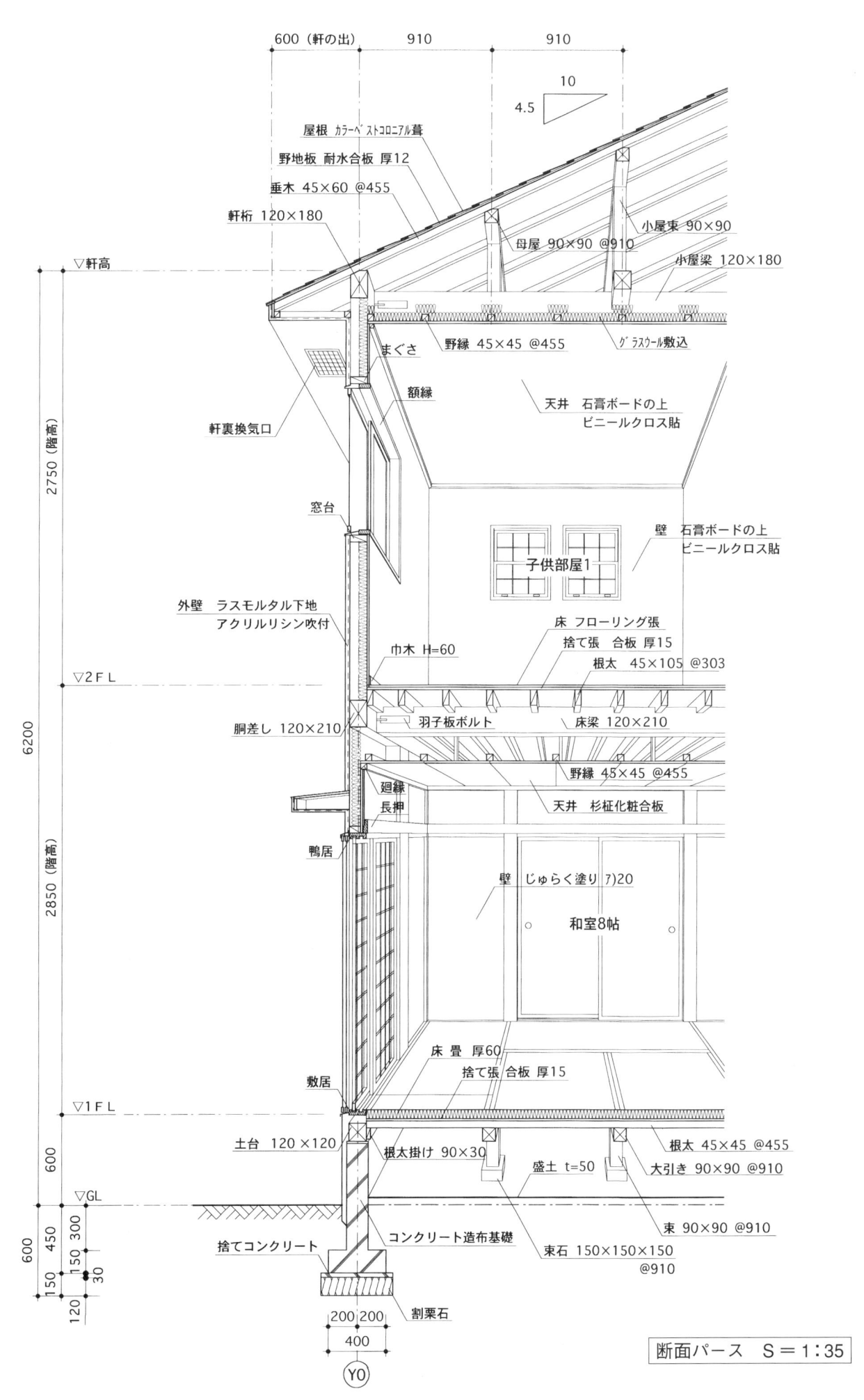

2−2 構造図を描く

意匠図をもとに、構造図を描いていきましょう！

1 基礎伏図
※オリジナルプランでも挑戦してみましょう！

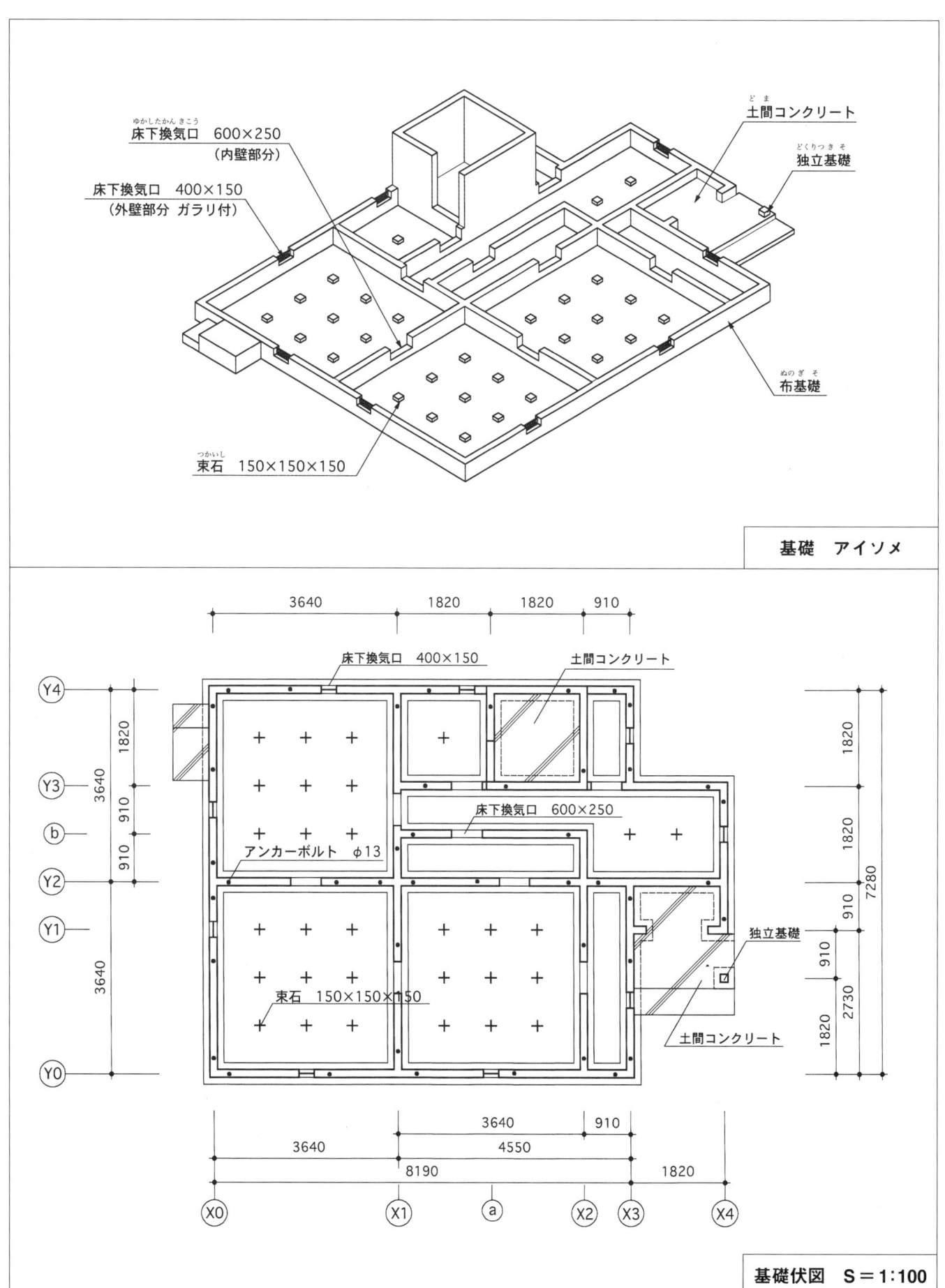

床下換気口（ゆかしたかんきこう） 600×250（内壁部分）
床下換気口 400×150（外壁部分 ガラリ付）
土間（どま）コンクリート
独立基礎（どくりつきそ）
布基礎（ぬのぎそ）
束石（つかいし） 150×150×150

基礎 アイソメ

床下換気口 400×150
土間コンクリート
床下換気口 600×250
アンカーボルト φ13
束石 150×150×150
独立基礎
土間コンクリート

基礎伏図　S＝1:100

1-1 布基礎を記入する

① 平面図を見て，外壁，間仕切壁があるところに，中心線を記入する (—・—・—).
② 布基礎の幅（W=150）を，①の中心線から均等に振り分けて記入する（────）[⇒右下図，■布基礎断面].
③ フーチングの幅（W = 400）を，布基礎と同様，中心線から均等に振り分けて記入する（────）[⇒右下図，■布基礎断面].
④ ポーチの独立基礎を記入する（□）.

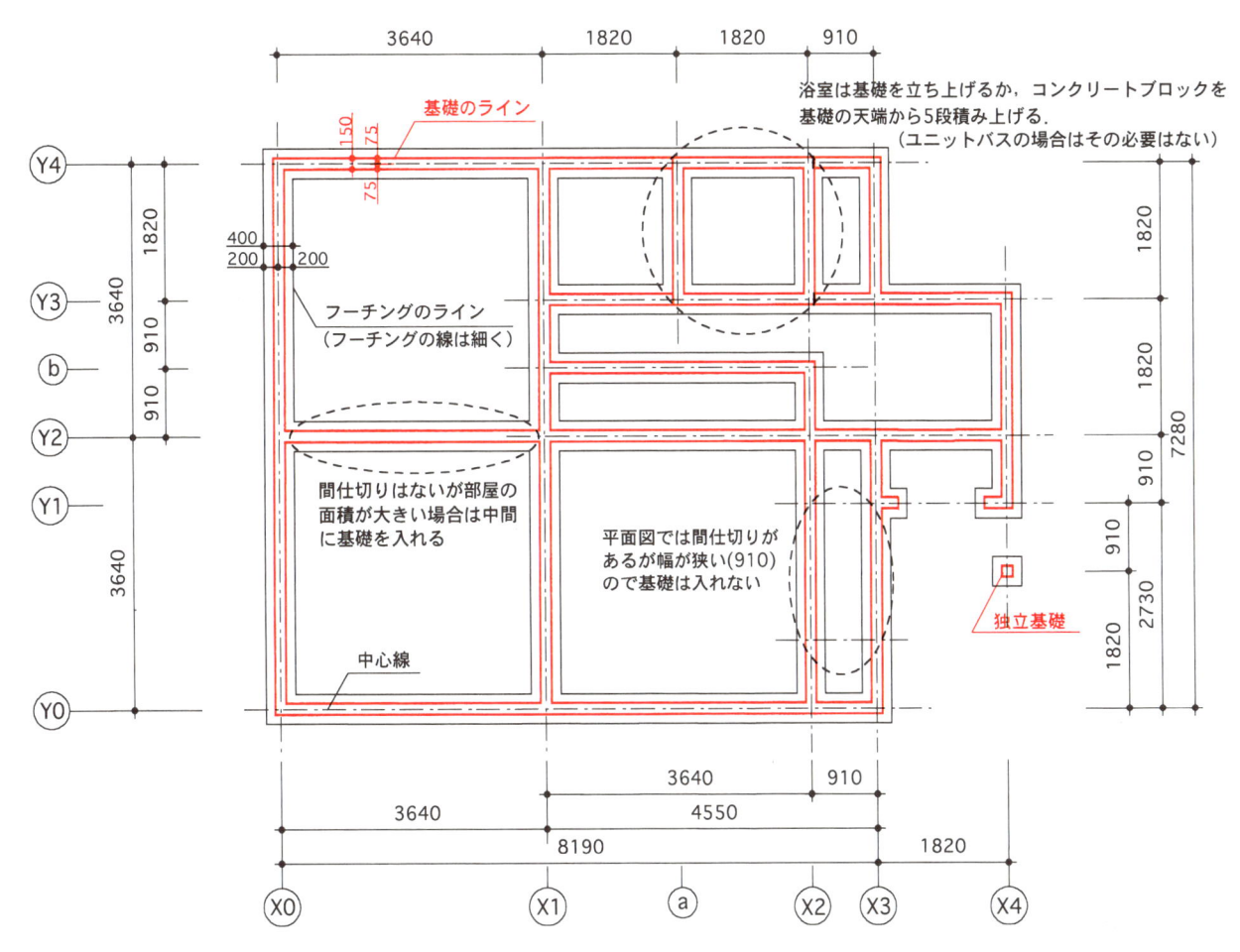

※これより中心線は図面が複雑に見えるので除きます．

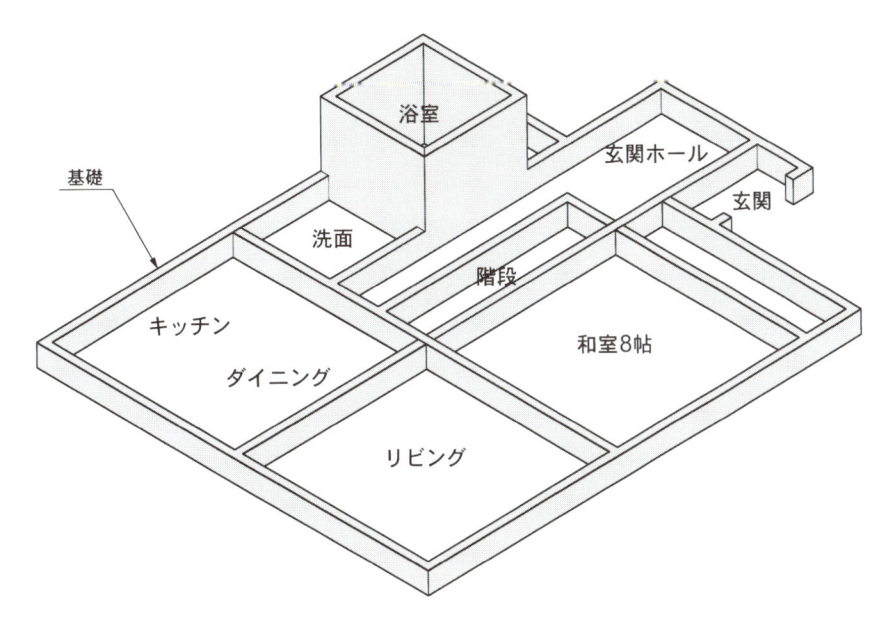

※GLより上の部分を表現しているため，地中にあるフーチングは表現していません．

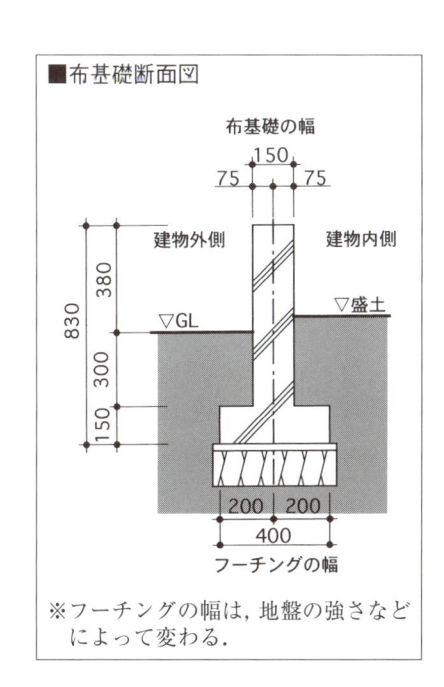

■布基礎断面図

※フーチングの幅は，地盤の強さなどによって変わる．

1-2 床下換気口を記入する

① 基礎に床下換気口を記入する（外壁部分の床下換気口は，間隔が5m以内になるように配置する）．
　　外壁部分　W400 × H150　……　（ガラリ付）[⇒右下図，■床下換気口]
　　内壁部分　W600 × H250　……

② 浴室の入口を記入する．

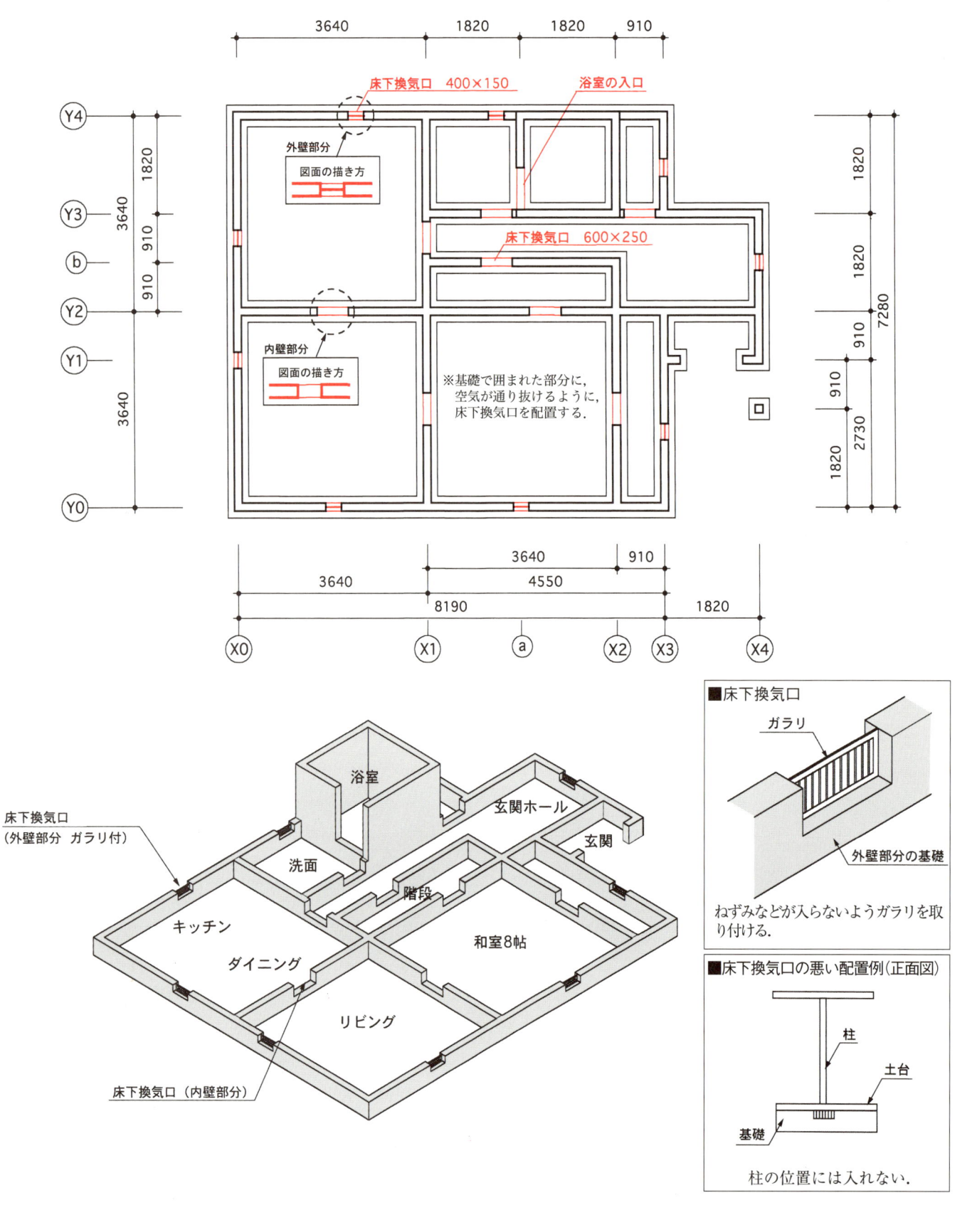

■床下換気口

ガラリ

外壁部分の基礎

ねずみなどが入らないようガラリを取り付ける．

■床下換気口の悪い配置例（正面図）

柱
土台
基礎

柱の位置には入れない．

1-3　束石・土間コンクリート・アンカーボルトを記入する

① 基礎で囲まれた部分に，束石を910mm間隔で記入する（＋）．
② 土間コンクリートの部分を記入する．
　　（注1）ユニットバスの場合は，浴室には必要ない．
　　（注2）便所は，床がタイル貼りで水で洗い流すタイプの場合は，土間コンクリートを打つ．
　　　　　ただし，フローリングなどのふき取りタイプの場合は必要ない．
③ アンカーボルトを記入する（●）．

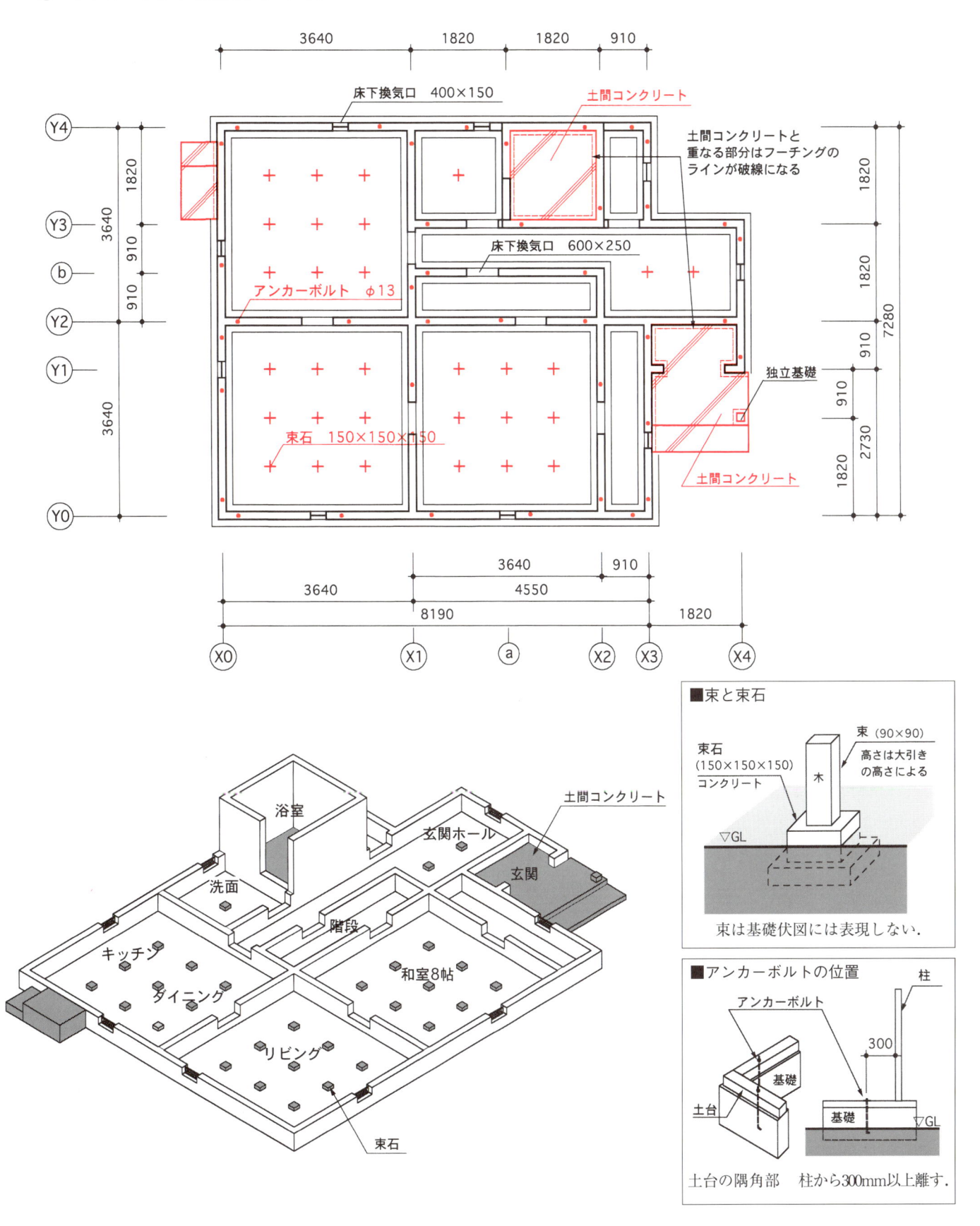

■束と束石

束は基礎伏図には表現しない．

■アンカーボルトの位置

土台の隅角部　柱から300mm以上離す．

2　1階床伏図

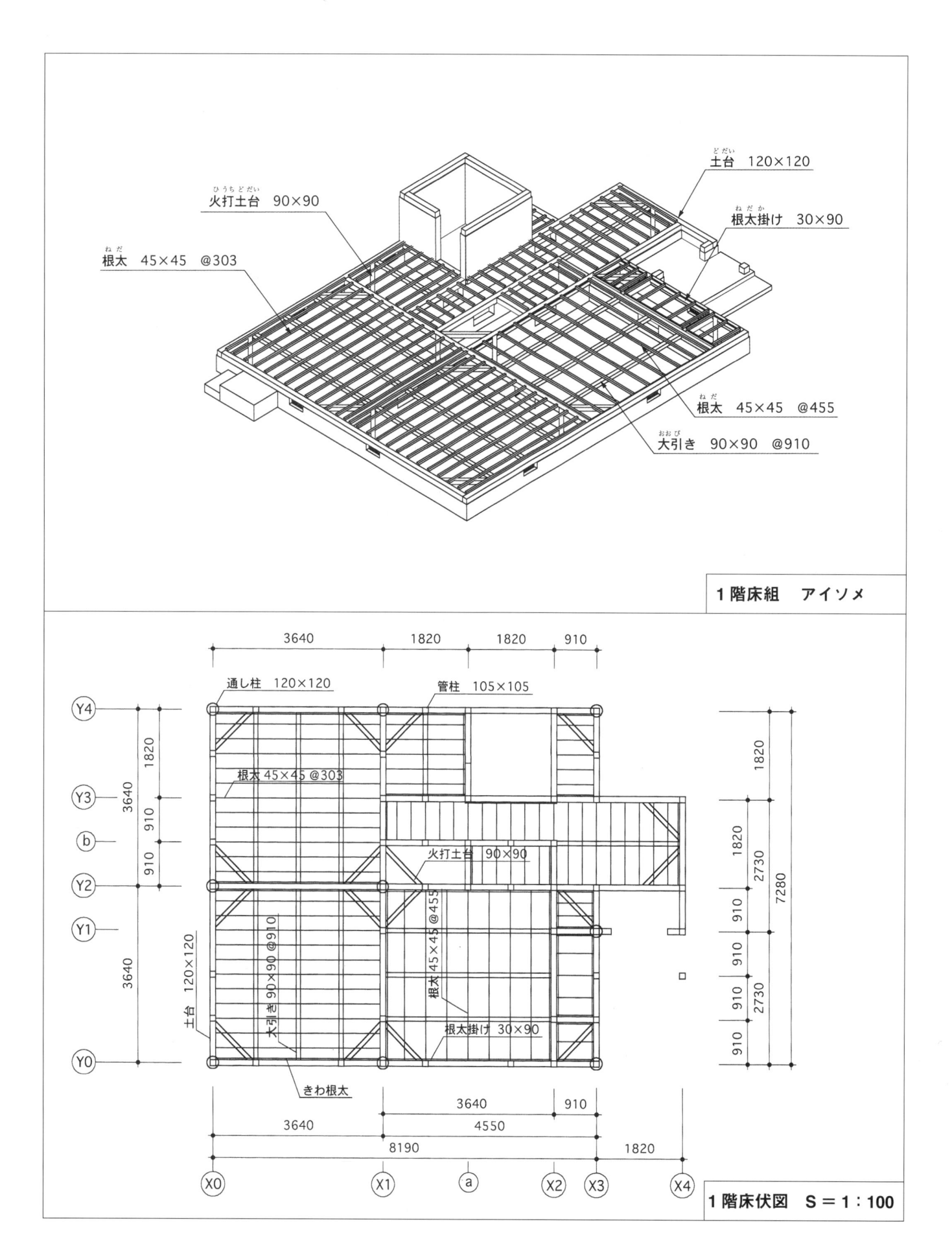

※演習2では、床組（根太，根太掛け）の納まりを変えている［⇨ p.61 右下図，■根太掛けの納まり方］．

1階床組　アイソメ

図中ラベル：
- 土台　120×120
- 火打土台　90×90
- 根太掛け　30×90
- 根太　45×45　@303
- 根太　45×45　@455
- 大引き　90×90　@910

1階床伏図　S＝1：100

図中ラベル：
- 通し柱　120×120
- 管柱　105×105
- 根太　45×45　@303
- 火打土台　90×90
- 根太　45×45　@455
- 大引き　90×90　@910
- 土台　120×120
- 根太掛け　30×90
- きわ根太

通り芯：X0, X1, X2, X3, X4／Y0, Y1, b, Y2, Y3, Y4

56

2-1　土台を記入する

◎サイズ　土台……120 × 120mm （断面寸法が，柱と同じ寸法か，少し大きめの部材を用いる．）

① 1階平面図を見て，外壁と間仕切壁があるところに，中心線を記入する（—・—・—）．

② 土台の幅（W = 120）を，①の中心線から均等に振り分けて記入する．

　　※土台が基礎からずれ落ちないように，アンカーボルトで緊結する［⇨右下図，■アンカーボルト］．

　　※床伏図ではアンカーボルトは表現しない．

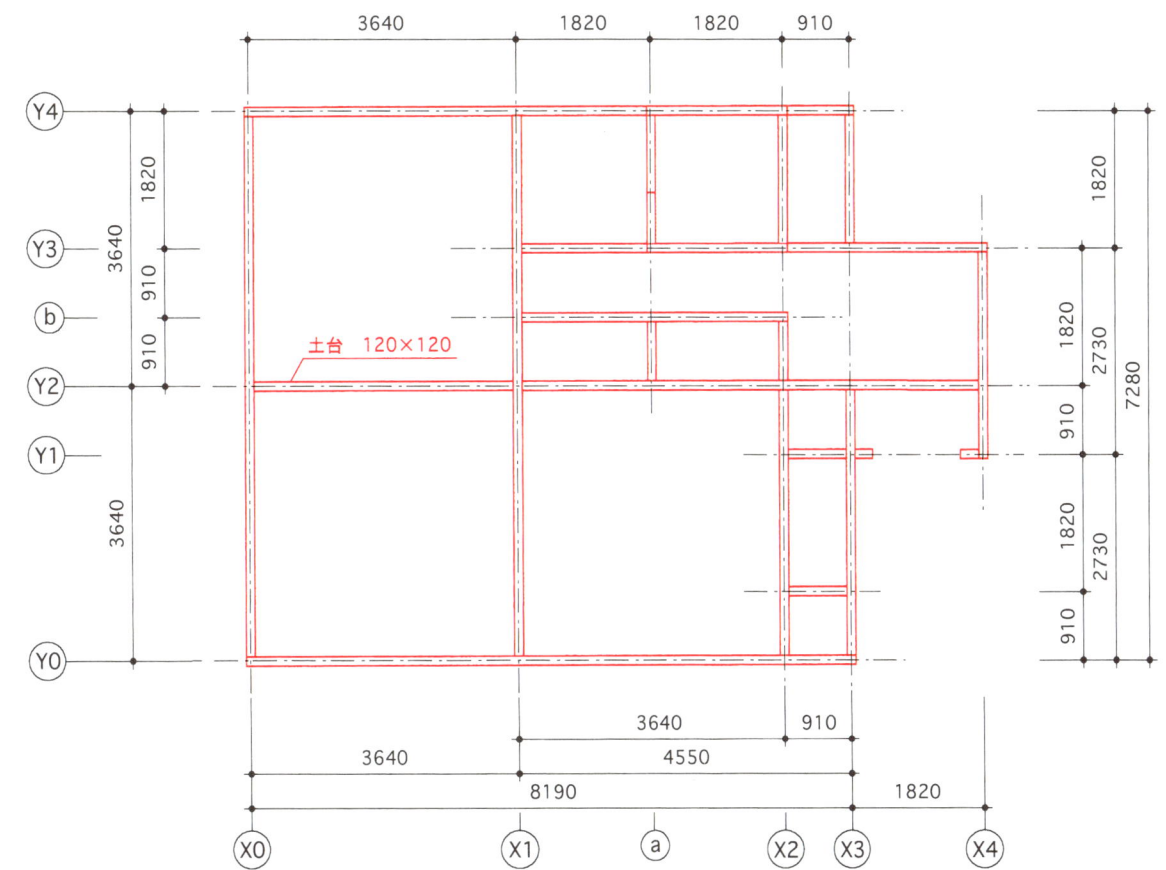

土台 120×120

※これより中心線は図面が複雑に見えるので除きます．

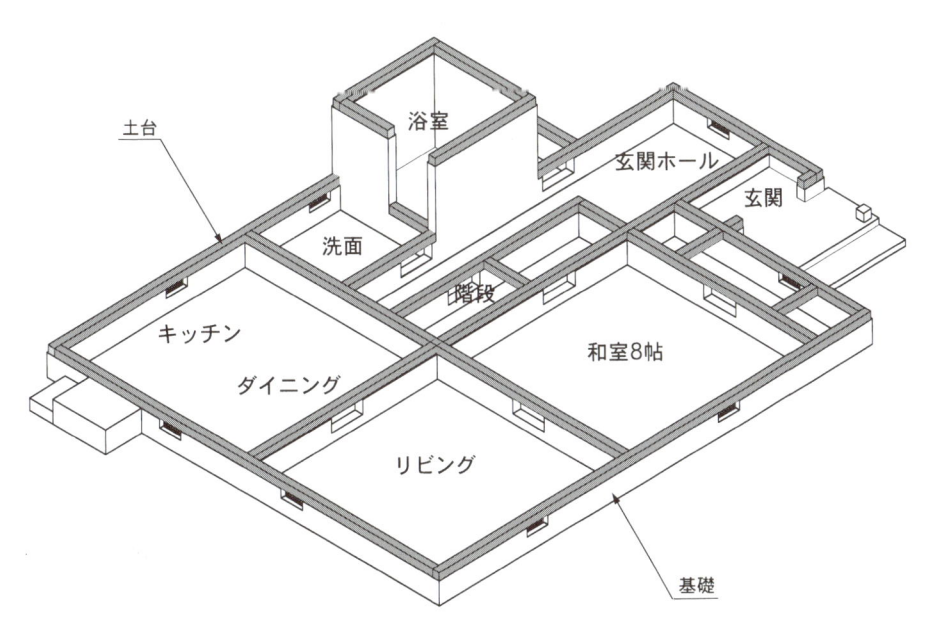

※図が複雑になるので，束は表現していません．

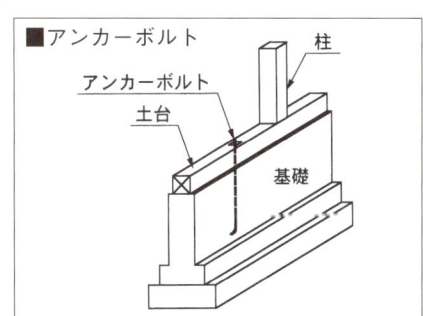

■アンカーボルト

土台をφ13mmのアンカーボルトで基礎に緊結し，土台がずれ落ちるのを防ぐ．

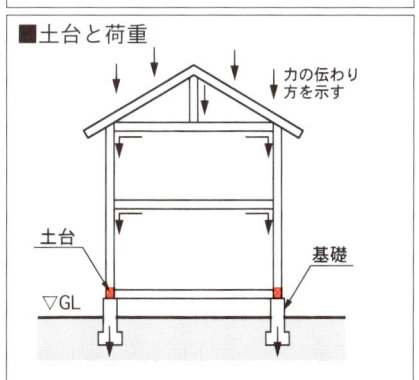

■土台と荷重

土台は構造材の最下部にあり，建物の荷重を受け，基礎に伝える．

2-2　1階の柱を記入する

◎サイズ　　通し柱……120×120mm（◯）
　　　　　　管　柱……105×105mm（□）

① 1階平面図を見て，通し柱と管柱の位置を確認し，記入する．

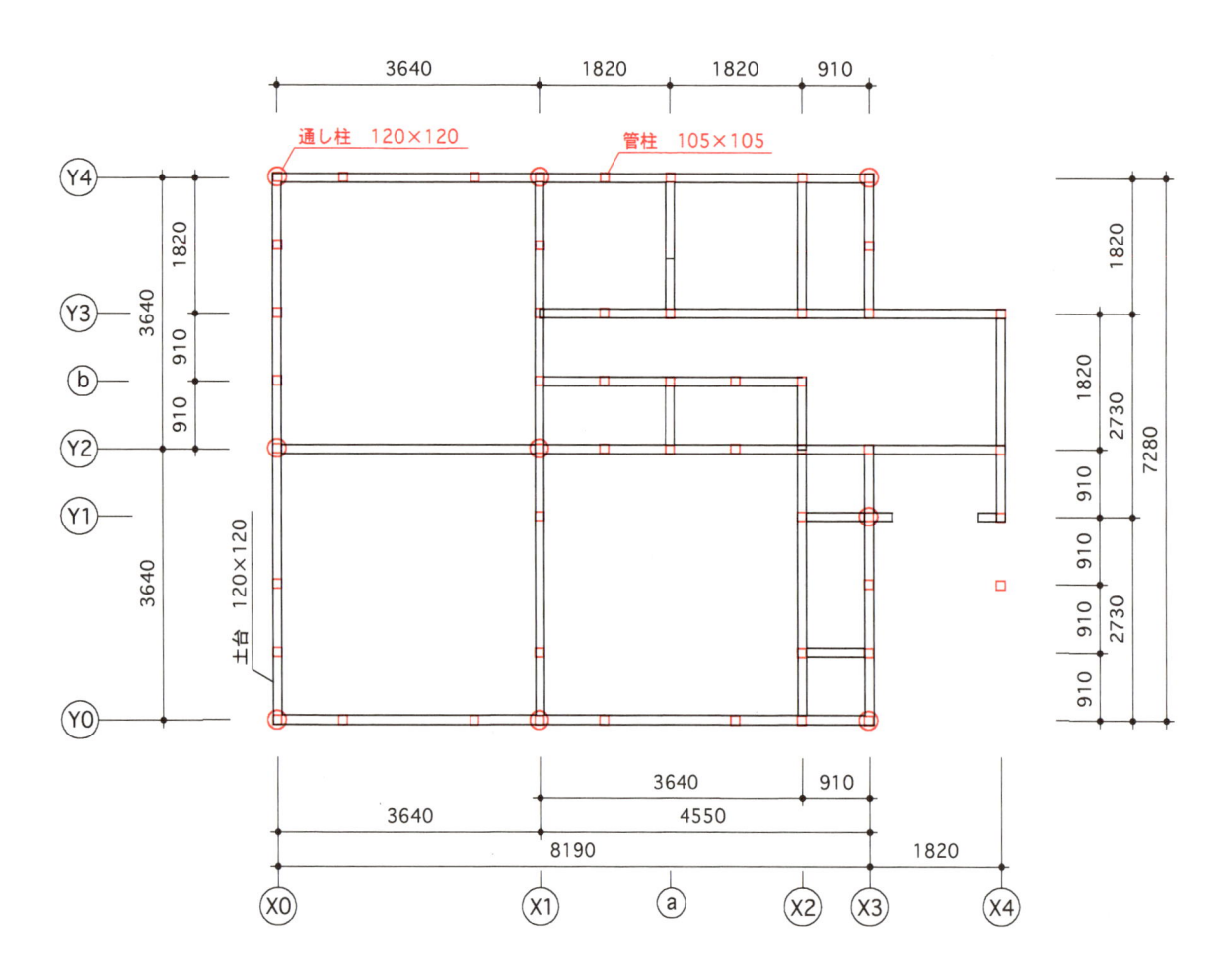

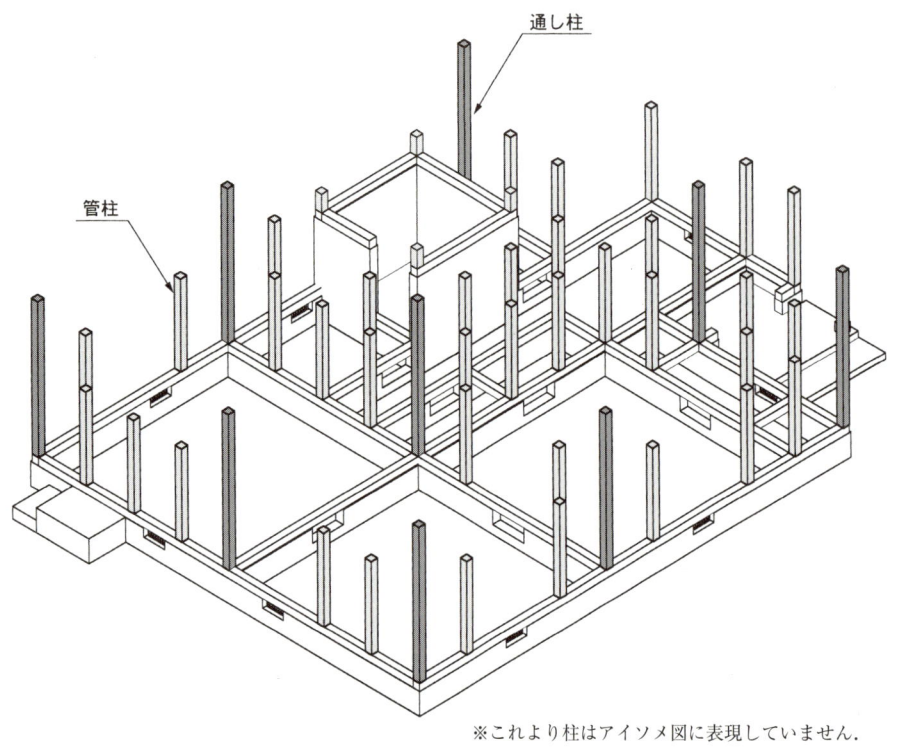

通し柱　120×120
管柱　105×105
土台　120×120

■柱の種類

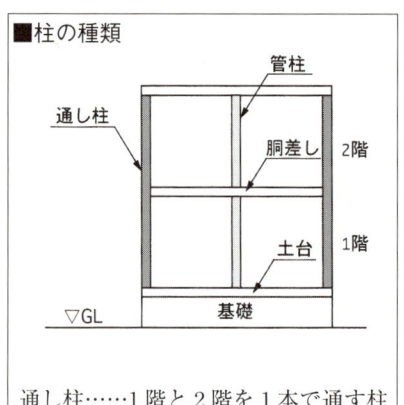

通し柱……1階と2階を1本で通す柱
管　柱……各階ごとに切断された柱

※これより柱はアイソメ図に表現していません．

2-3 火打土台を記入する

◎サイズ　90×90mm

① 火打土台を，配置を考えて記入する［⇨右下図，■火打土台の配置］．

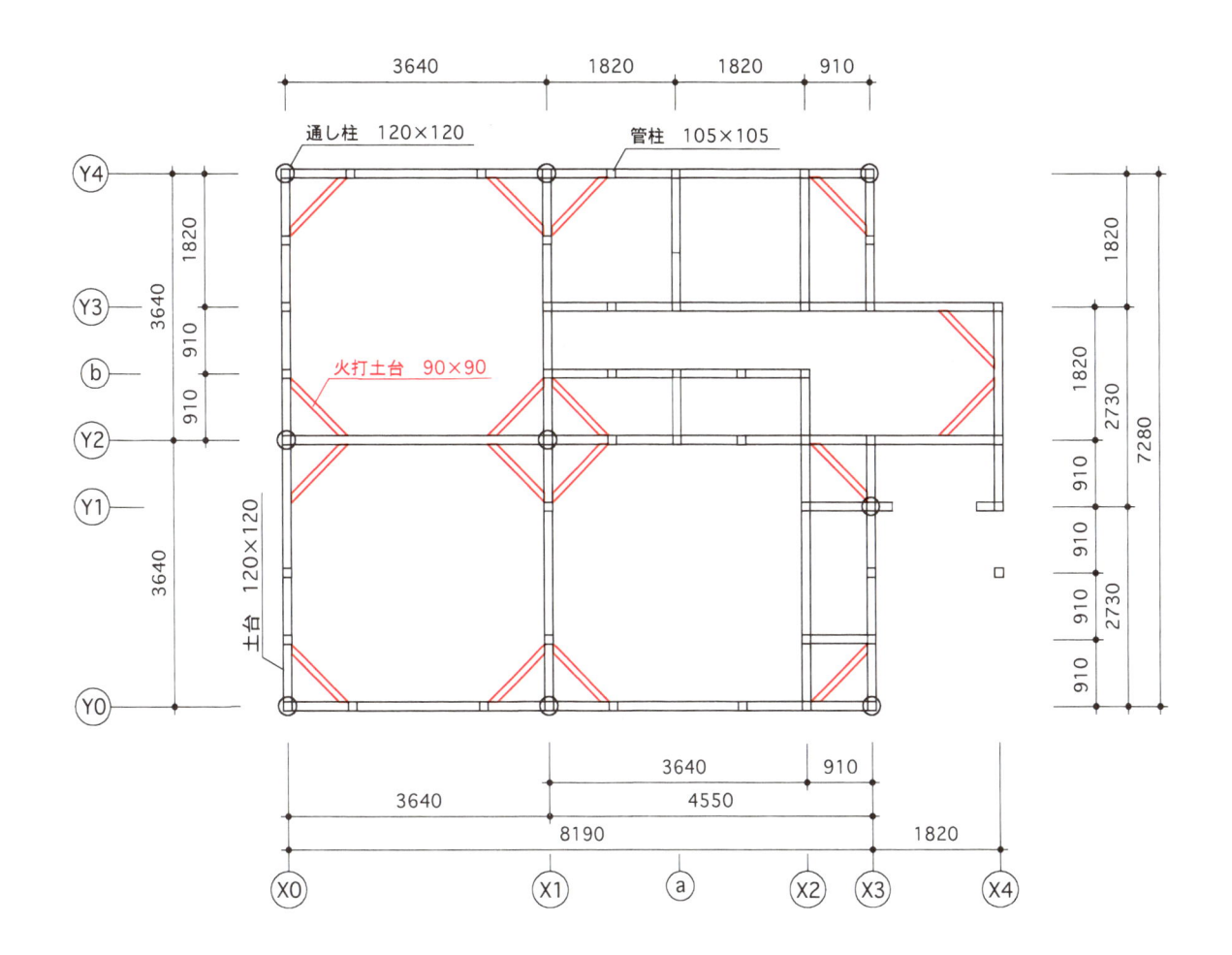

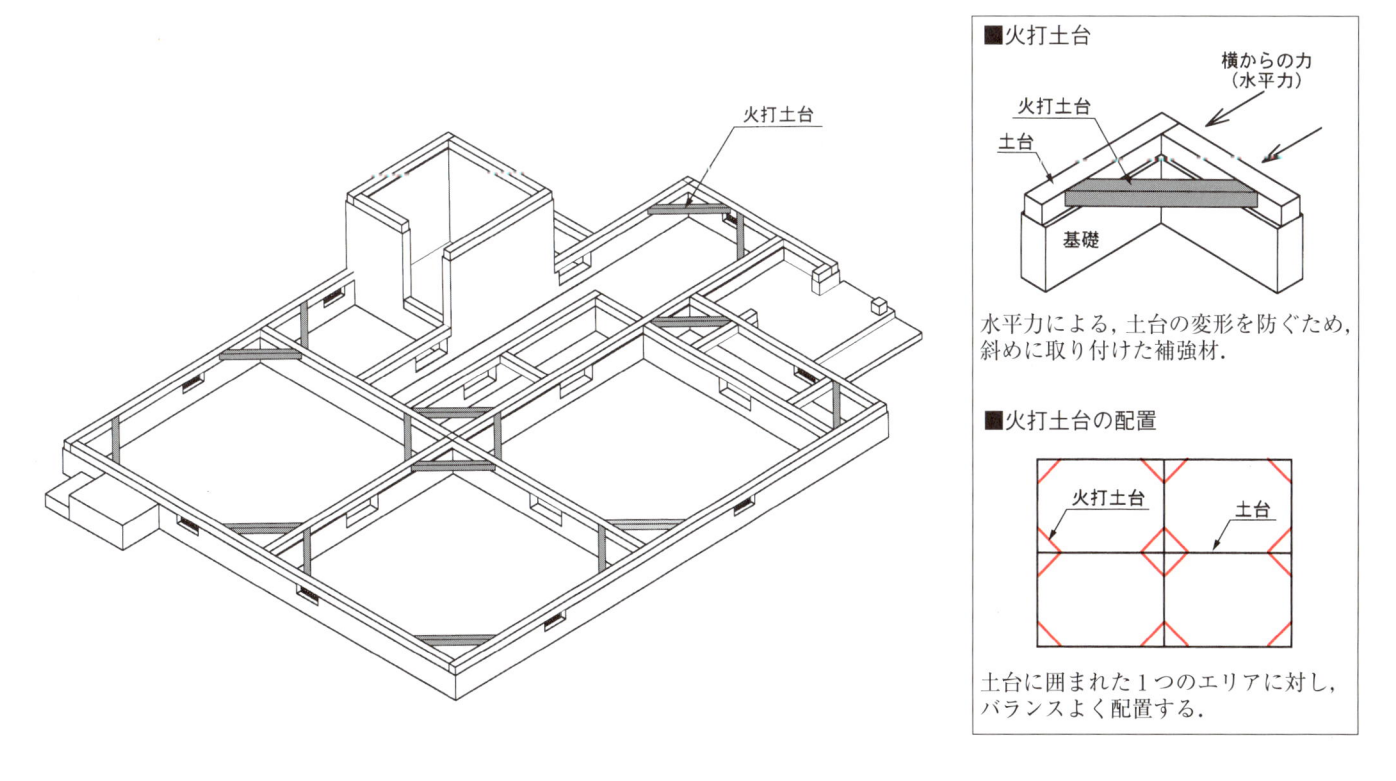

■火打土台

横からの力（水平力）

火打土台
土台
基礎

水平力による，土台の変形を防ぐため，斜めに取り付けた補強材．

■火打土台の配置

火打土台
土台

土台に囲まれた1つのエリアに対し，バランスよく配置する．

2-4 大引きを記入する

◎サイズ　90 × 90mm

◎ピッチ　@910mm　[⇒ p.6，910mmモジュールの等倍の間隔]

※大引き……1階床組で，根太に直交して支持する部材．

① 大引きを，ピッチと方向を考えて記入する[⇒ p.62右下図，■フローリングと根太，大引きの方向]．

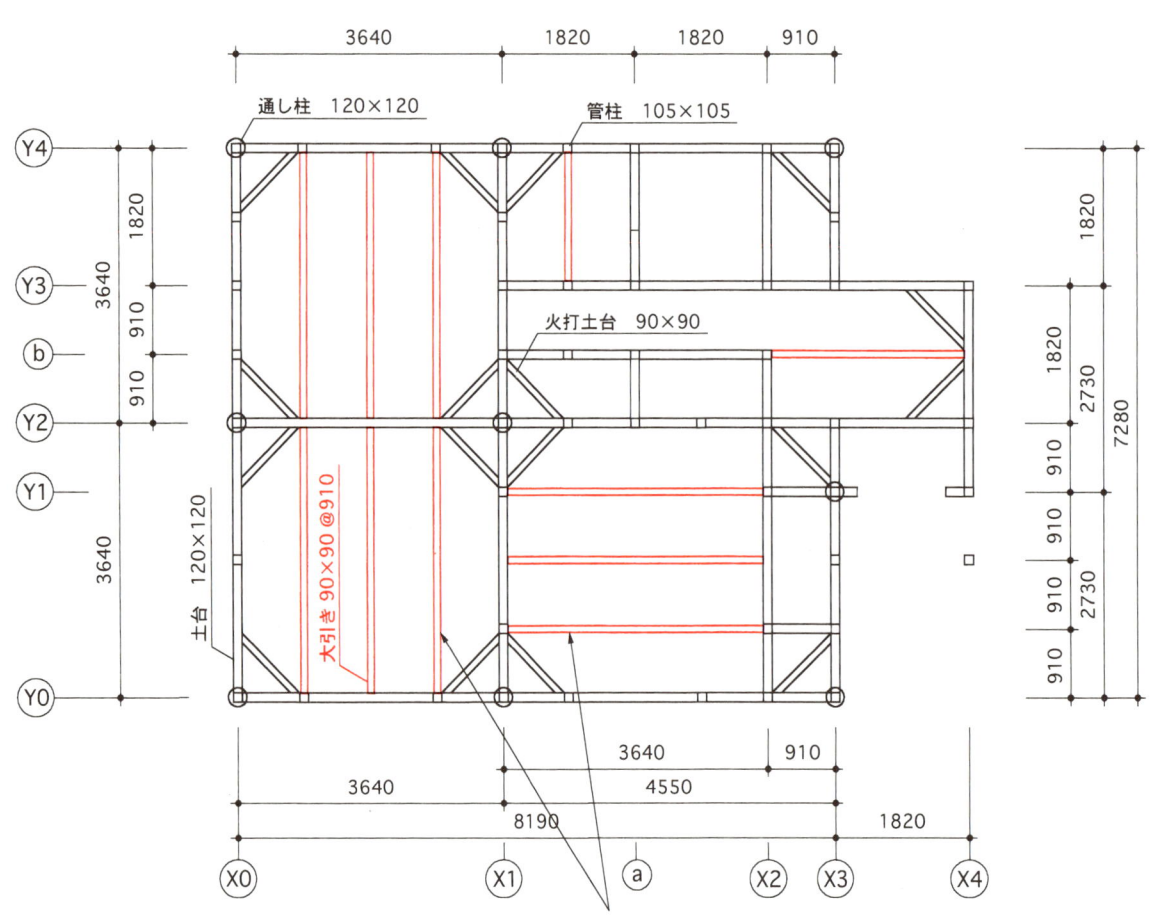

部屋によって方向を変えることで，剛性が高まり，床組の変形を防ぐことにもなる．

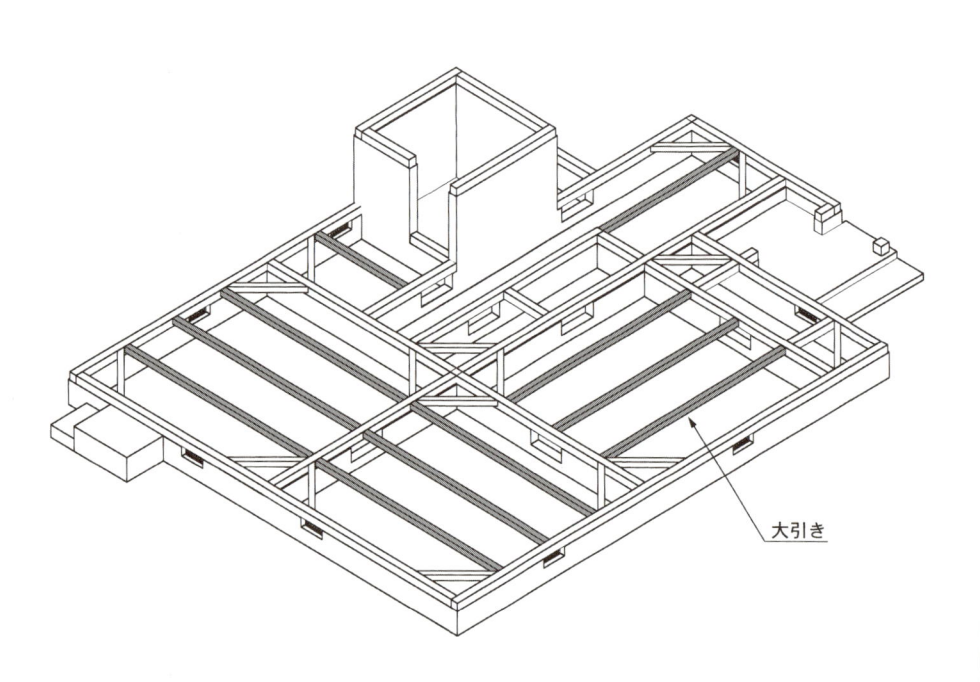

■大引きの納まり方

（注）演習1と納まりが違う．

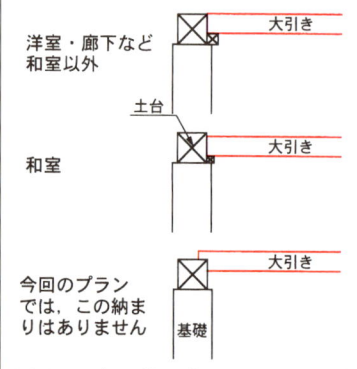

洋室・廊下など和室以外

和室

今回のプランでは，この納まりはありません

上図のような納め方は，1階FLの高さや仕上げ（フローリングや畳など）により決まる．

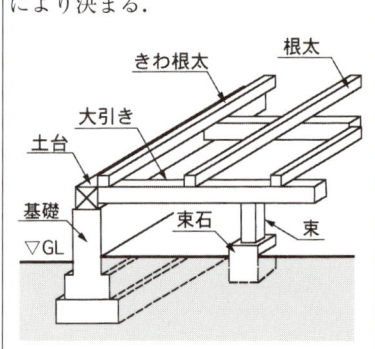

2-5 根太掛けを記入する

※床伏図を描く場合，根太掛けは省いてもよい．

◎サイズ　30×90mm

※根太掛け……土台や柱の側面に取り付け，根太の端部を受ける部材（大引きと平行な位置に取り付ける）．

① 次ページを参考にして根太の方向を考え，根太掛けを記入する．

（注1）畳部分と押入では根太の高さが違うため，取り付け位置も違う［⇨右下図，■根太掛けの納まり方］．

（注2）演習1ではフローリングの床組に根太掛けを取り付けたが，演習2では和室の床組に根太掛けを取り付ける［⇨ p.63，**ポイント** 床組の納まりを考える］．

〈理由〉和室の方が，フローリングの床組より範囲が狭いため．

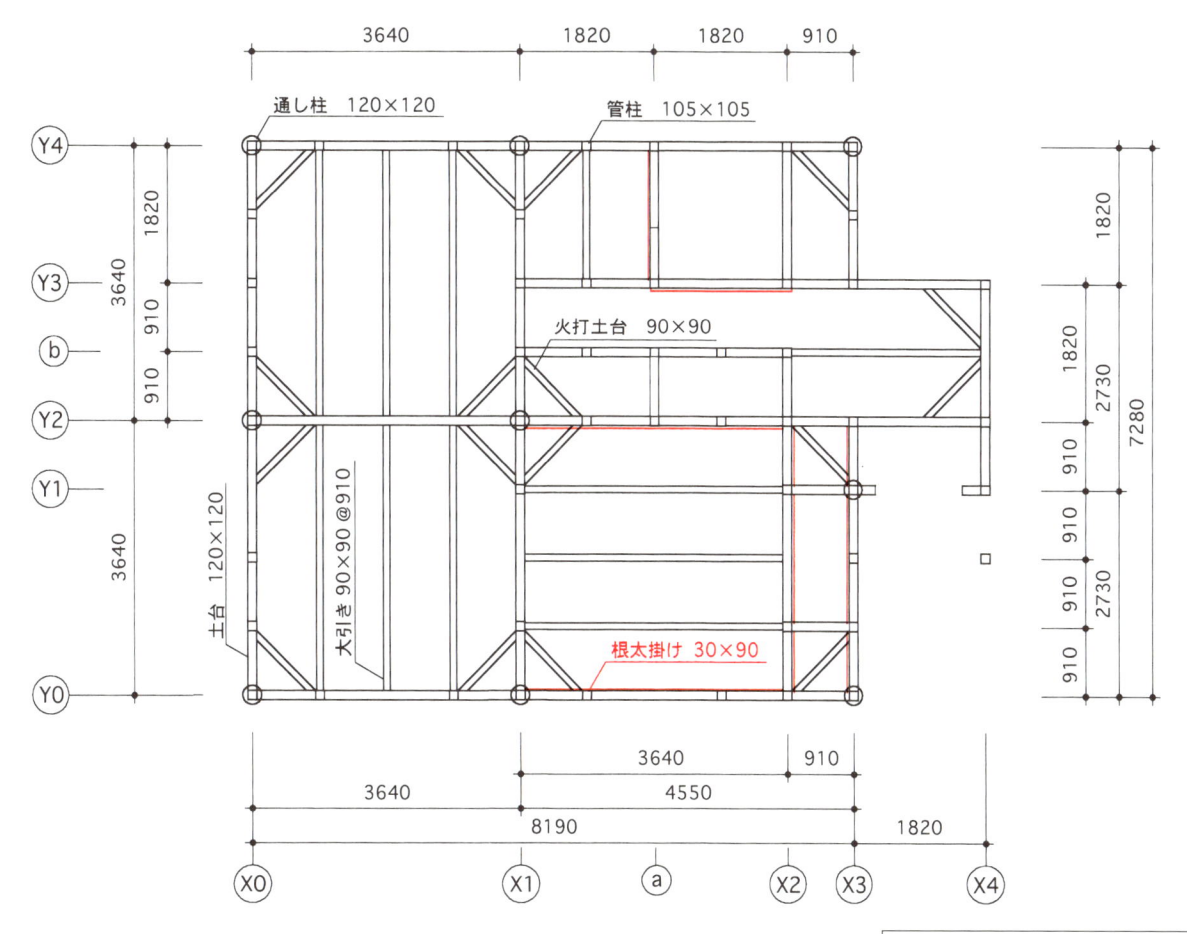

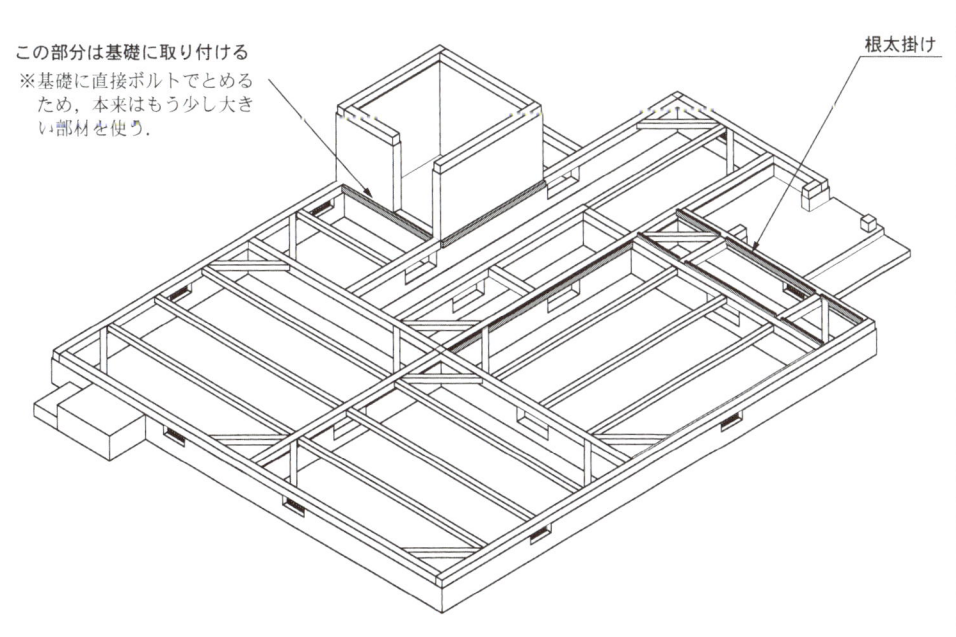

■根太掛けの納まり方

（注）下図の方が，根太掛けを取り付ける範囲が少ないため，演習1とは納まりを変えている．

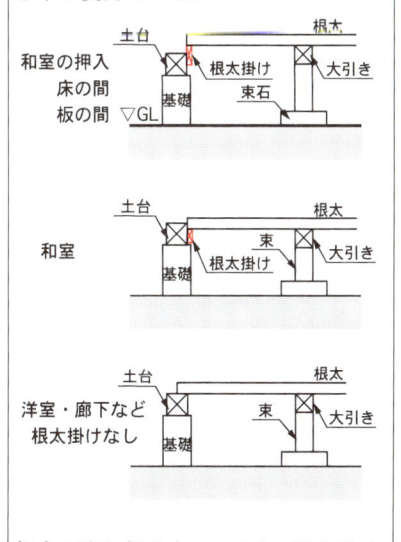

根太の取り付け高さにより，根太掛けの取り付け位置が決まる．

2-6 根太を記入する

◎サイズ　45×45（mm）
◎ピッチ　和室以外……＠303mm　[⇨ p.6，910mmモジュールの約1/3の間隔]
　　　　　和室　　　……＠455mm　[⇨ p.6，910mmモジュールの約1/2の間隔]
① 根太を，ピッチと方向を考えて記入する[⇨右下図，■フローリングと根太・大引きの方向].
　（注）1階と2階では根太のサイズが違う[⇨ p.71右下図，■根太の断面寸法].

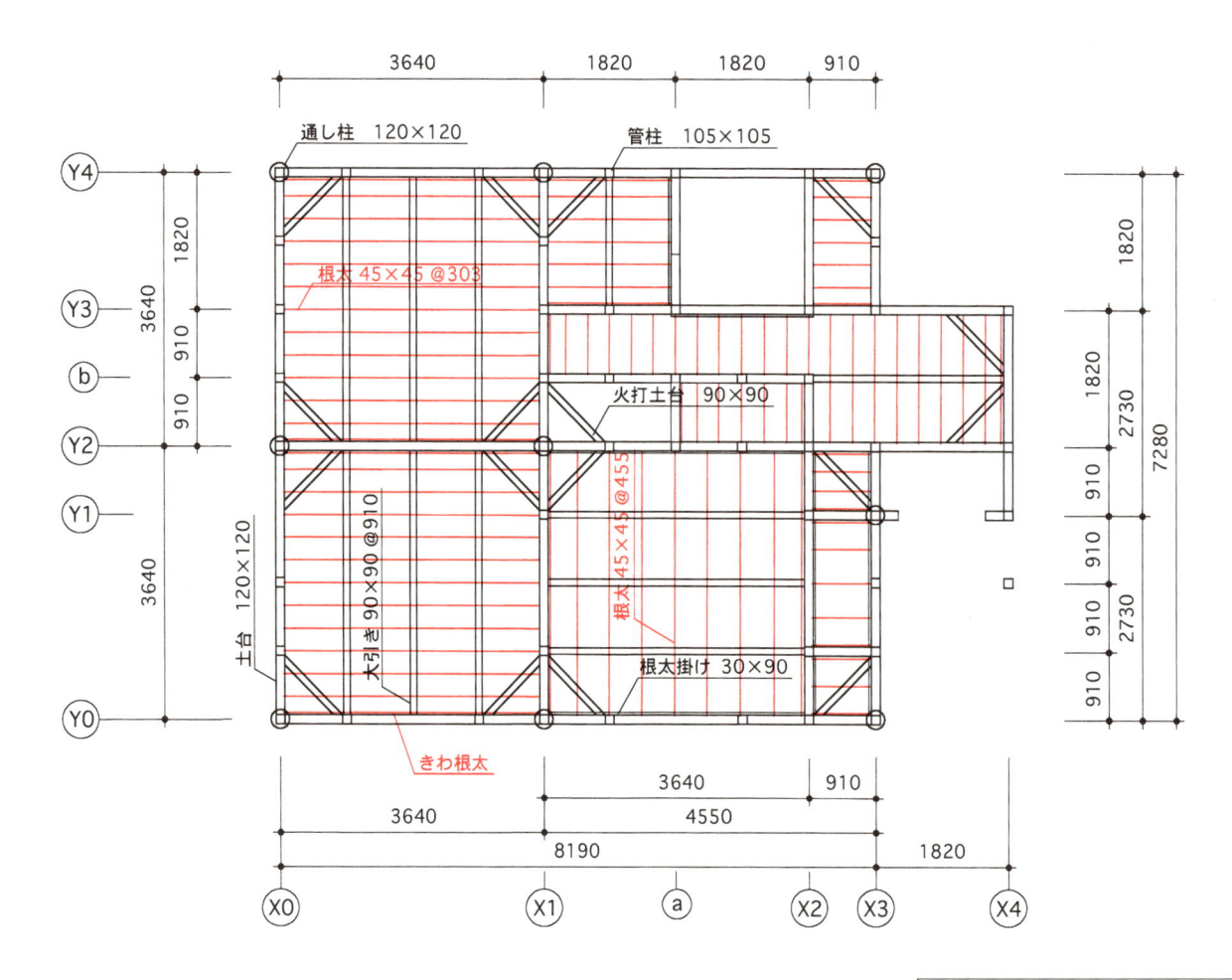

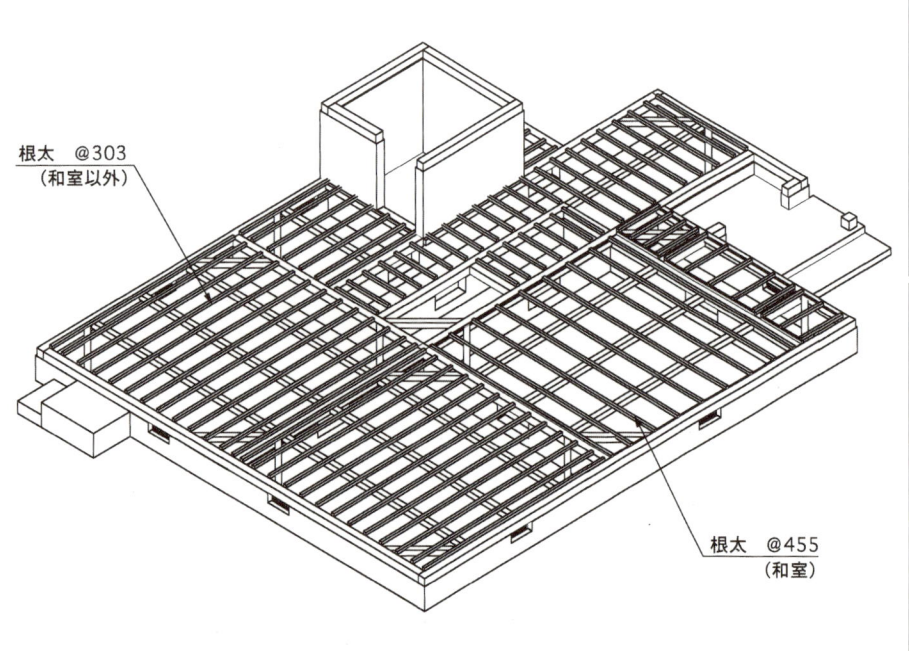

■きわ根太（壁ぎわに接する最も端にある根太）

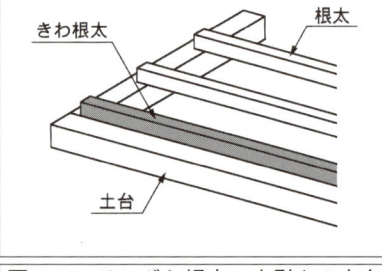

■フローリングと根太・大引きの方向

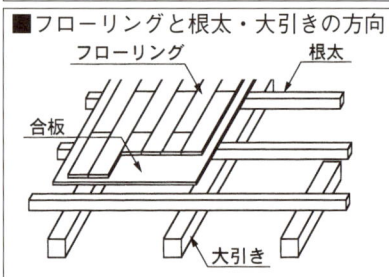

フローリングの向きと根太は直交させる．根太と大引きは直交させる．したがって，大引きはフローリングの向きを考え，同じ方向に入れる．
※フローリングと根太の間に，合板を張る．

ポイント 床組の納まりを考える

床組の納まりは，下記のような順序で決定していきます！

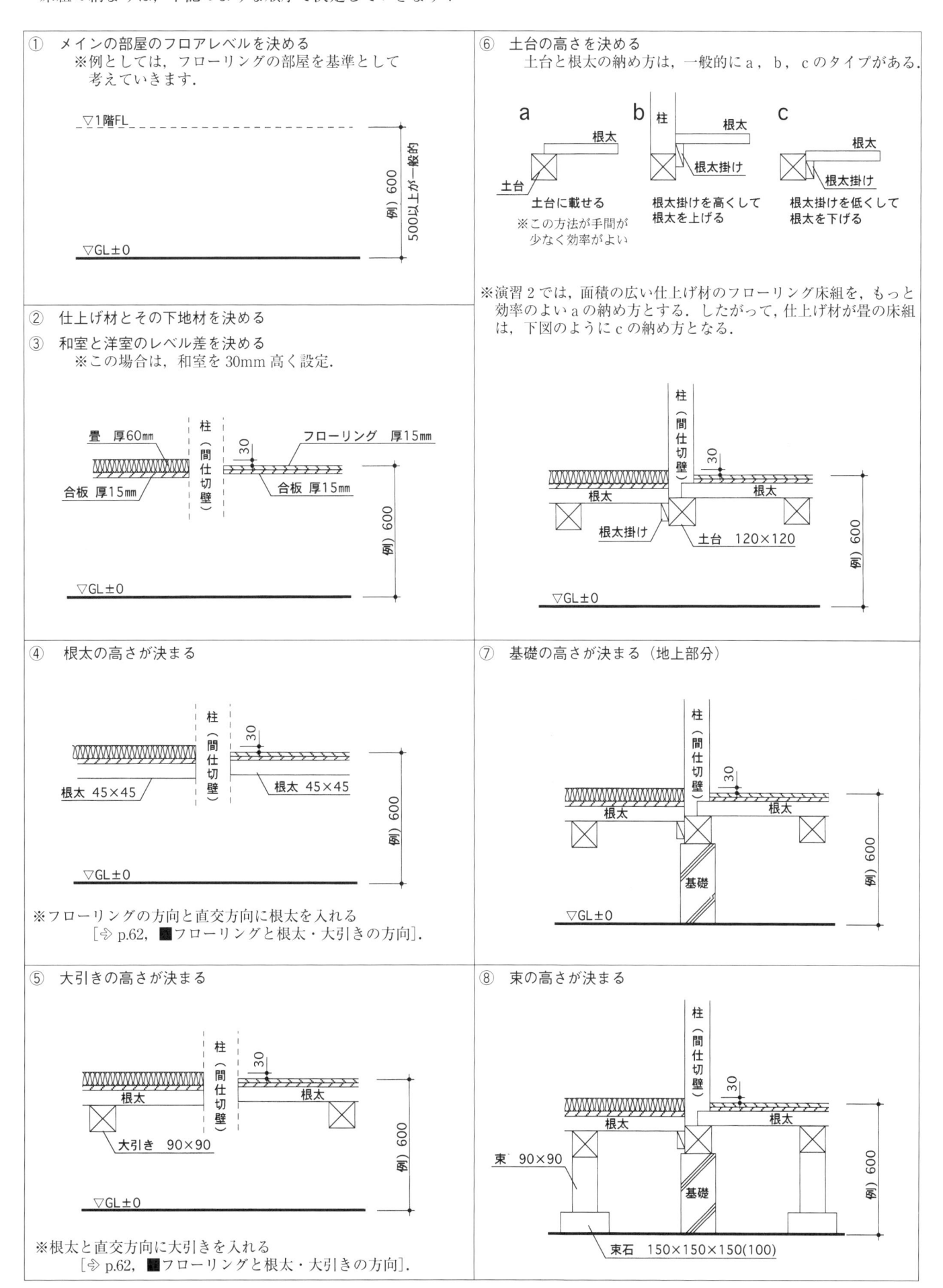

① メインの部屋のフロアレベルを決める
　※例としては，フローリングの部屋を基準として考えていきます．

▽1階FL
▽GL±0
（例）600　500以上が一般的

② 仕上げ材とその下地材を決める
③ 和室と洋室のレベル差を決める
　※この場合は，和室を30mm高く設定．

畳 厚60mm／合板 厚15mm／フローリング 厚15mm／合板 厚15mm／柱（間仕切壁）／30／（例）600

④ 根太の高さが決まる

根太 45×45／根太 45×45／30／（例）600

※フローリングの方向と直交方向に根太を入れる
［⇒ p.62，■フローリングと根太・大引きの方向］．

⑤ 大引きの高さが決まる

根太／大引き 90×90／根太／30／（例）600

※根太と直交方向に大引きを入れる
［⇒ p.62，■フローリングと根太・大引きの方向］．

⑥ 土台の高さを決める
　土台と根太の納め方は，一般的にa，b，cのタイプがある．

a 土台に載せる　※この方法が手間が少なく効率がよい
b 根太掛けを高くして根太を上げる
c 根太掛けを低くして根太を下げる

※演習2では，面積の広い仕上げ材のフローリング床組を，もっと効率のよいaの納め方とする．したがって，仕上げ材が畳の床組は，下図のようにcの納め方となる．

根太掛け／土台 120×120／根太／30／（例）600

⑦ 基礎の高さが決まる（地上部分）

根太／基礎／30／（例）600

⑧ 束の高さが決まる

束 90×90／基礎／束石 150×150×150(100)／根太／30／（例）600

3 2階床伏図

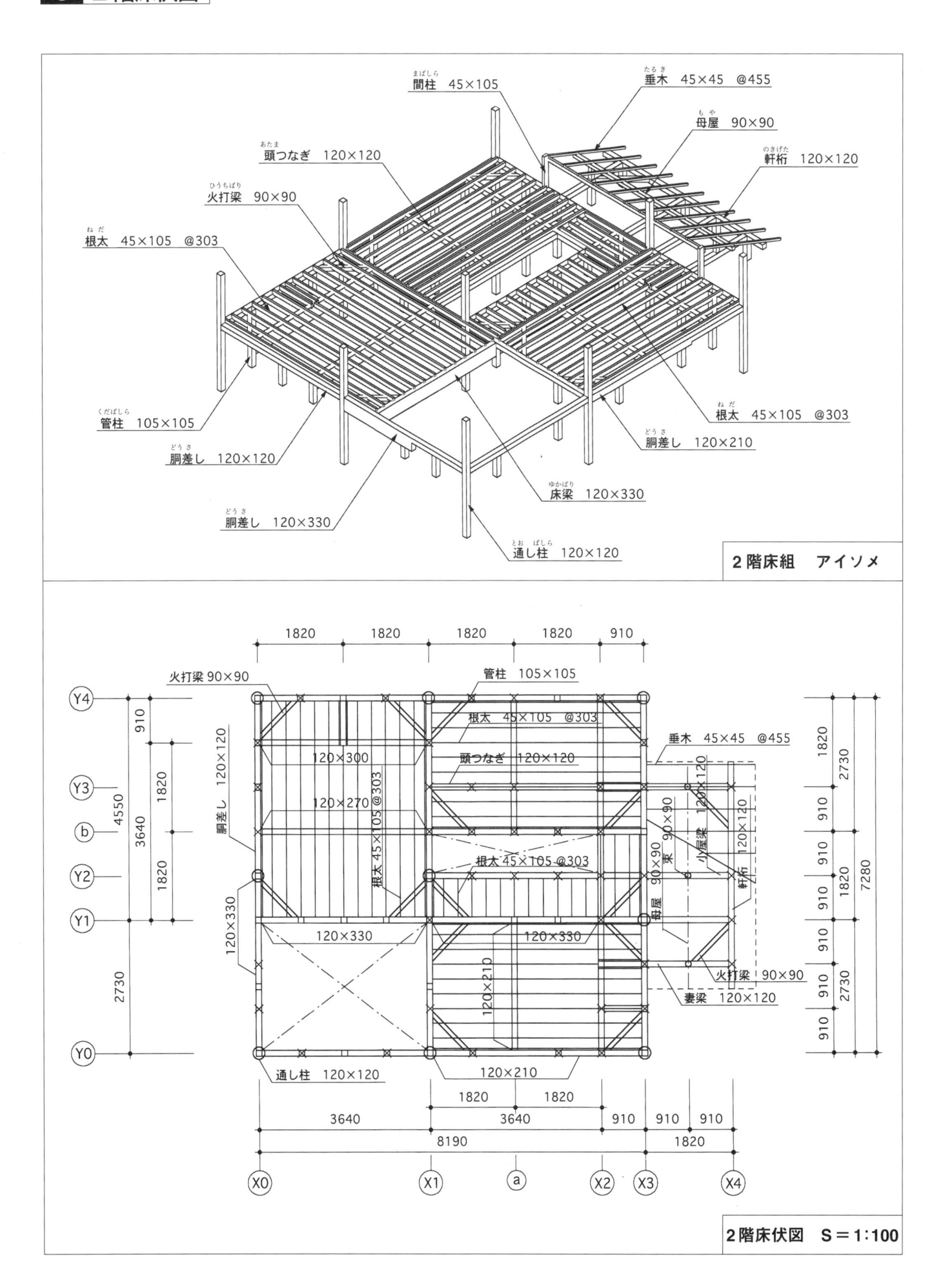

間柱 45×105
頭つなぎ 120×120
火打梁 90×90
根太 45×105 @303
管柱 105×105
胴差し 120×120
胴差し 120×330
通し柱 120×120
垂木 45×45 @455
母屋 90×90
軒桁 120×120
根太 45×105 @303
胴差し 120×210
床梁 120×330

2階床組　アイソメ

火打梁 90×90
管柱 105×105
根太 45×105 @303
垂木 45×45 @455
120×300
頭つなぎ 120×120
胴差し 120×120
120×270
根太 45×105 @303
小屋梁 120×120
束 90×90
母屋
軒桁
120×330
120×330
120×330
120×210
火打梁 90×90
妻梁 120×120
通し柱 120×120
120×210

2階床伏図　S＝1:100

3-1 胴差し・通し柱を記入する

◎サイズ　胴差し……120 × 120mm
　　　　　通し柱……120 × 120mm

※胴差し……外壁部分の軸組の中間で，2階の柱と2階の床梁を受ける．

① 1，2階平面図を見て，外壁と間仕切壁があるところに中心線を記入する．
② ①の外壁部分に胴差しを記入する．
③ 2階平面図を見て，通し柱の位置を確認し記入する（◯）．

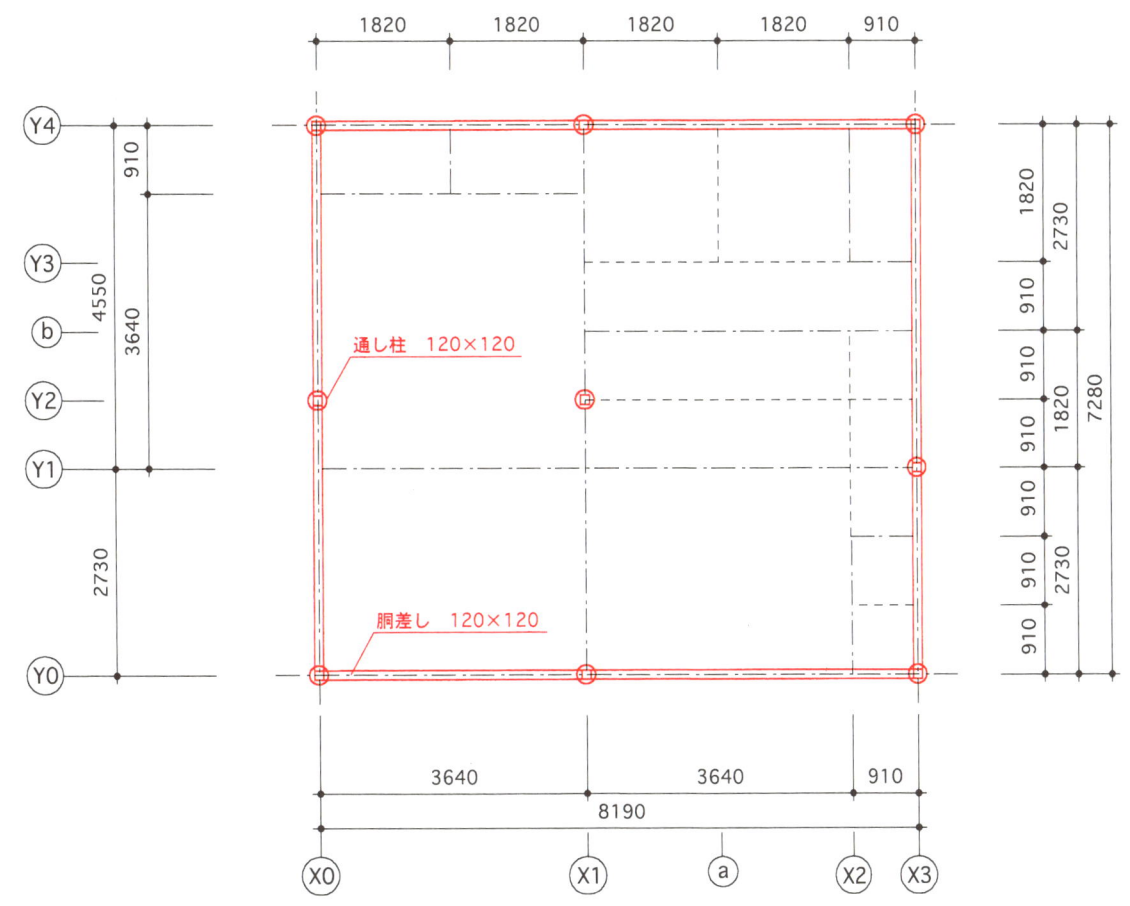

※これより胴差し部分の中心線は図面が複雑に見えるので除きます．

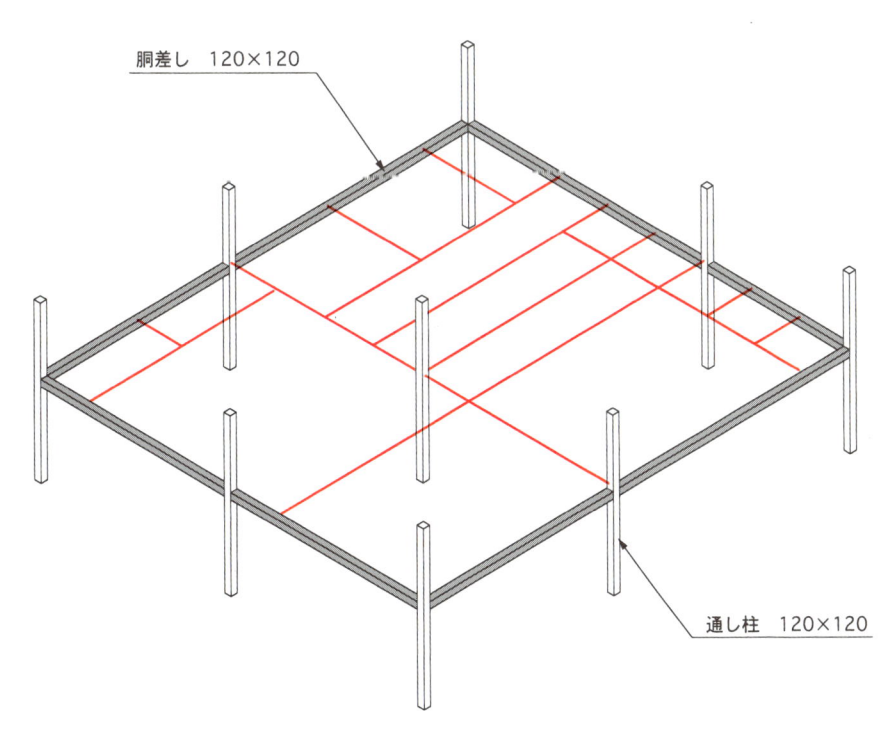

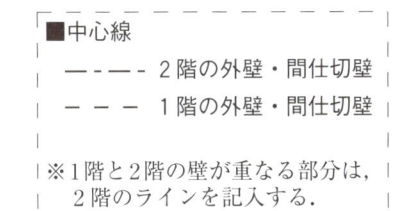

■中心線
　—・—・— 2階の外壁・間仕切壁
　— — — 1階の外壁・間仕切壁

※1階と2階の壁が重なる部分は，2階のラインを記入する．

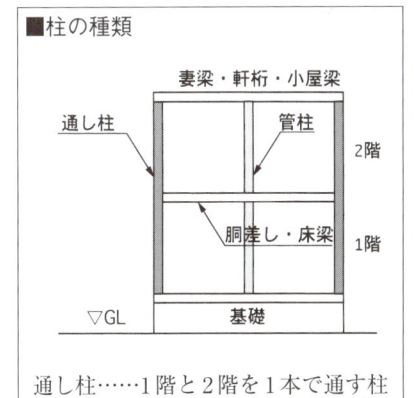

■柱の種類

通し柱……1階と2階を1本で通す柱
管　柱……各階ごとに切断された柱

3-2 1階の柱・頭つなぎを記入する

◎サイズ　頭つなぎ……120×120mm

① 1階平面図をみて，間仕切壁がある部分に頭つなぎを記入する［⇒右下図，頭つなぎ］．
② 1階平面図をみて，柱の位置を確認し記入する（×）．
③ 2階平面図をみて，吹き抜け部分を記入する（⊂⋅⊃）．

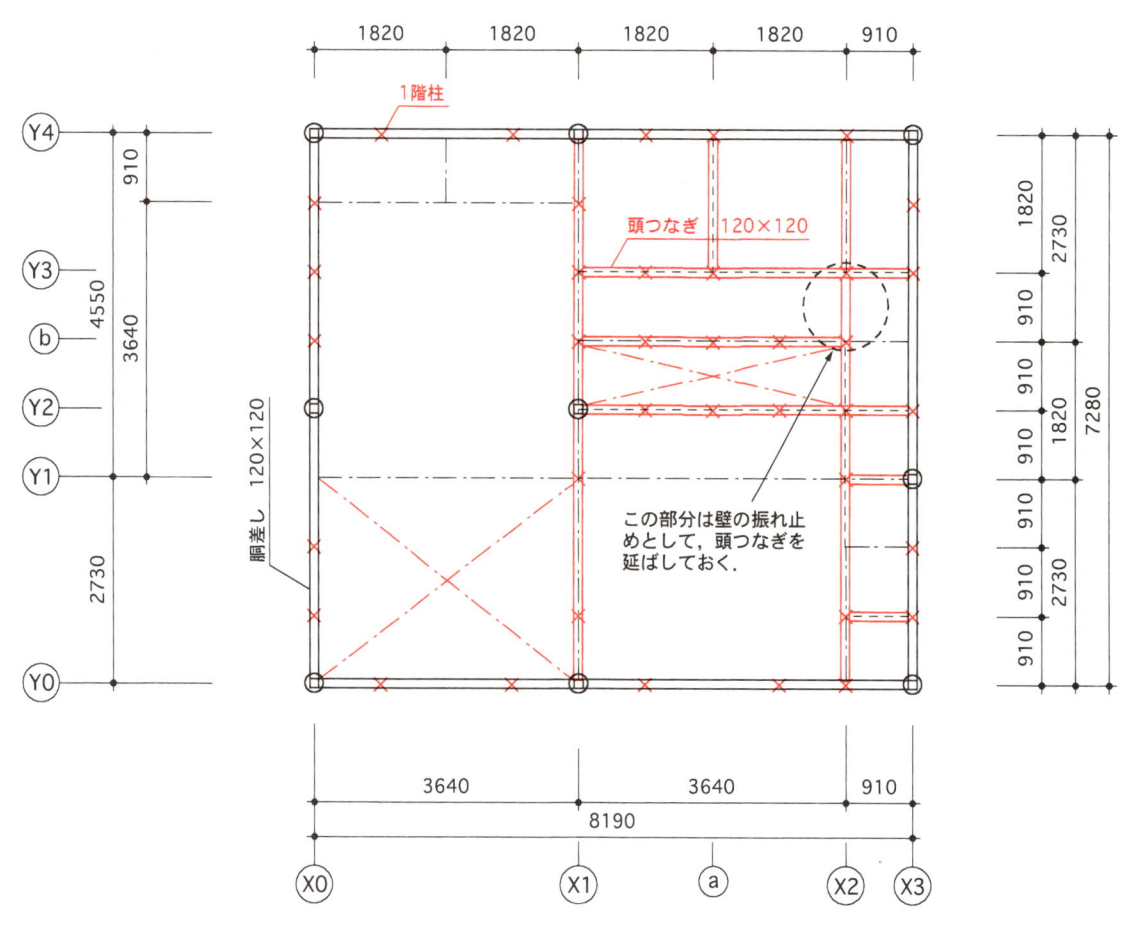

この部分は壁の振れ止めとして，頭つなぎを延ばしておく．

※これより1階頭つなぎ（間仕切壁）の中心線は，図面が複雑に見えるので除きます．

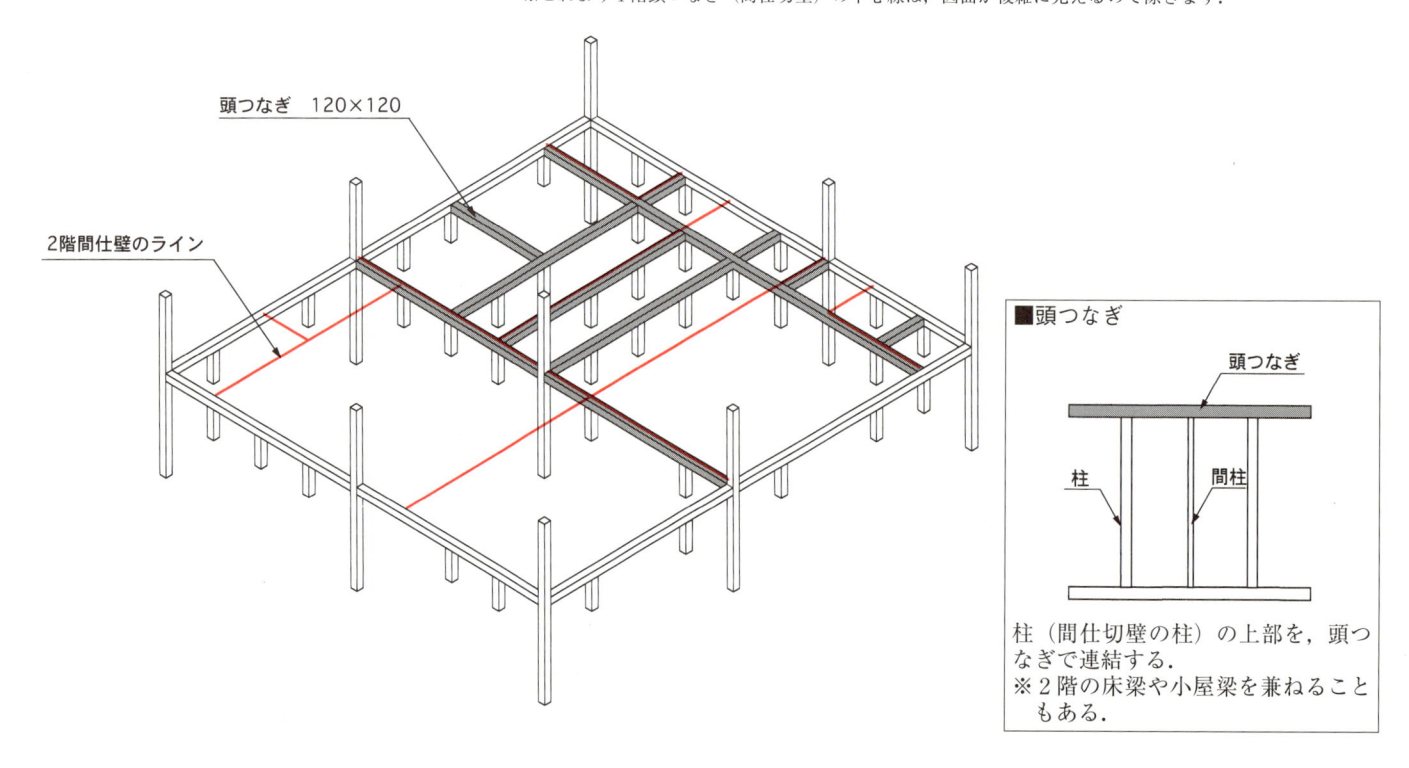

■頭つなぎ

柱（間仕切壁の柱）の上部を，頭つなぎで連結する．
※2階の床梁や小屋梁を兼ねることもある．

3-3 2階の床梁を記入する

◎サイズ……柱のスパンなどにより，せいが決まる［⇨せい右下図］．

◎ピッチ……＠1820mm 以下

① 2階平面図をみて，間仕切壁があるところに2階の床梁を記入する［⇨せい右下図］．

② 梁のない空間が1820mm ピッチ以下になるように，2階の床梁を入れる［⇨せい右下図］．

〈理由〉床梁の間隔が1820mm 以下でないと，2階の根太が床を支えられなくなるため［⇨ p.71 右下図，根太の断面寸法］．

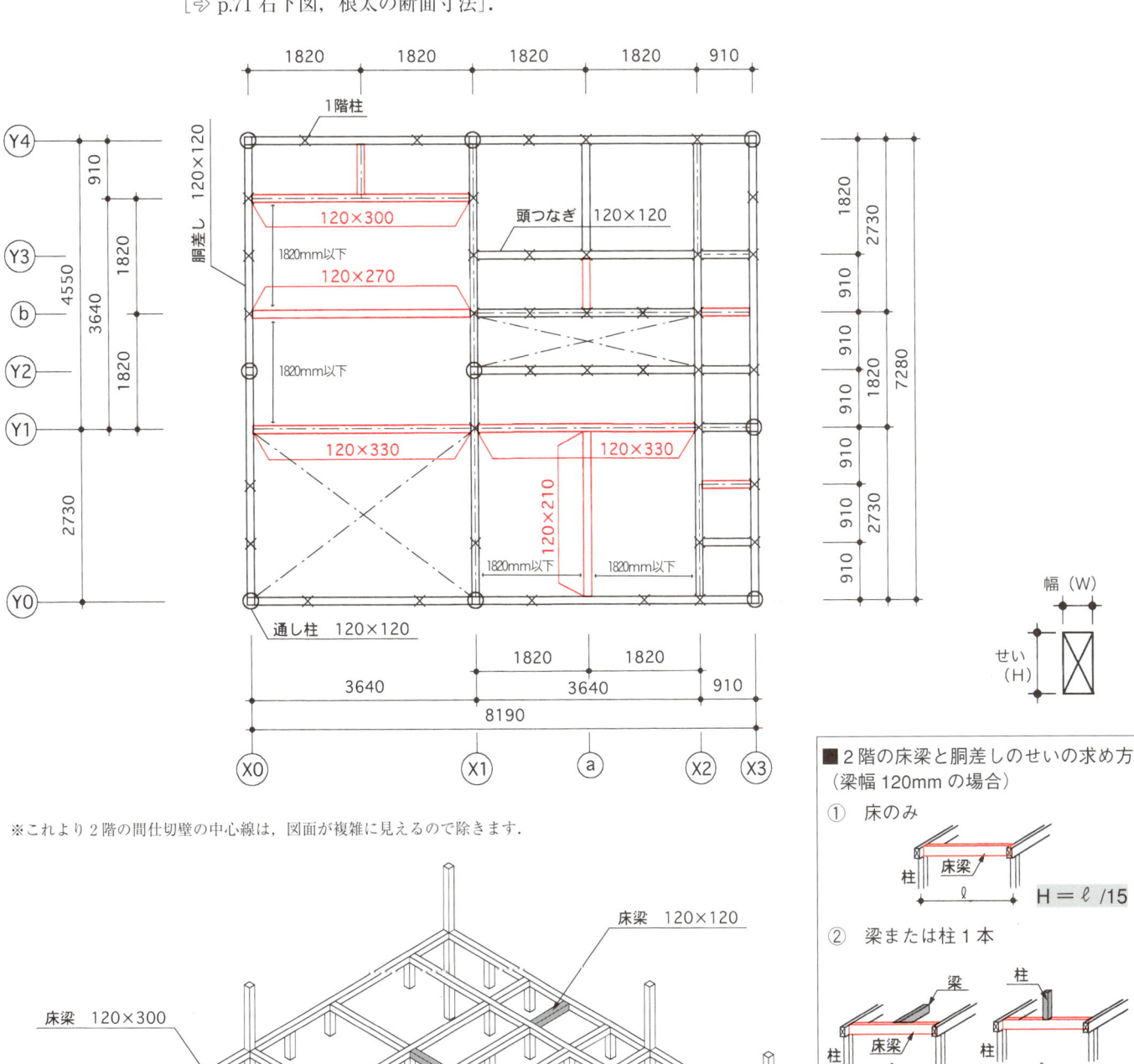

※これより2階の間仕切壁の中心線は，図面が複雑に見えるので除きます．

■2階の床梁と胴差しのせいの求め方
（梁幅120mmの場合）

① 床のみ
$H = \ell / 15$

② 梁または柱1本
$H = \ell / 13$

③ 間仕切壁や柱が2本以上
$H = \ell / 12$

材木のサイズは，30mmずつ大きくなるので，端数がでる場合は，次のサイズのものを選ぶ．

　120, 150, 180, 210………

　例　1820 / 12=151.666

この場合，180mmの部材を使う．

3-4　胴差しの寸法を変更する

① 前項の床梁がかかっているところで，その両端に1階の柱がないところをチェックする．
② ①の部分の胴差しのせいを，直交する床梁のせいと同じ寸法に変更する［⇨右下図，■胴差しの納まり方］．
　※胴差しは，両サイドの柱を越えるところまで延ばす［⇨右下図，■胴差しのせいと継ぎ方］．

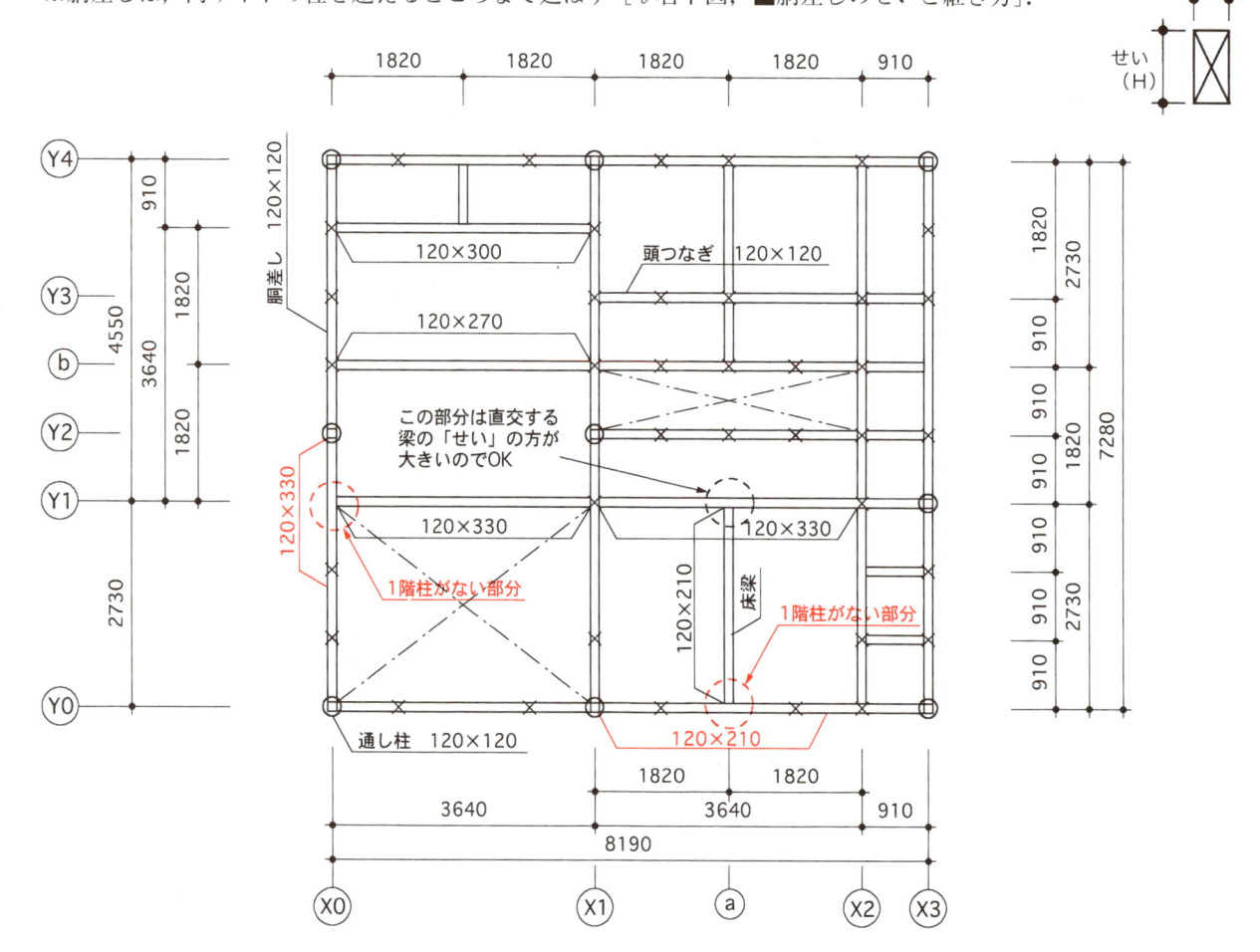

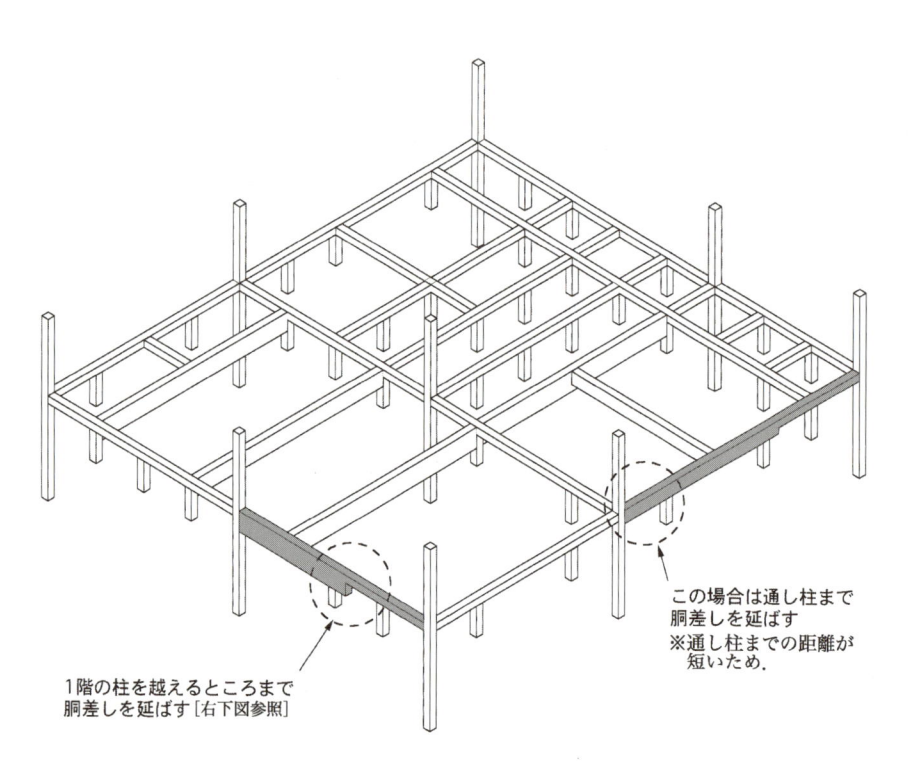

■胴差しのせいと継ぎ方
胴差しや桁などは，柱のスパンによってせいを決める［⇨ p.67 右下図］．せいが変わるときは，柱と柱の間で継ぐ．

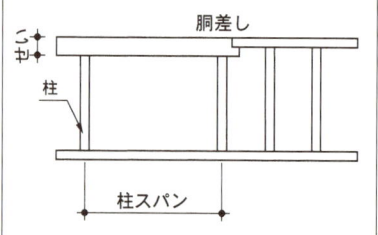

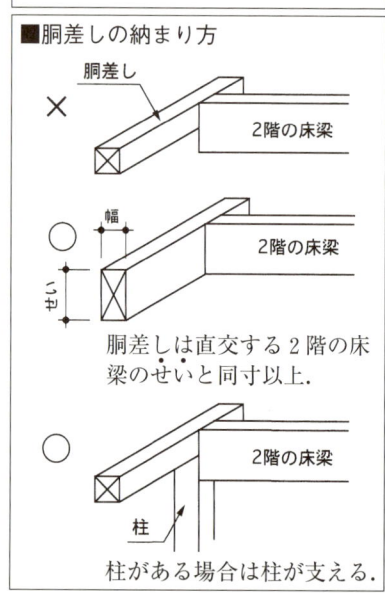

■胴差しの納まり方
胴差しは直交する2階の床梁のせいと同寸以上．
柱がある場合は柱が支える．

3-5 2階の柱を記入する

◎サイズ　管柱……105 × 105mm

① 2階平面図を見て，管柱の位置を確認し，記入する（ □ ）．

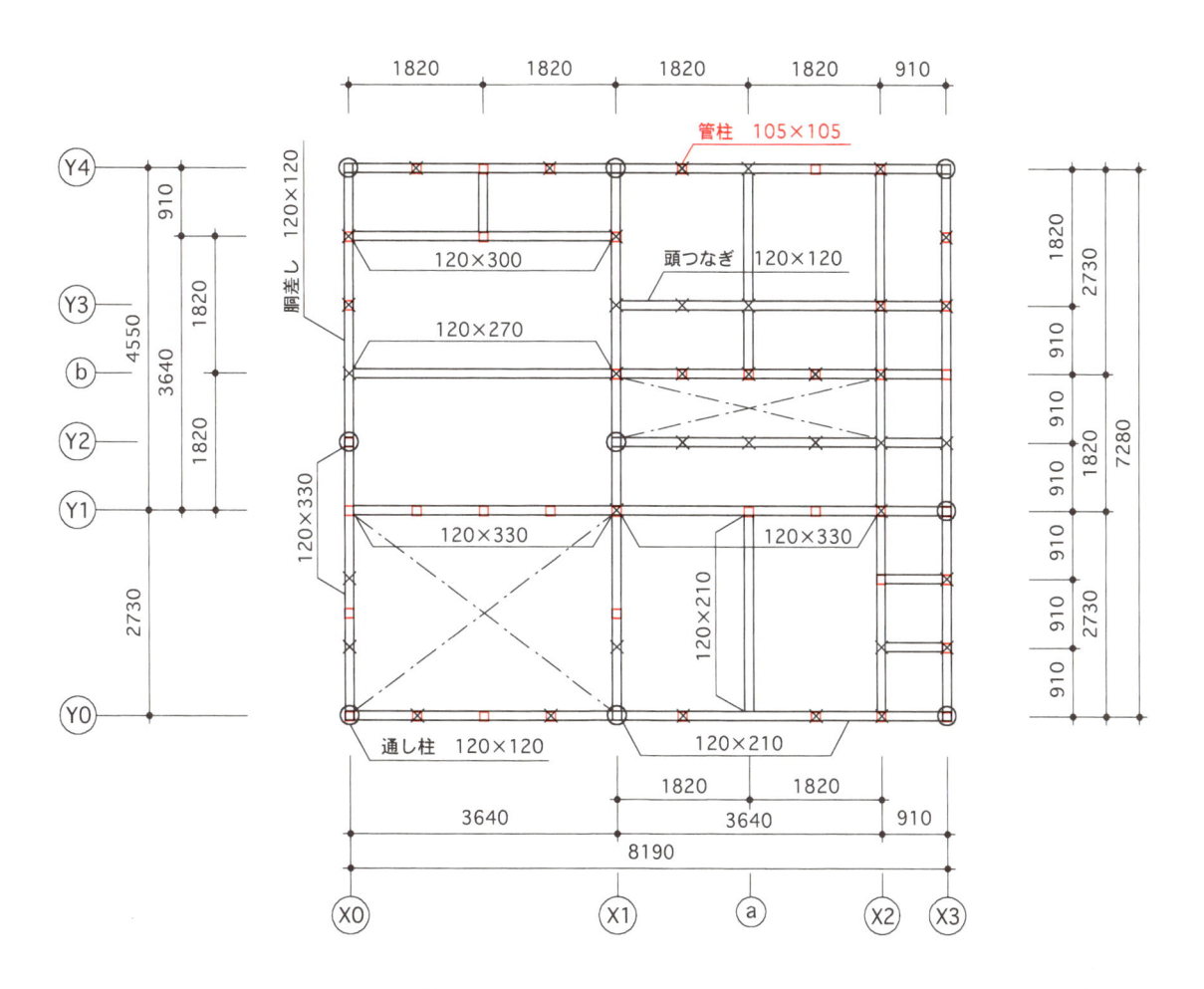

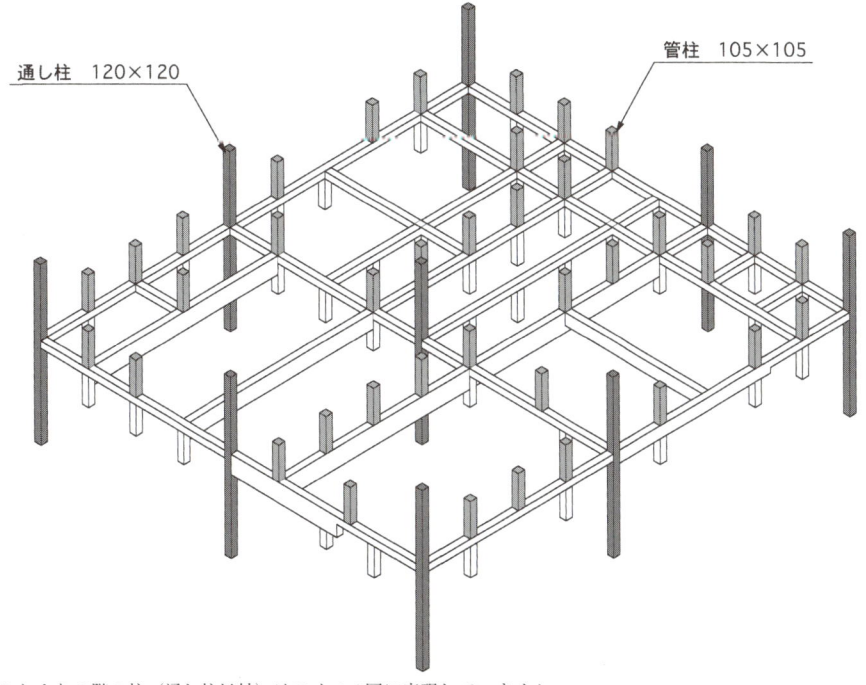

※これより2階の柱（通し柱以外）はアイソメ図に表現していません．

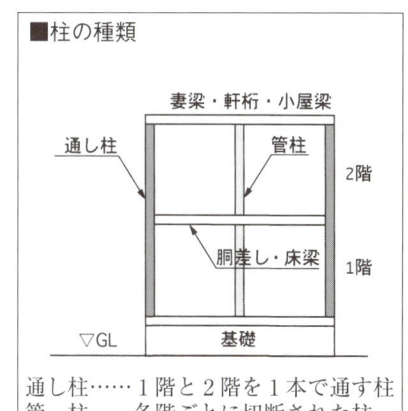

■柱の種類

通し柱……1階と2階を1本で通す柱
管　柱……各階ごとに切断された柱

3-6 火打梁を記入する

◎サイズ　90×90mm

① 火打梁を，配置を考えて記入する［⇒右下図，■火打梁の配置］．
（注）吹抜と階段部分には，火打梁をいれない．

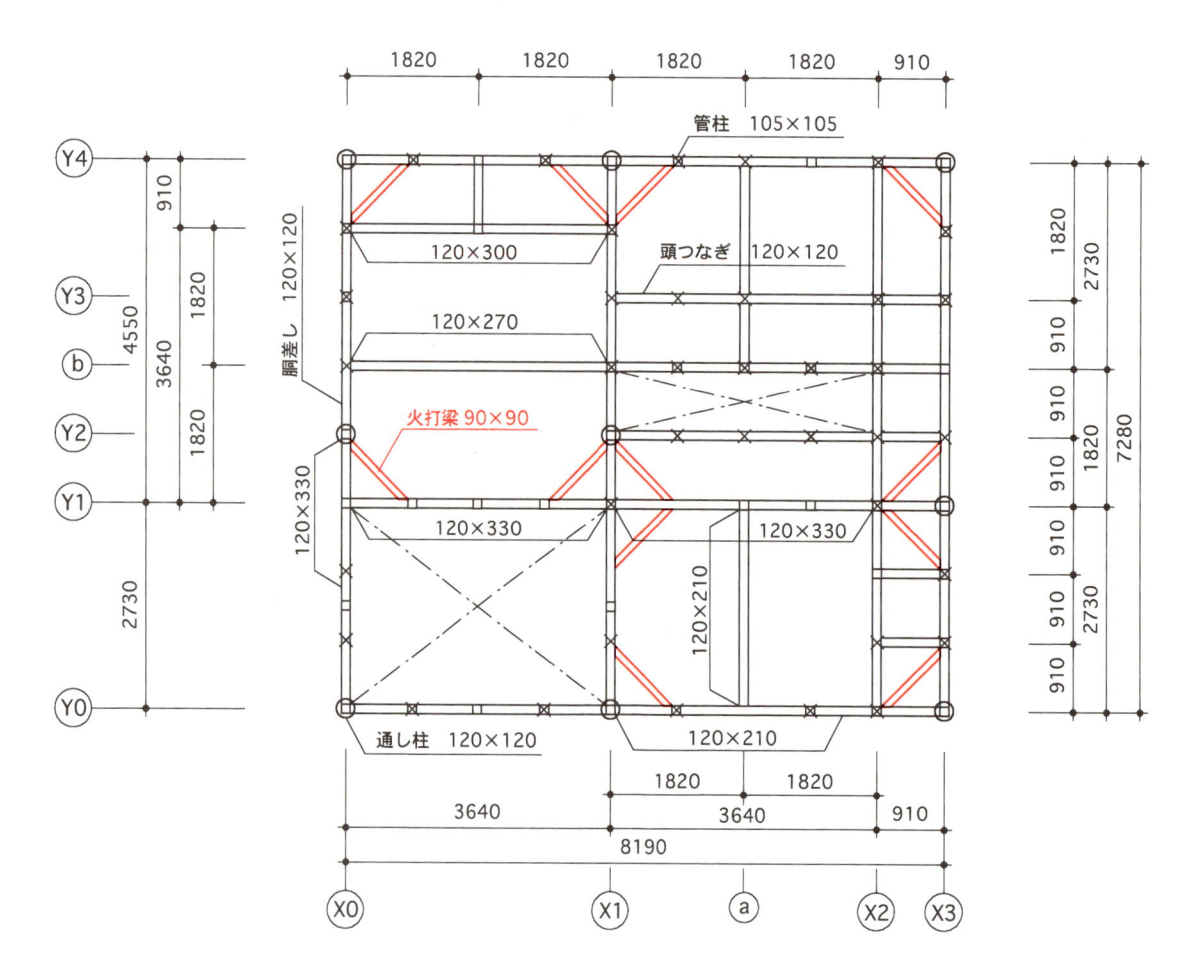

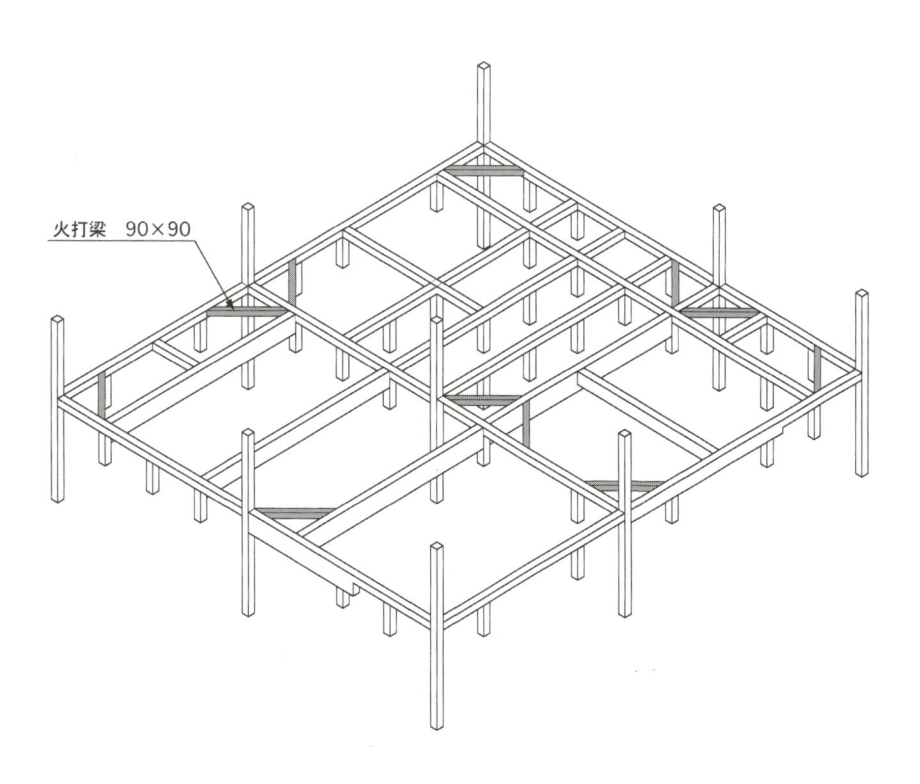

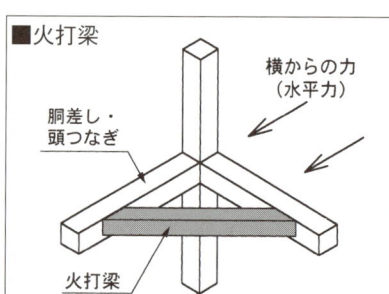

■火打梁

水平力による，胴差しや頭つなぎなどの変形を防ぐため，斜めに取り付けた補強材．

■火打梁の配置

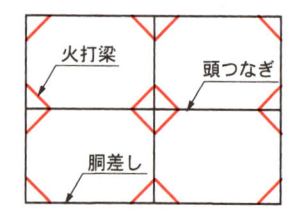

胴差しや頭つなぎなどに囲まれた1つのエリアに対し，バランス良く配置する．

3-7　2階の根太を記入する

◎サイズ　45 × 105mm

◎ピッチ　洋室　　　　　……@ 303mm［⇨ p.6，910mmモジュールの約1／3の間隔］

　　　　　廊下・クローゼット　……@ 303mm［⇨ p.6，910mmモジュールの約1／3の間隔］

① 根太を，ピッチと方向を考えて記入する［⇨ p.62，■フローリングと根太・大引きの方向］．

　（注）1階と2階では，根太のサイズが違う［⇨右下図，■根太の断面寸法］．

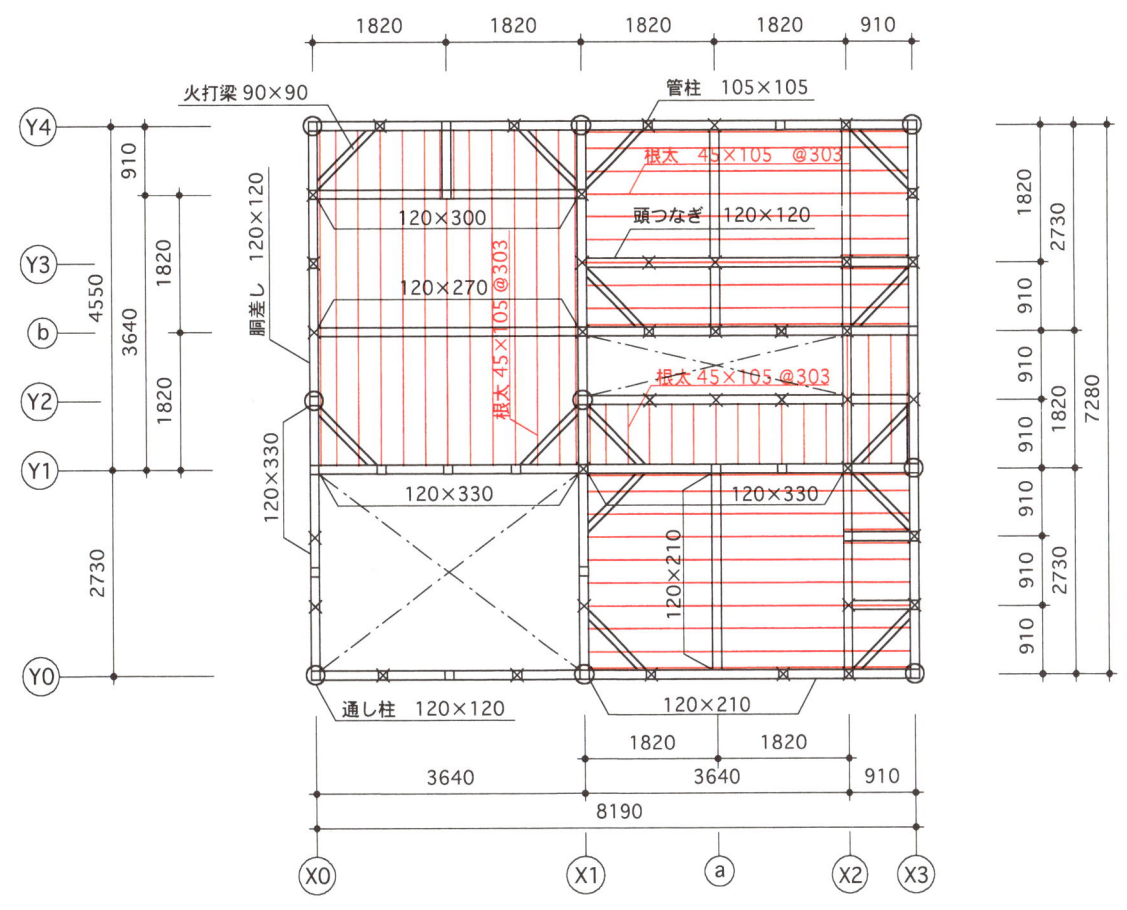

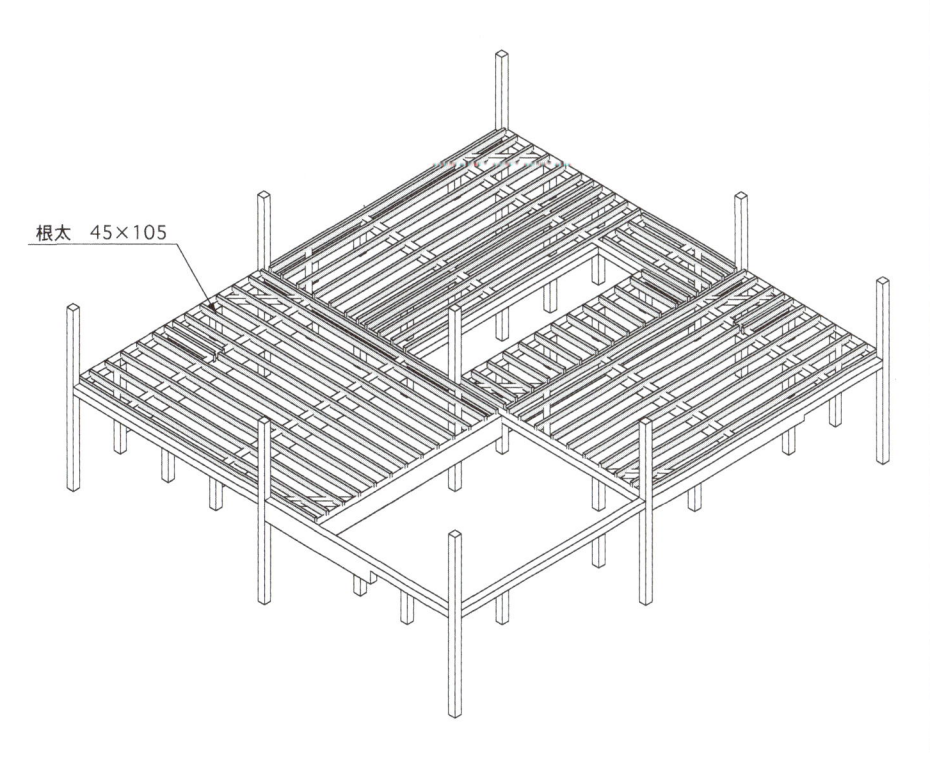

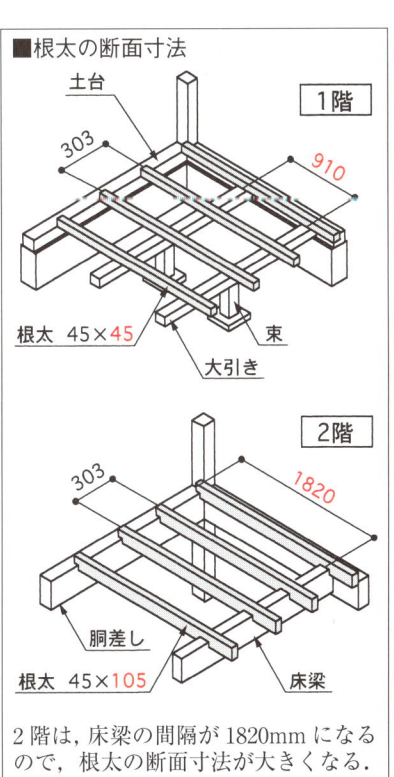

■根太の断面寸法

2階は，床梁の間隔が1820mmになるので，根太の断面寸法が大きくなる．

3-8 1階の小屋伏図を記入する

① 平屋部分に屋根がかかる場合は，2階床伏図に1階小屋伏図を記入する．
② 次ページの順序にしたがって記入する．

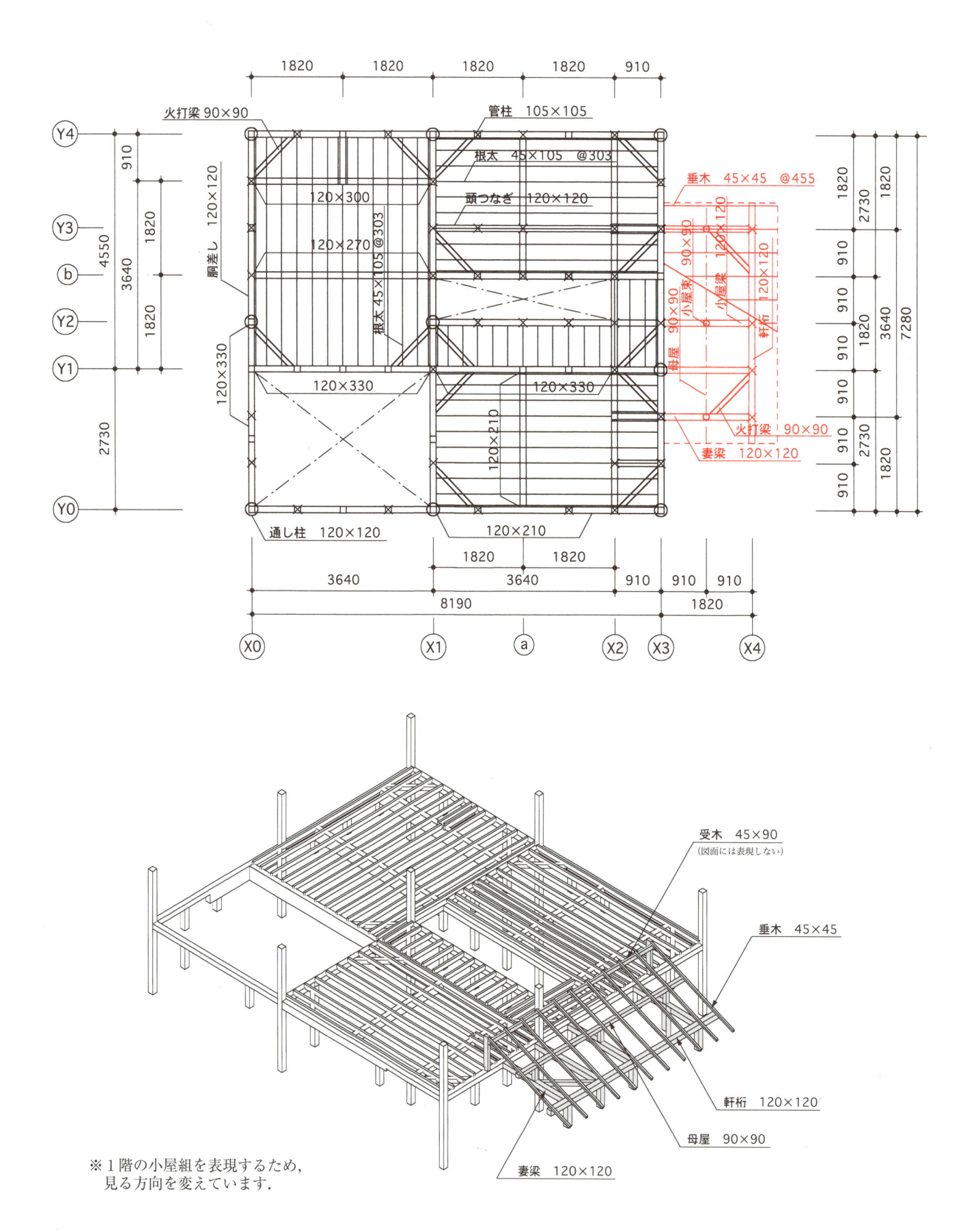

※1階の小屋組を表現するため，
　見る方向を変えています．

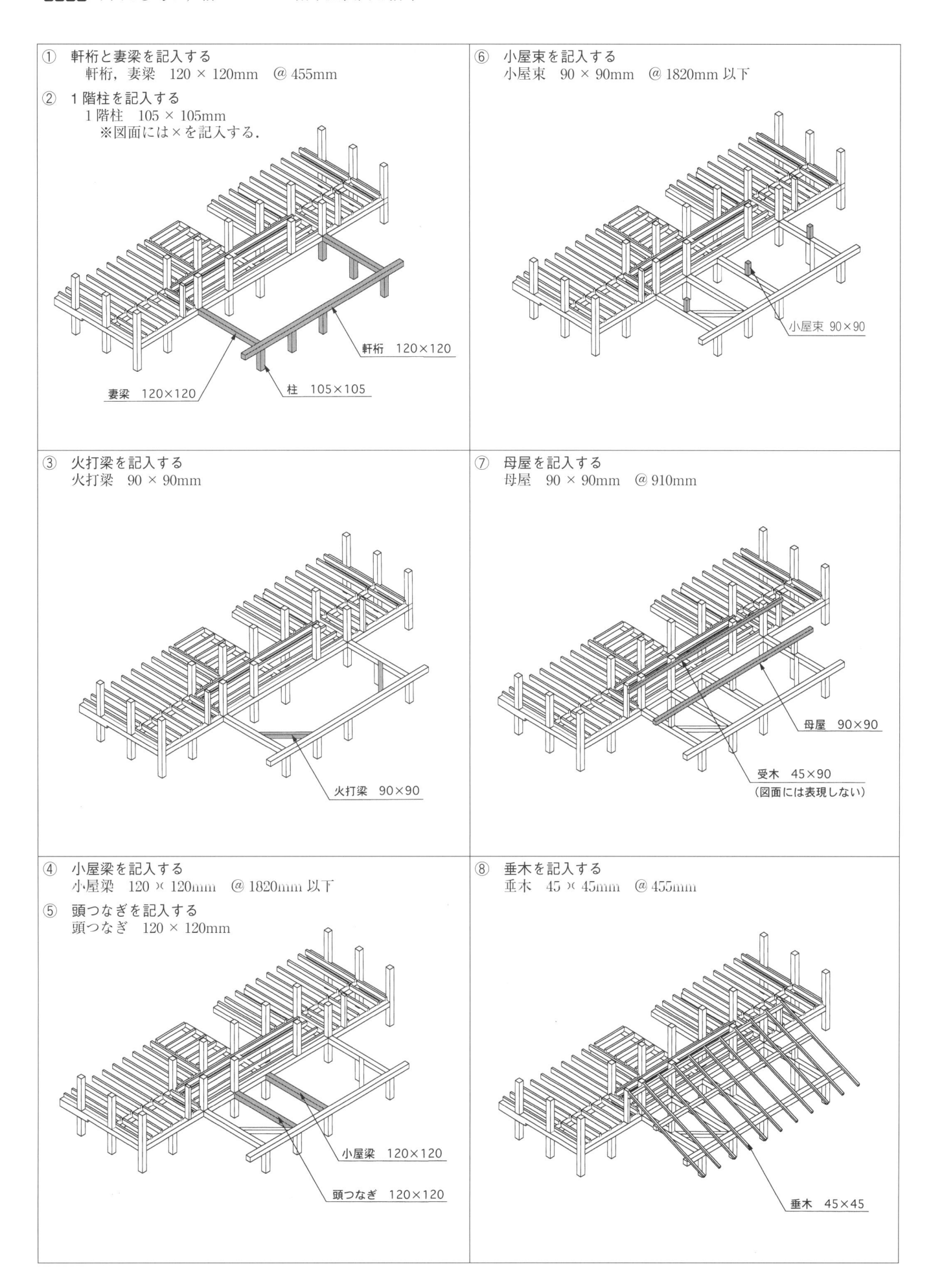

ポイント 下図を参考に，前ページの1階小屋伏図を描く．

① 軒桁と妻梁を記入する
　　軒桁，妻梁　120 × 120mm　@ 455mm

② 1階柱を記入する
　　1階柱　105 × 105mm
　　※図面には×を記入する．

軒桁　120×120
妻梁　120×120
柱　105×105

③ 火打梁を記入する
　　火打梁　90 × 90mm

火打梁　90×90

④ 小屋梁を記入する
　　小屋梁　120 × 120mm　@ 1820mm 以下

⑤ 頭つなぎを記入する
　　頭つなぎ　120 × 120mm

小屋梁　120×120
頭つなぎ　120×120

⑥ 小屋束を記入する
　　小屋束　90 × 90mm　@ 1820mm 以下

小屋束　90×90

⑦ 母屋を記入する
　　母屋　90 × 90mm　@ 910mm

母屋　90×90
受木　45×90
（図面には表現しない）

⑧ 垂木を記入する
　　垂木　45 × 45mm　@ 455mm

垂木　45×45

4 小屋伏図

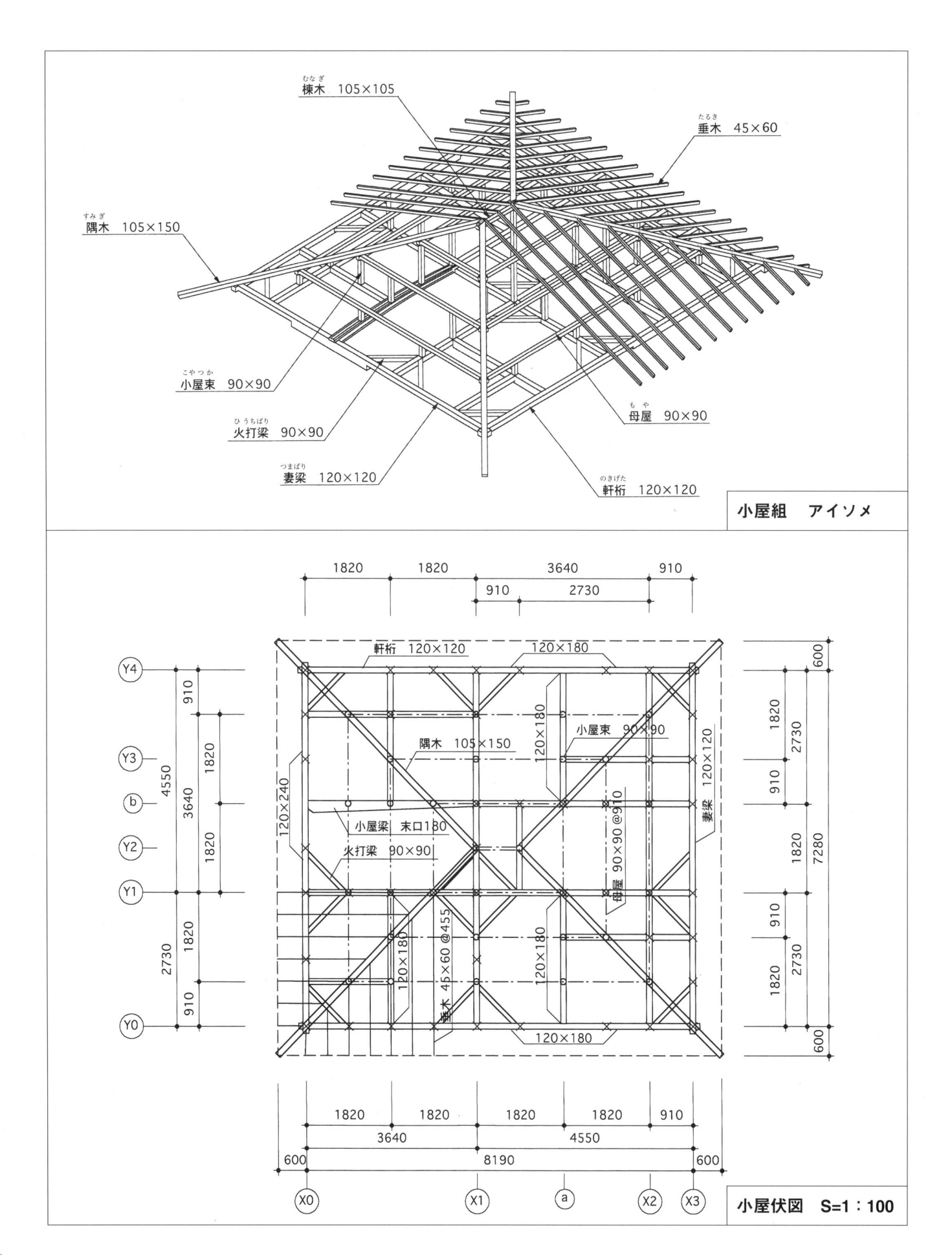

小屋組 アイソメ

- 棟木 105×105
- 垂木 45×60
- 隅木 105×150
- 小屋束 90×90
- 火打梁 90×90
- 母屋 90×90
- 妻梁 120×120
- 軒桁 120×120

小屋伏図 S=1:100

- 軒桁 120×120
- 120×180
- 隅木 105×150
- 小屋束 90×90
- 120×180
- 小屋梁 末口180
- 火打梁 90×90
- 母屋 90×90 @910
- 妻梁 120×120
- 垂木 45×60 @455
- 120×240

4-1 軒桁・妻梁・頭つなぎを記入する

◎サイズ　軒桁，妻梁……120 × 120mm
　　　　　頭つなぎ　……120 × 120mm

① 2階平面図を見て，外壁と間仕切壁があるところに中心線を記入する（—・—・-）．
② 軒桁，妻梁，頭つなぎを記入する．
③ 2階平面図を見て，柱の位置を確認し，記入する（×）．

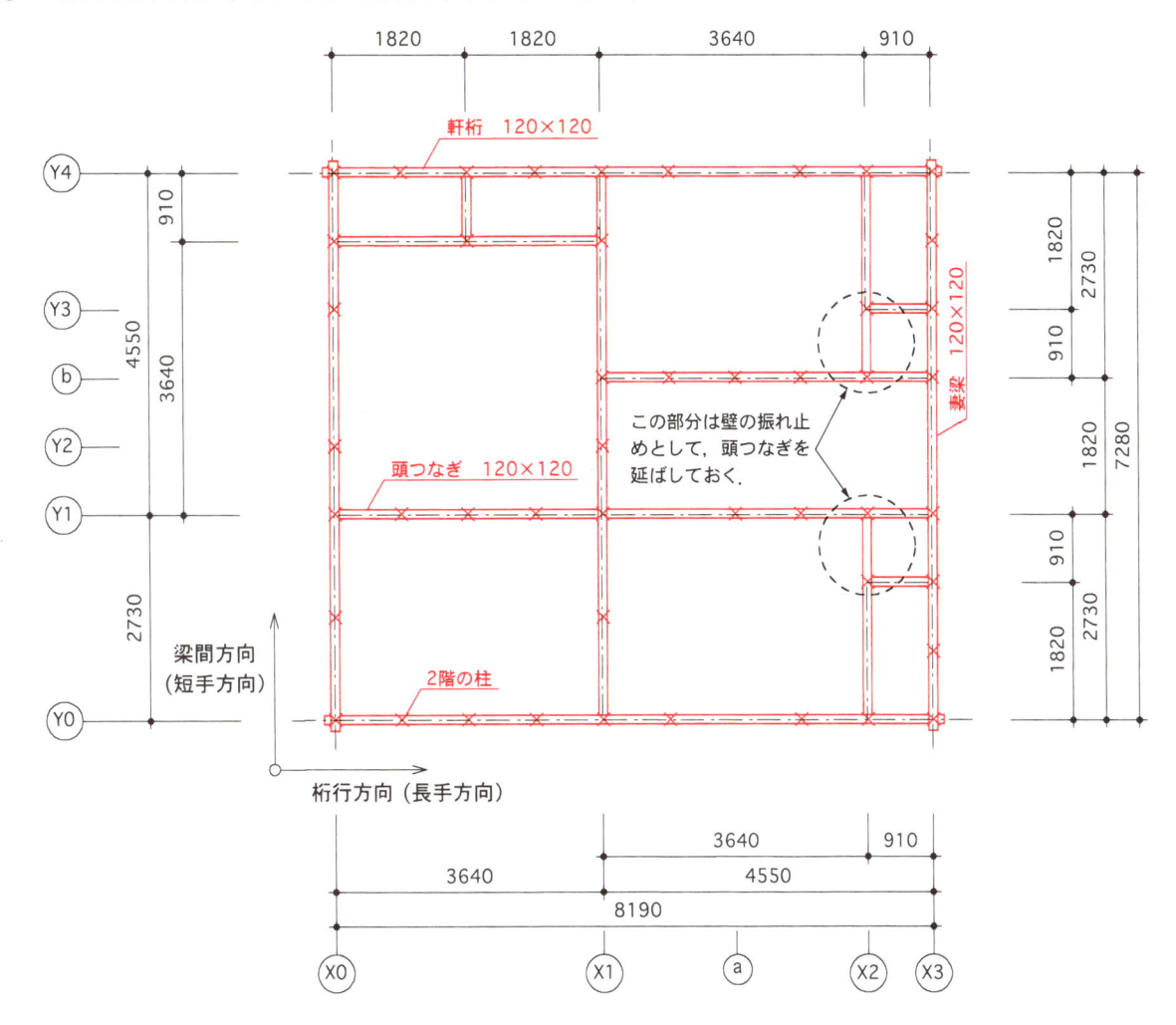

軒桁　120×120
妻梁　120×120
頭つなぎ　120×120
この部分は壁の振れ止めとして，頭つなぎを延ばしておく．
2階の柱

梁間方向（短手方向）
桁行方向（長手方向）

※これより中心線は図面が複雑に見えるので省略します．

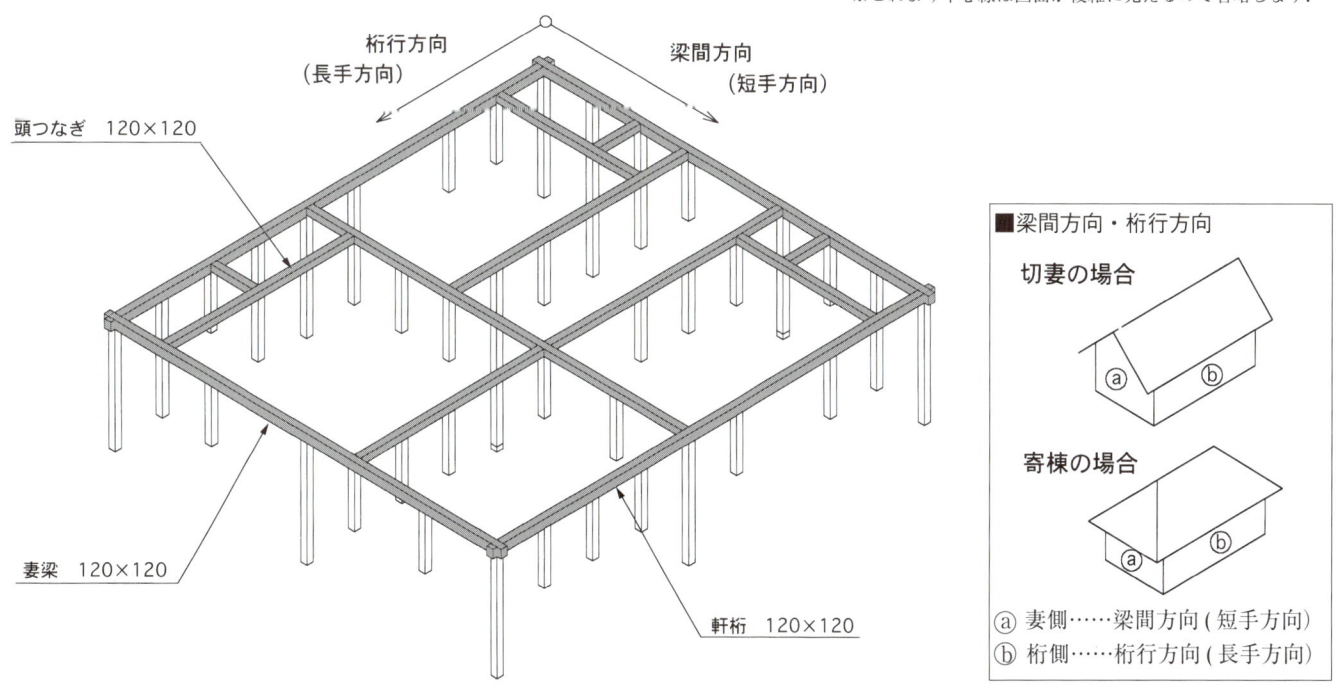

頭つなぎ　120×120
妻梁　120×120
軒桁　120×120
桁行方向（長手方向）
梁間方向（短手方向）

■梁間方向・桁行方向

切妻の場合

寄棟の場合

ⓐ 妻側……梁間方向(短手方向)
ⓑ 桁側……桁行方向(長手方向)

4-2　火打梁を記入する

◎サイズ　90 × 90mm

① 火打梁は配置を考えて記入する．
② 屋根の軒の出のラインを記入する（— — — —）．

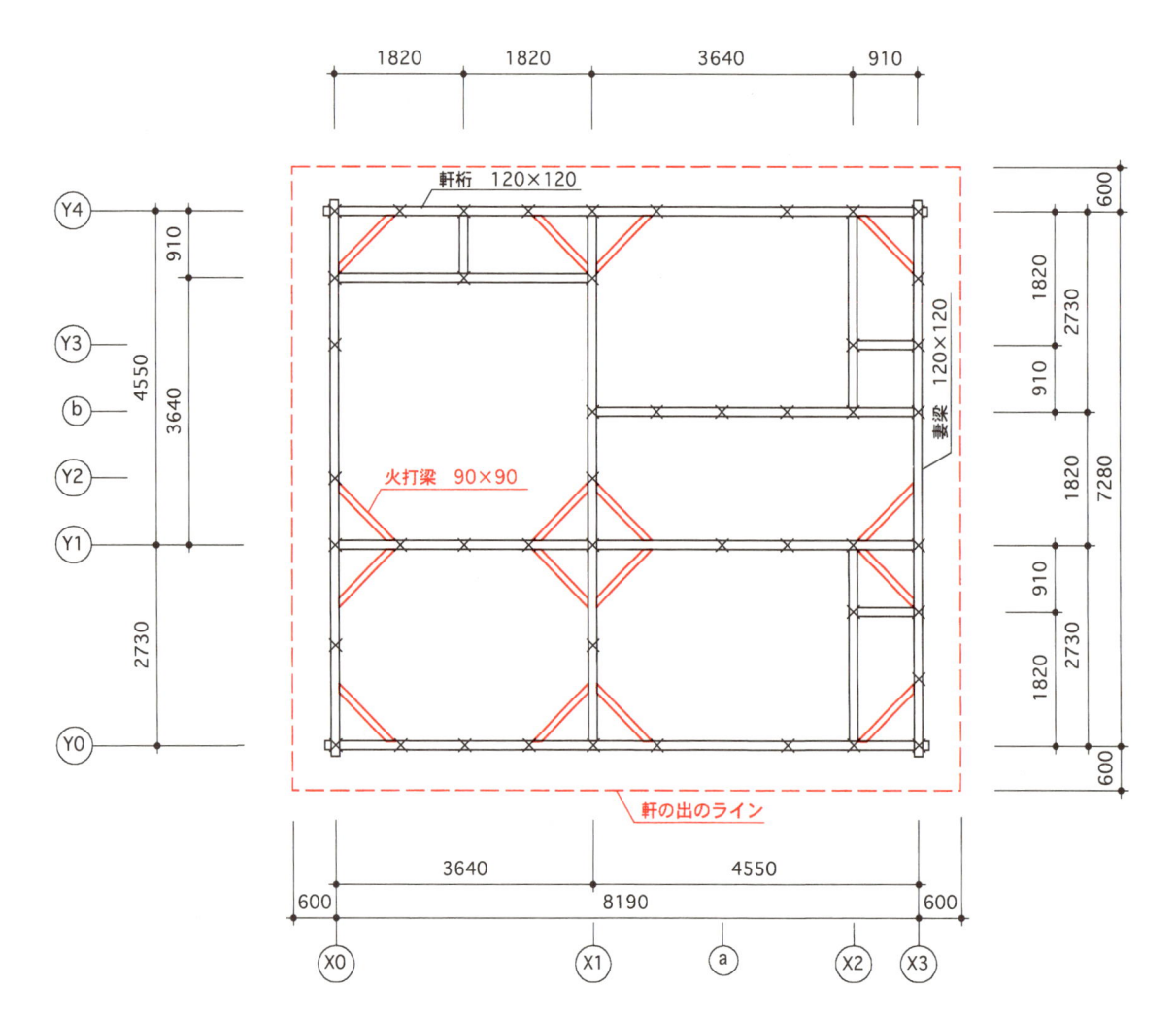

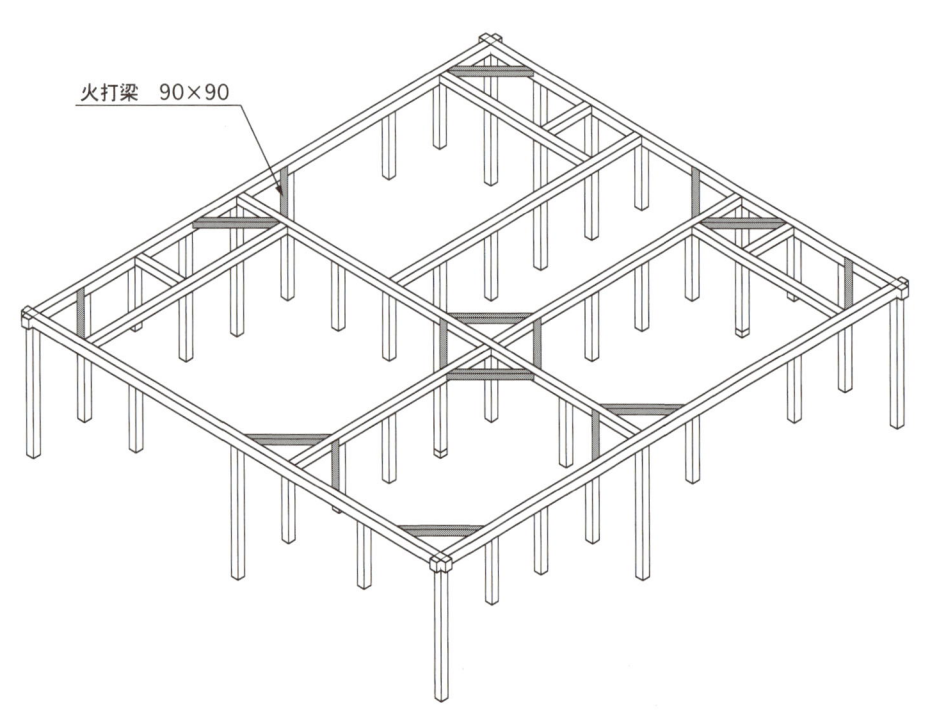

軒桁　120×120
妻梁　120×120
火打梁　90×90
軒の出のライン

火打梁　90×90

■火打梁（小屋組の場合）

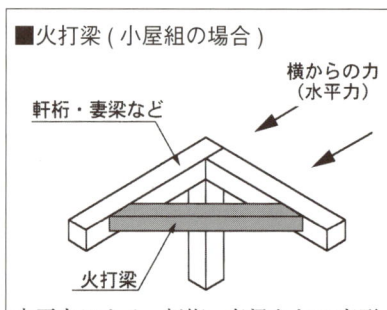

軒桁・妻梁など
横からの力（水平力）
火打梁

水平力による，軒桁，妻梁などの変形を防ぐため，斜めに取り付けた補強材．

■火打梁の配置（小屋組の場合）

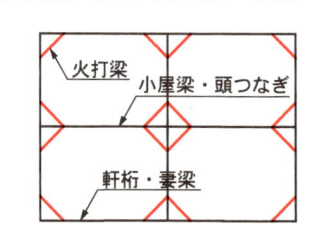

火打梁
小屋梁・頭つなぎ
軒桁・妻梁

軒桁，妻梁，頭つなぎなどに囲まれた1つのエリアに対し，バランスよく配置する．

4-3　小屋梁を記入する

◎サイズ　2階の柱のスパンなどにより決まる［⇨右下図，小屋梁の寸法］．
◎ピッチ　@1820mm以下

① 小屋束(次ページで説明)が1820mm以内で立てられるように，配置を考えて小屋梁を記入する．
② 小屋梁が掛かっているところで，その両端に2階の柱がないところをチェックする．
③ ②の部分の軒桁と妻梁のせいを，直交する小屋梁のせいと同じ寸法に変更する［⇨ p.68，■胴差しの納まり方］．
　〈理由〉胴差しと納め方が同じため．

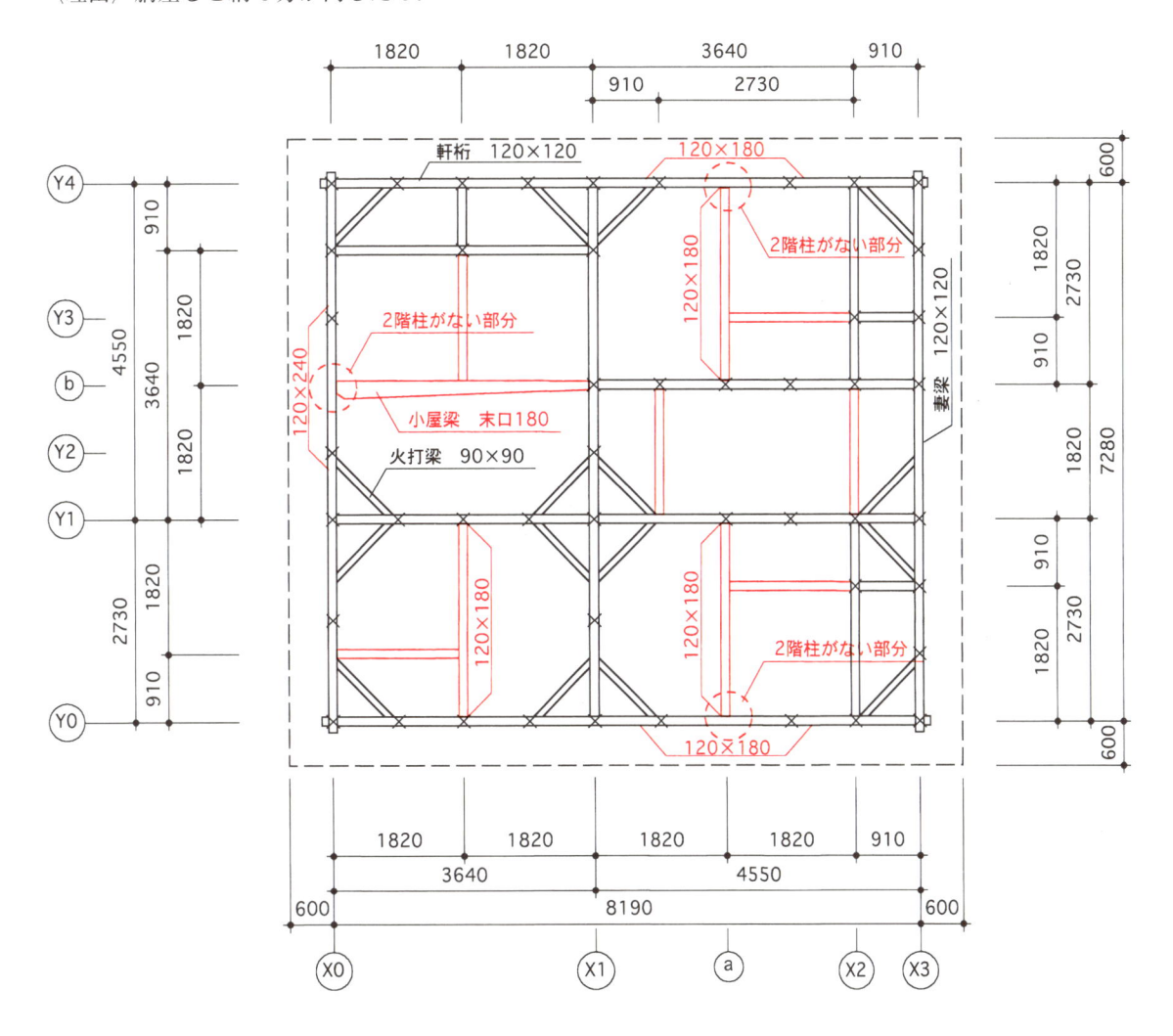

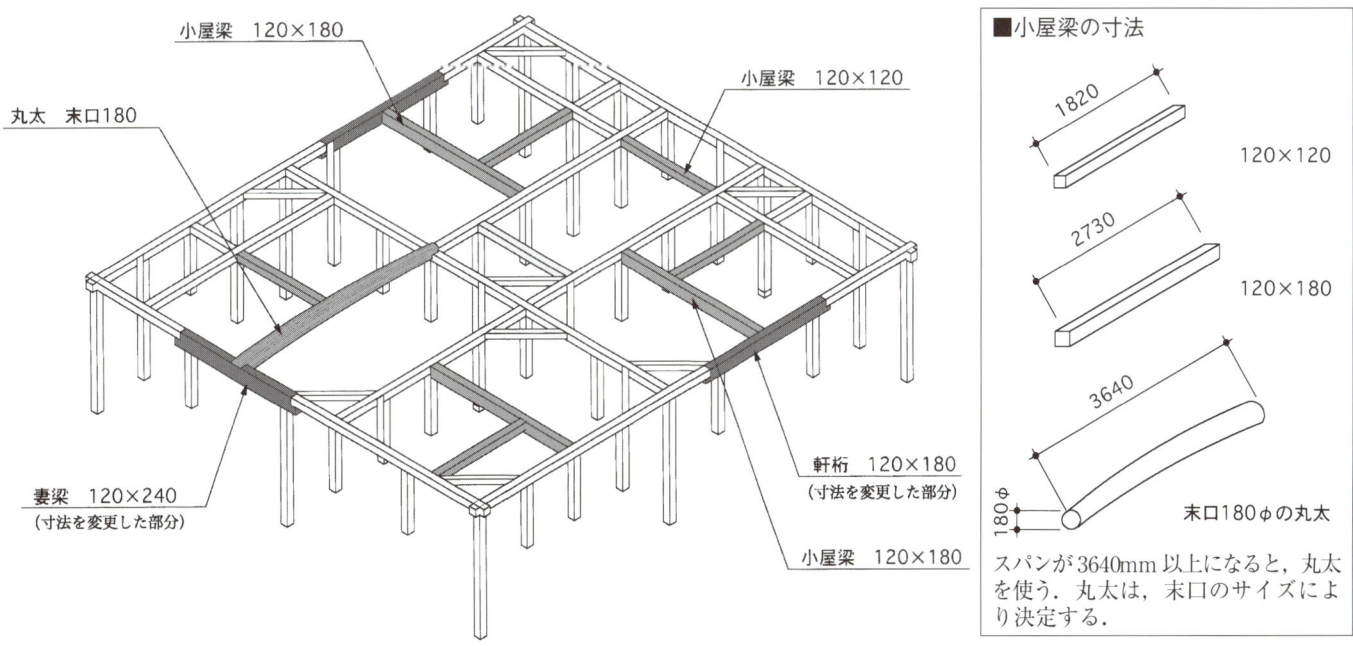

■小屋梁の寸法

スパンが3640mm以上になると，丸太を使う．丸太は，末口のサイズにより決定する．

※これより柱はアイソメ図に表現していません．

4-4　小屋束を記入する

◎サイズ　90 × 90mm　（注）小屋束が立つ位置や屋根勾配によって，高さは異なる．
◎ピッチ　@1820mm 以下
① 母屋(次ページで説明)を支えるため，間隔が1820mm以下になるように小屋束を配置する．

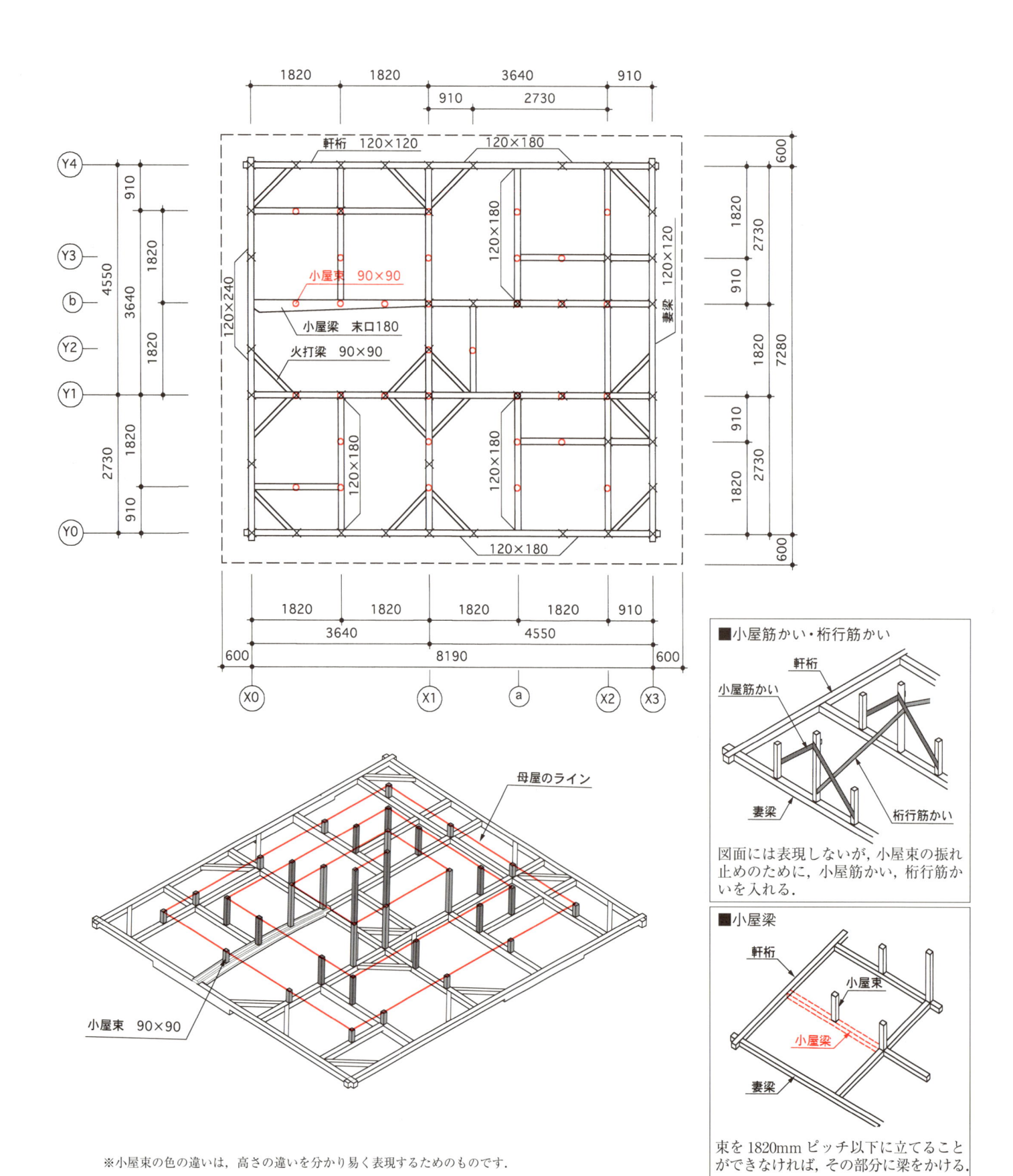

■小屋筋かい・桁行筋かい

図面には表現しないが，小屋束の振れ止めのために，小屋筋かい，桁行筋かいを入れる．

■小屋梁

束を1820mmピッチ以下に立てることができなければ，その部分に梁をかける．

※小屋束の色の違いは，高さの違いを分かり易く表現するためのものです．

4-5　母屋・棟木を記入する

◎サイズ　棟木……105 × 105mm
　　　　　母屋…… 90 × 90mm
◎ピッチ　母屋……@ 910mm

① 小屋束の上に重なるように，母屋を910mmピッチで記入する（—・—・—）．
② 棟木を棟の最頂部に記入する（＝・＝・＝）．

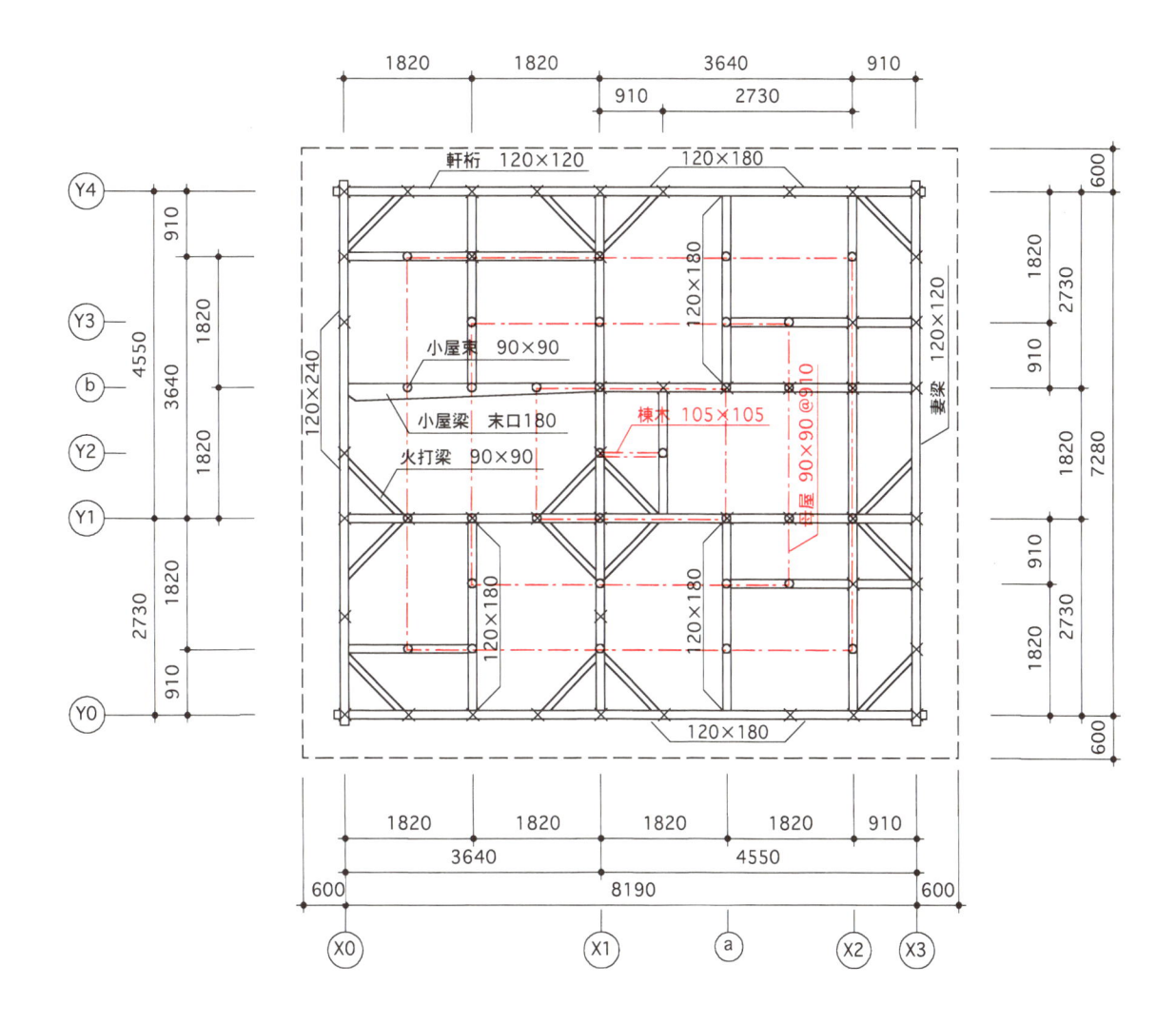

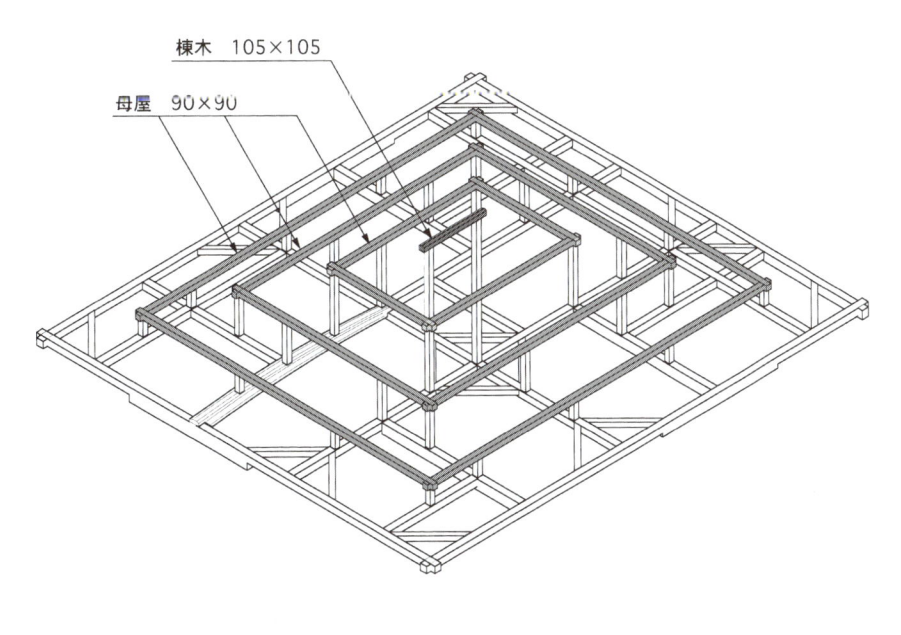

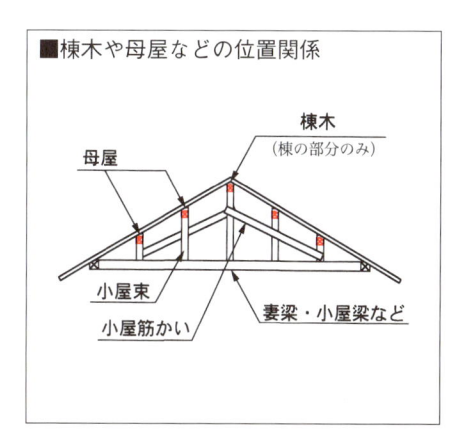

■棟木や母屋などの位置関係

4−6　隅木を記入する

◎サイズ　105 × 150mm

※隅木……寄棟屋根の隅棟部分を支える斜めの部材．

① 隅棟の位置に，隅木を記入する．

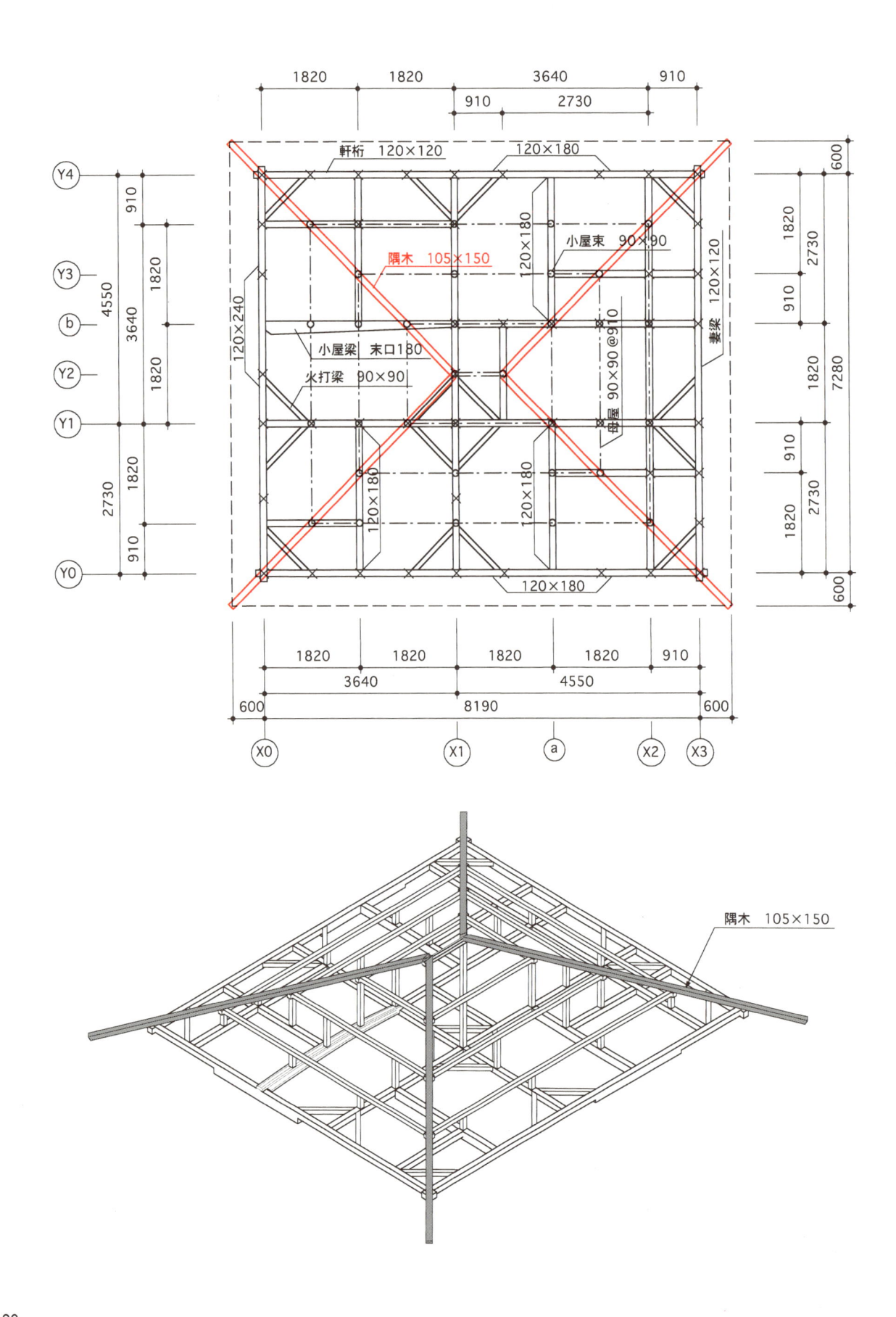

4-7 垂木を記入する

- ◎サイズ　45×45mm
- ◎ピッチ　@455mm　※柱心から455mmピッチで割り付ける［⇨p.42左下，**ポイント** 垂木の位置を確認する］.
- ① 垂木の方向を考えて記入する.
    - （注）垂木をすべて記入すると，図面が見にくくなるので，一部分のみを記入する.

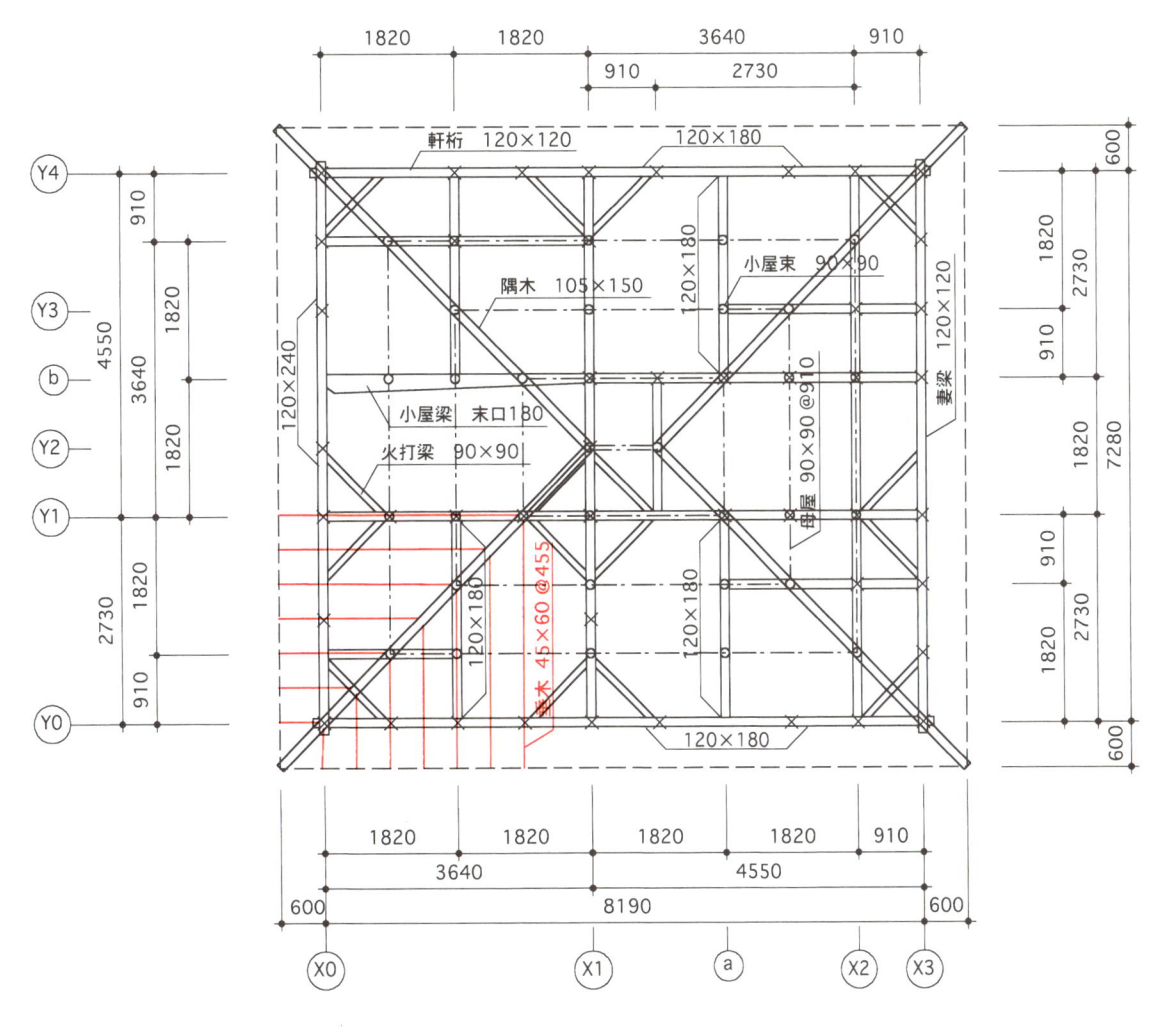

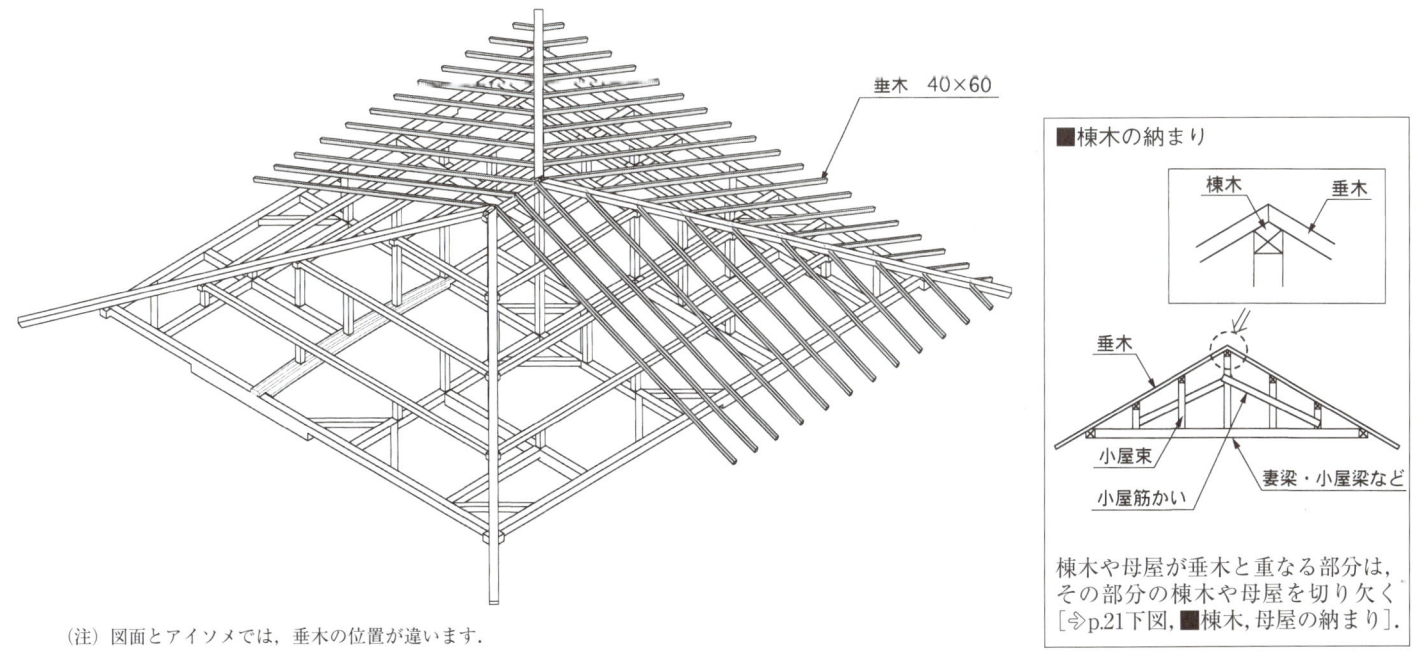

(注) 図面とアイソメでは，垂木の位置が違います.

■棟木の納まり

棟木や母屋が垂木と重なる部分は，その部分の棟木や母屋を切り欠く［⇨p.21下図，■棟木，母屋の納まり］.

ポイント 小屋梁の位置を考える

小屋梁の位置は，下記のような順次で決定する．

※小屋梁の配置に関係のないもの（火打梁など）は省略します．

(1) **小屋伏図より，軒桁，妻梁，2階の頭つなぎを記入する．**

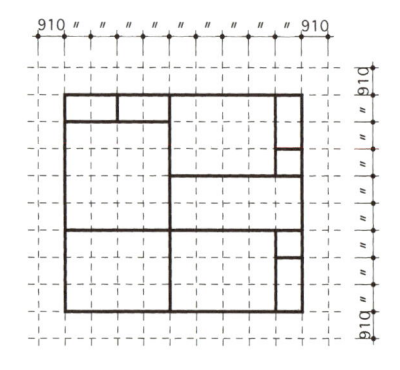

小屋組の基本的な考え方

図面を描く場合は，小屋梁から母屋，垂木へと描き進めていきますが，小屋組を考える場合は，次のような順序で決定していきます．

① 屋根の形状を決める
⇩
② 垂木の位置が決定される ［⇒ p.81］
⇩
③ 垂木を支える，母屋の位置が決定される ［⇒ p.79］
⇩
④ 母屋を支える，小屋束の位置を検討する ［⇒ p.78］
⇩
⑤ 小屋束を支える，小屋梁を配置する ［⇒ p.77］

(2) **屋根伏図を(1)に重ねて記入する．**

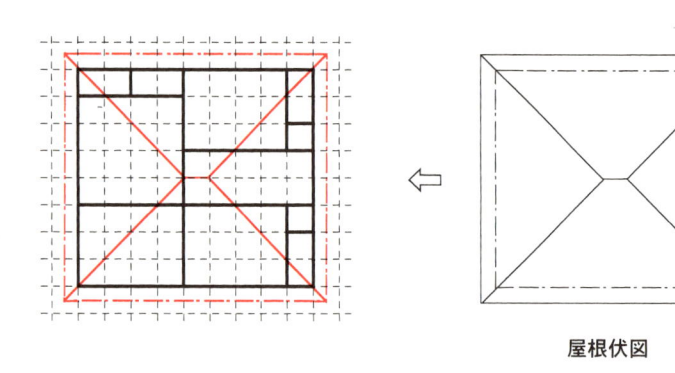

屋根伏図

(3) **母屋と棟木の位置を記入する．**

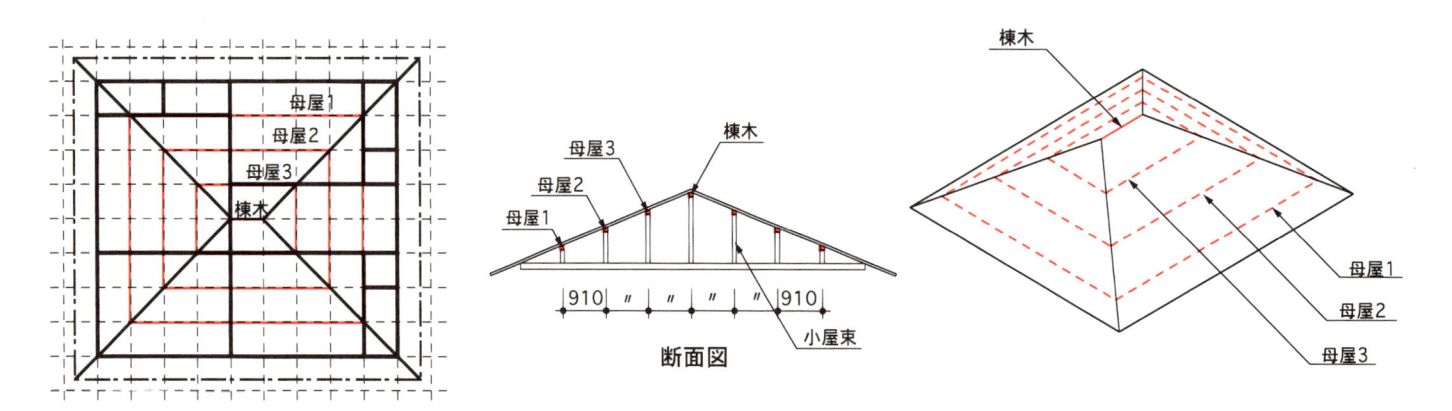

断面図

(4) **小屋束と小屋梁を考える．**

①	母屋と隅木より，小屋束の位置を仮決定する．

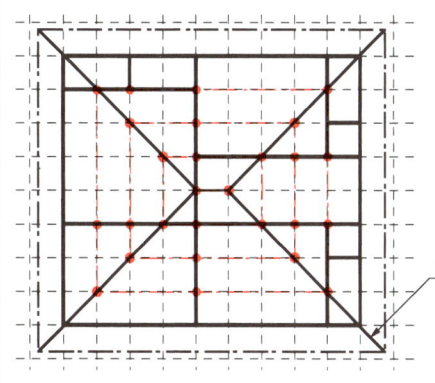

◎母屋 1，2，3（前頁）のそれぞれのラインにそって，小屋束を頭つなぎ（2階の間仕切壁の位置）の上に配置する（間隔 1820mm 以下）．
◎隅木と母屋が重なっているところに，小屋束を記入する．

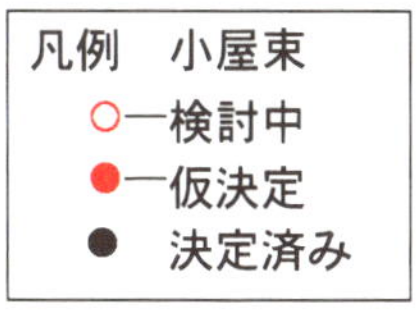

隅木の位置

（これより屋根のラインを図から除きます．）

凡例　小屋束
○ ― 検討中
● ― 仮決定
● 決定済み

②	間隔を考えて，新たに小屋束を追加する．

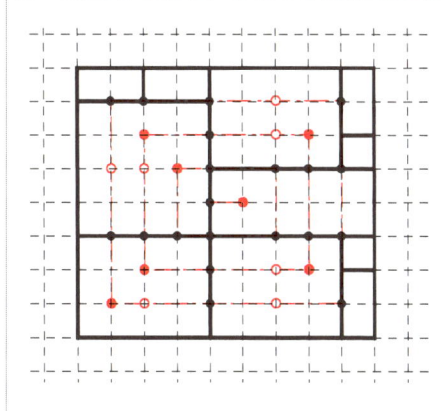

◎①で頭つなぎがない所にも，母屋のラインにそって，小屋束を追加する．

（注）この時，③の小屋梁を効率よく配置できるように，位置と方向を考えながら小屋束を配置する．

③	小屋梁をいれ，追加した小屋束の位置を確認する．

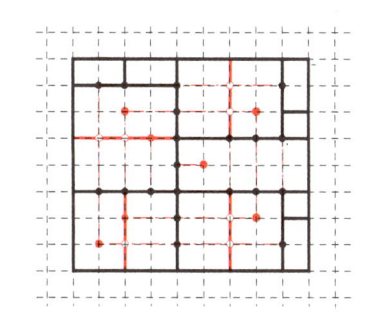

小屋梁の位置を考える． 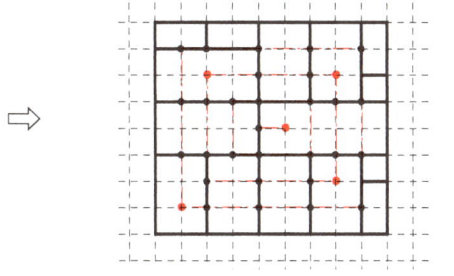　⇒　小屋梁と重なる小屋束の位置が決定される．

④	最終決定．

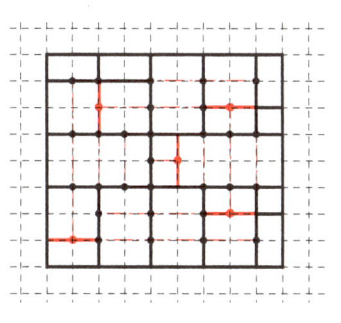

③でも足りないところに，さらに小屋梁をいれる． 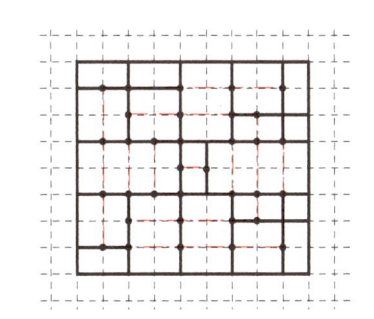　⇒　最終的な小屋梁と小屋束の位置が決定される．

5 軸組図

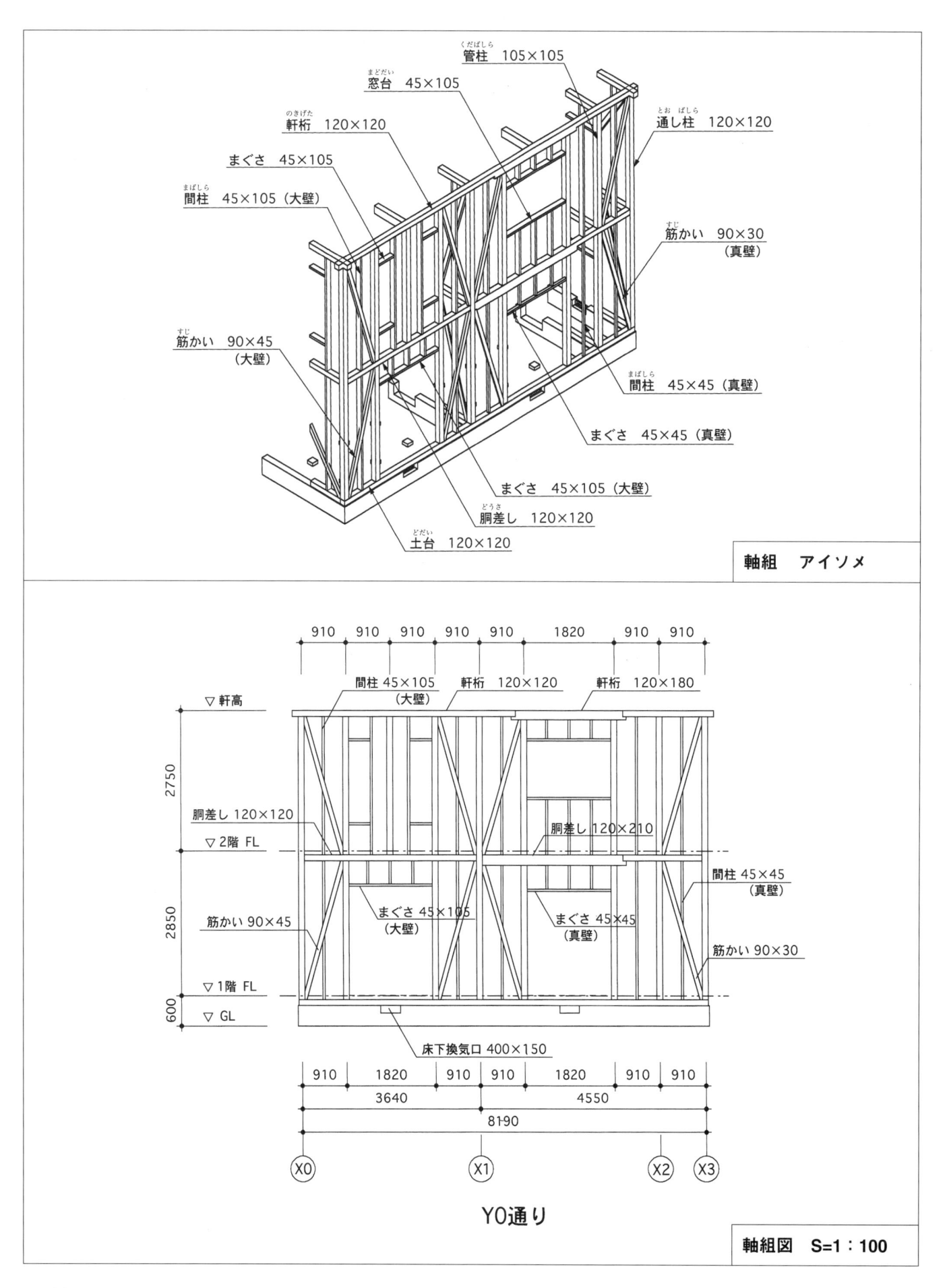

※演習2は，真壁(和室)の納まりを演習1とは変えています．

軸組 アイソメ

主要部材:
- 管柱 105×105
- 窓台 45×105
- 軒桁 120×120
- まぐさ 45×105
- 間柱 45×105（大壁）
- 通し柱 120×120
- 筋かい 90×30（真壁）
- 筋かい 90×45（大壁）
- 間柱 45×45（真壁）
- まぐさ 45×45（真壁）
- まぐさ 45×105（大壁）
- 胴差し 120×120
- 土台 120×120

Y0通り

- 間柱 45×105（大壁）
- 軒桁 120×120
- 軒桁 120×180
- 胴差し 120×120
- 胴差し 120×210
- 間柱 45×45（真壁）
- 筋かい 90×45
- まぐさ 45×105（大壁）
- まぐさ 45×45（真壁）
- 筋かい 90×30
- 床下換気口 400×150

高さ寸法：軒高〜2階FL 2750，2階FL〜1階FL 2850，1階FL〜GL 600

横方向寸法：910 910 910 910 910 1820 910 910（上段）
910 1820 910 910 1820 910 910（下段）
3640 + 4550 = 8190

通り芯：X0, X1, X2, X3

軸組図 S=1：100

5-1 土台・柱・胴差し・軒桁を記入する

◎サイズ　土台，通し柱……120 × 120mm
　　　　　管柱　　　　　……105 × 105mm
　　　　　胴差し，軒桁……120 × 120mm
　　※胴差し，軒桁は，一部せいを変更しているところがあるので，2階床伏図と小屋伏図を確認する．

① 基礎伏図を見て，基礎を記入する．
② 1，2階床伏図を見て，土台，胴差し（2階FLより100mm下げる），軒桁を記入する［⇨右下図，■胴差しの位置］．
③ 1，2階床伏図を見て，柱(通し柱，管柱)を記入する［⇨右下図，■柱の種類］．

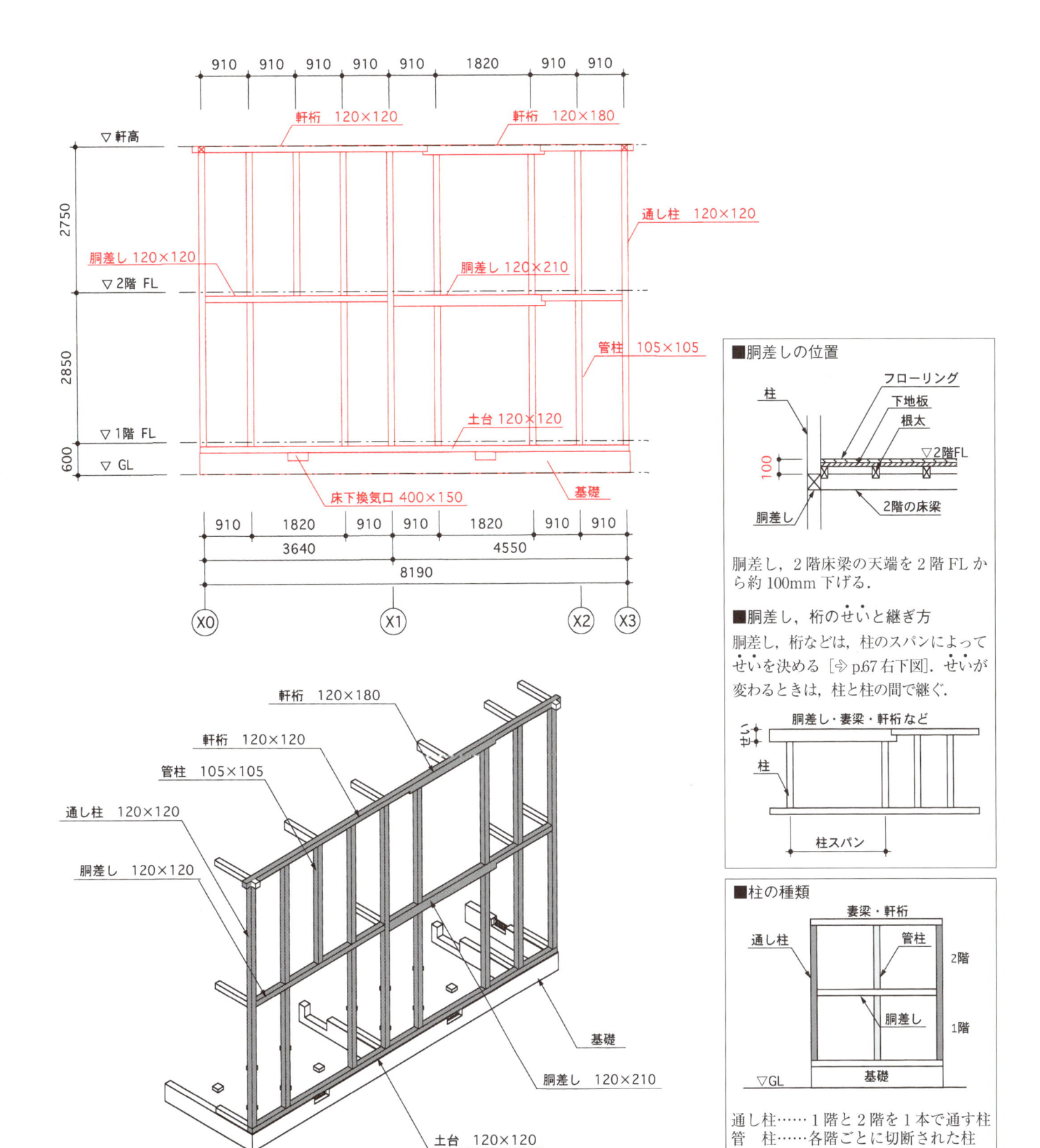

■胴差しの位置

胴差し，2階床梁の天端を2階FLから約100mm下げる．

■胴差し，桁のせいと継ぎ方

胴差し，桁などは，柱のスパンによってせいを決める［⇨p.67右下図］．せいが変わるときは，柱と柱の間で継ぐ．

■柱の種類

通し柱……1階と2階を1本で通す柱
管　柱……各階ごとに切断された柱

5-2 筋かいを記入する

◎サイズ　90×45mm……大壁（洋室，廊下など）
　　　　　90×30mm……真壁（和室）

① 立面図を見て，窓の位置を記入する（－－－－　補助線なので，細く記入する）．
② 筋かいを窓のないところに，配置を考えながら記入する［⇒右下図，■筋かいの入れ方］．

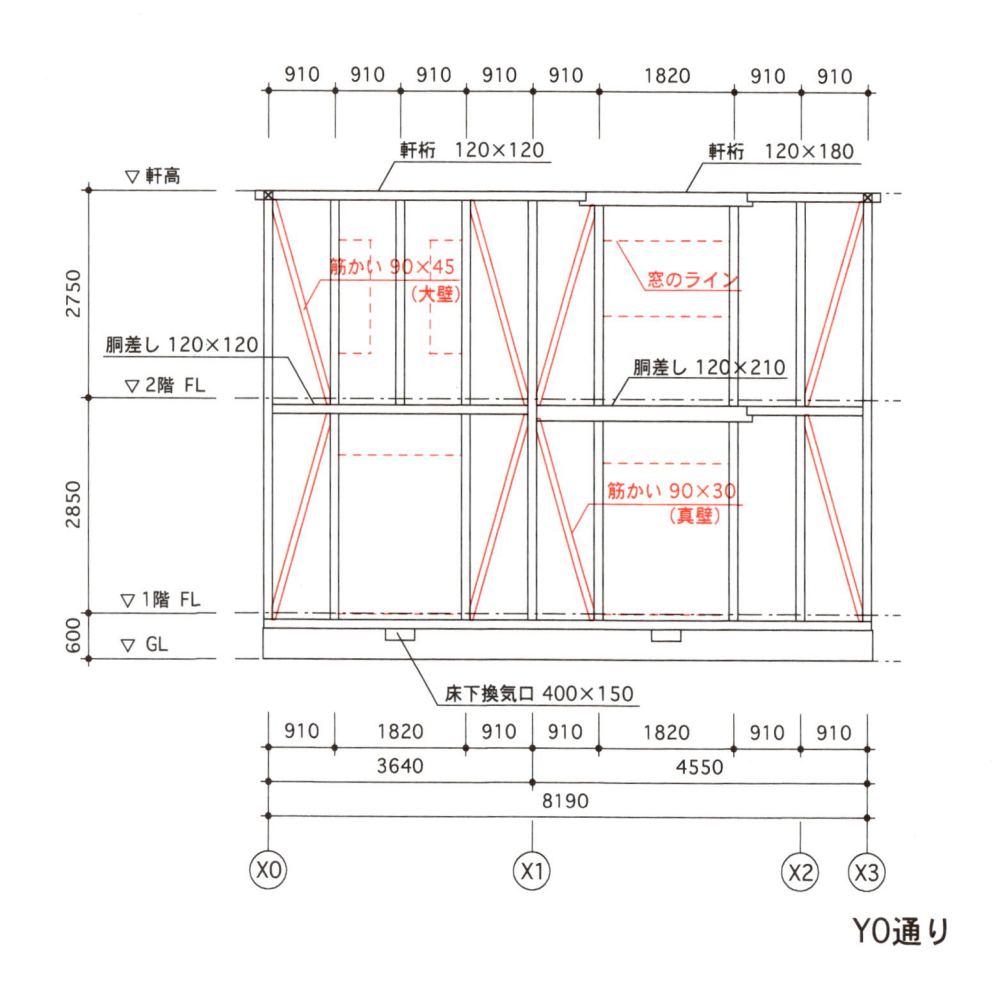

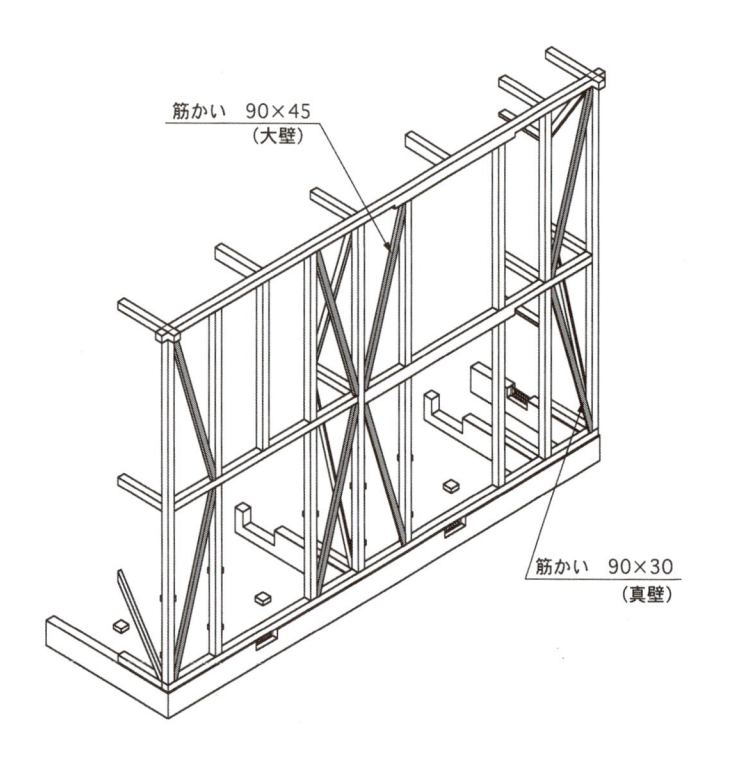

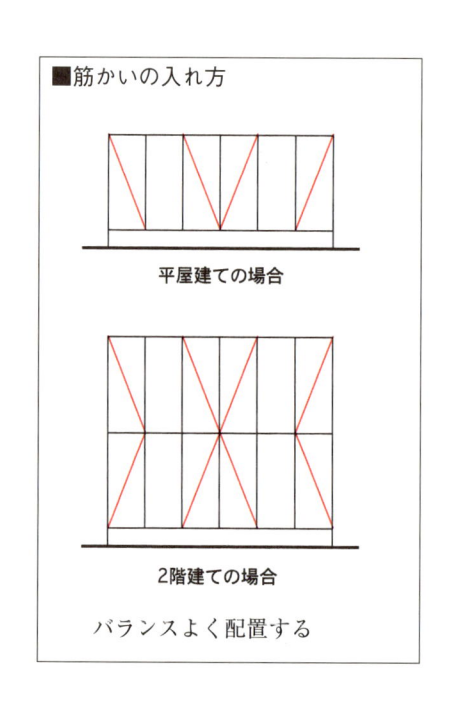

Y0通り

■筋かいの入れ方

平屋建ての場合

2階建ての場合

バランスよく配置する

5-3 まぐさ・窓台を記入する

◎サイズ　窓台　（大壁）……45 × 105mm
　　　　　まぐさ（大壁）……45 × 105mm
　　　　　　〃　（真壁）……45 × 45mm

① 窓のラインより50mmほど引いたところに，まぐさ，窓台を記入する．
　（注）演習1とは納まりを変えているため，真壁の開口部にもまぐさを取り付ける［⇨ p.51 断面パース参照］．
　※鴨居は，まぐさの下部に取り付ける．

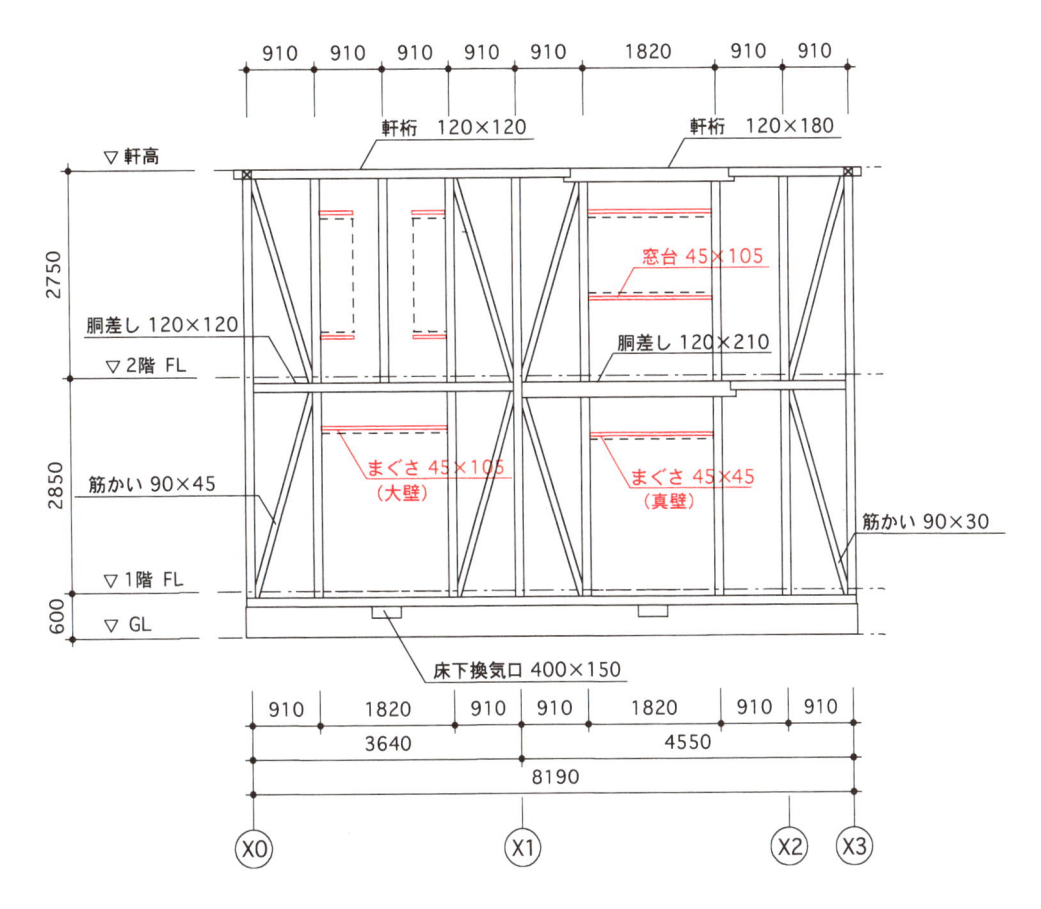

※これより窓のラインは図面から除きます．

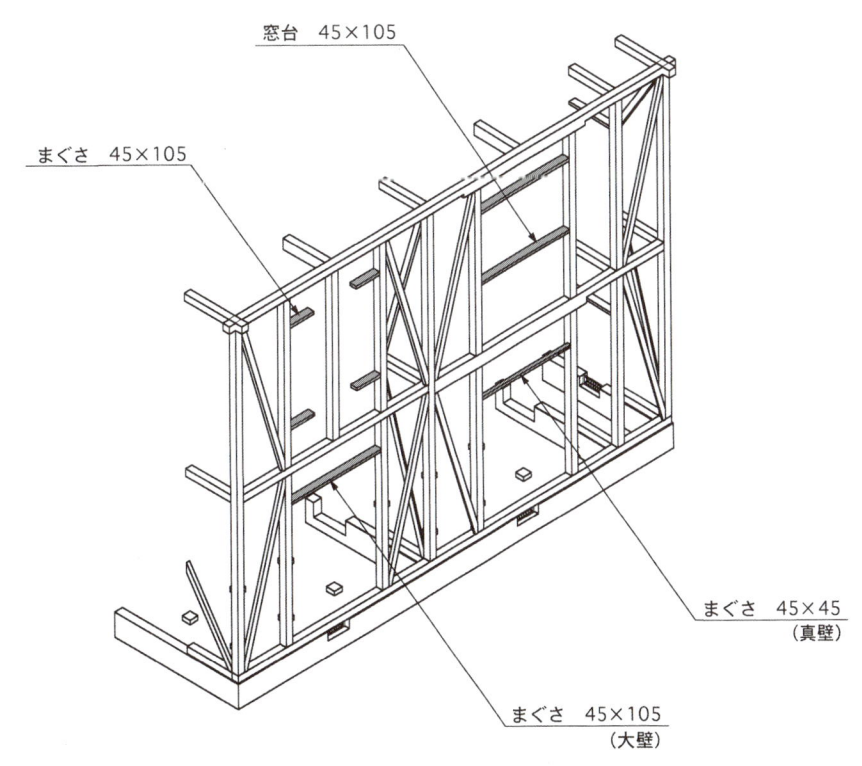

5-4　間柱を記入する

◎サイズ　45 × 105mm……大壁（洋室，廊下などの和室以外）
　　　　　45 × 45mm 　……真壁（和室）
◎ピッチ　@ 455mm
　　（注）筋かいと間柱の位置関係に注意する［⇨右下図，■壁の構造］．

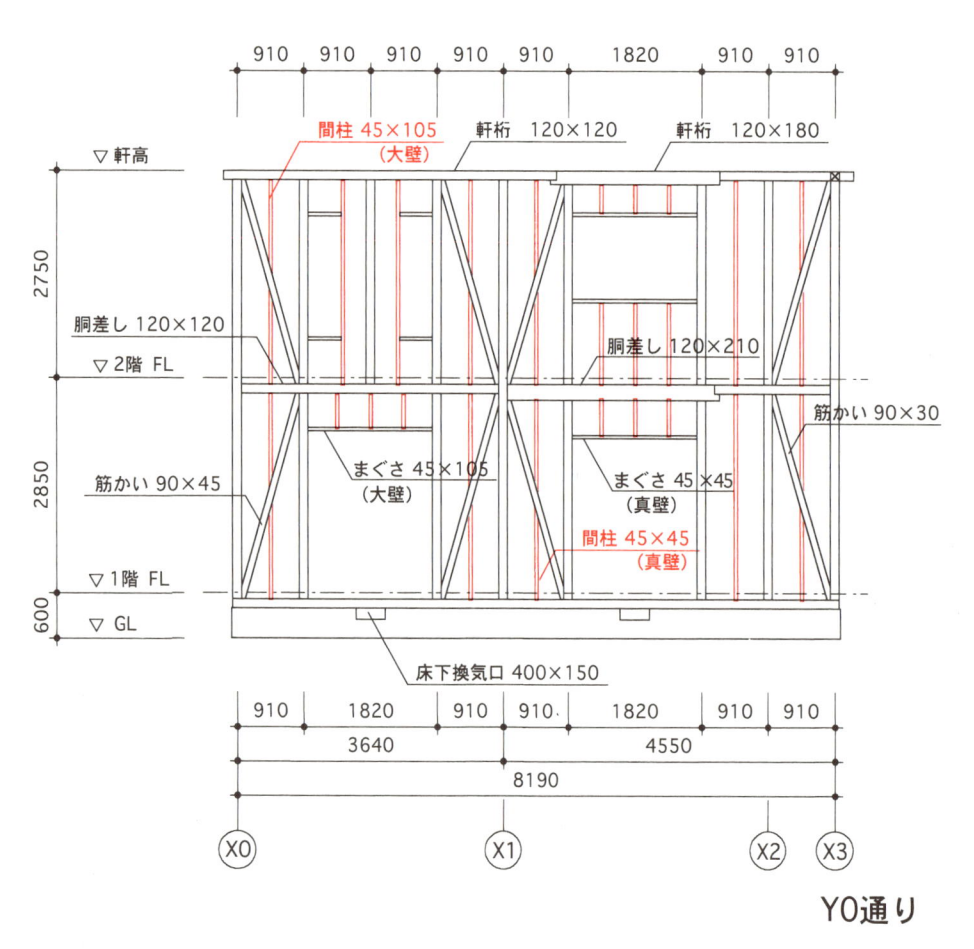

軸組図の寸法・部材表示：
- ▽軒高
- 2750
- 胴差し 120×120
- ▽2階 FL
- 2850
- 筋かい 90×45
- ▽1階 FL
- 600
- ▽GL
- 間柱 45×105（大壁）
- 軒桁 120×120
- 軒桁 120×180
- 胴差し 120×210
- 筋かい 90×30
- まぐさ 45×105（大壁）
- まぐさ 45×45（真壁）
- 間柱 45×45（真壁）
- 床下換気口 400×150

上部寸法：910　910　910　910　910　1820　910　910
下部寸法：910　1820　910　910　1820　910　910
　　　　　3640　　　　　　4550
　　　　　　　　　　8190

通り芯：X0　X1　X2　X3
Y0通り

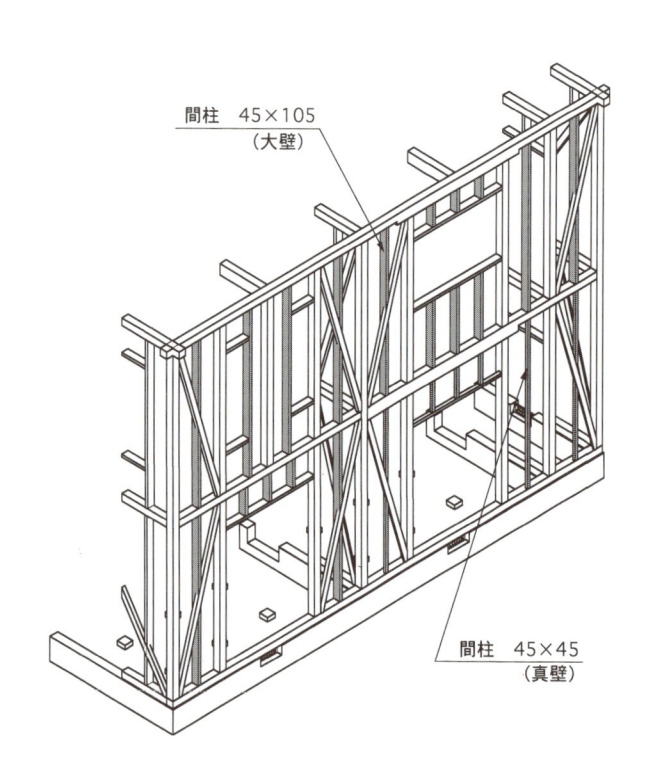

間柱 45×105（大壁）
間柱 45×45（真壁）

■壁の構造
◎大壁（和室以外）
　柱／間柱／筋かい／土台

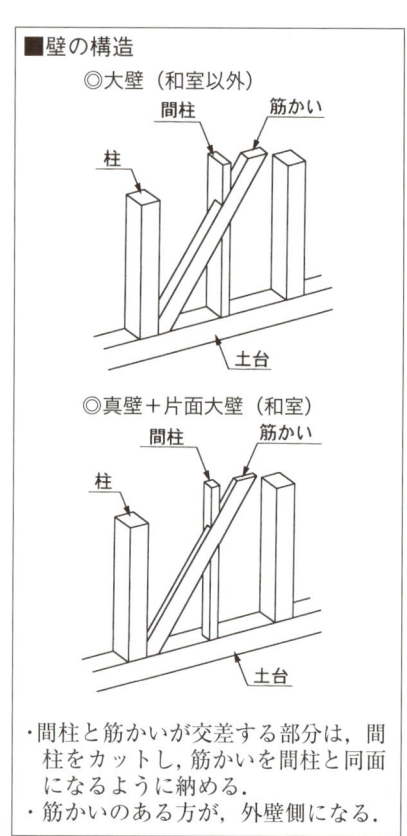

◎真壁＋片面大壁（和室）
　柱／間柱／筋かい／土台

・間柱と筋かいが交差する部分は，間柱をカットし，筋かいを間柱と同面になるように納める．
・筋かいのある方が，外壁側になる．

■大壁と真壁［⇨ p.38 下図］
◎大壁 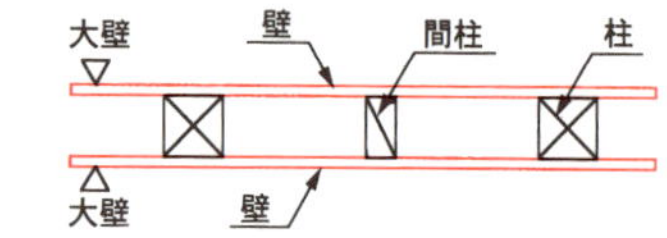
　大壁／壁／間柱／柱
　柱や梁が壁に覆われている

◎真壁＋片面大壁
　大壁（外壁・洋室側）／外壁／間柱／柱
　真壁（和室側）／内壁 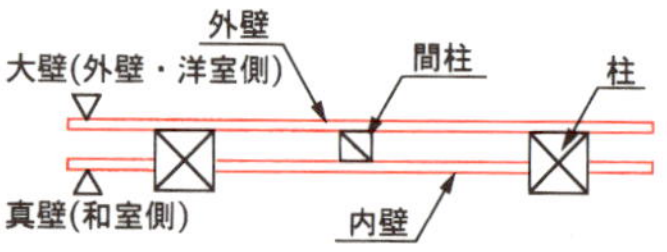
　柱や梁が壁から現われている

間柱の大きさおよび位置に注意する．

5−5 軸組《全体図（アイソメ）》

5−1〜5−4 を参考にして描いた，すべての軸組図を組み合わせると，下のようなアイソメ図になる．

※外壁と内壁のそれぞれの軸組図は，以下の6ページを参照．

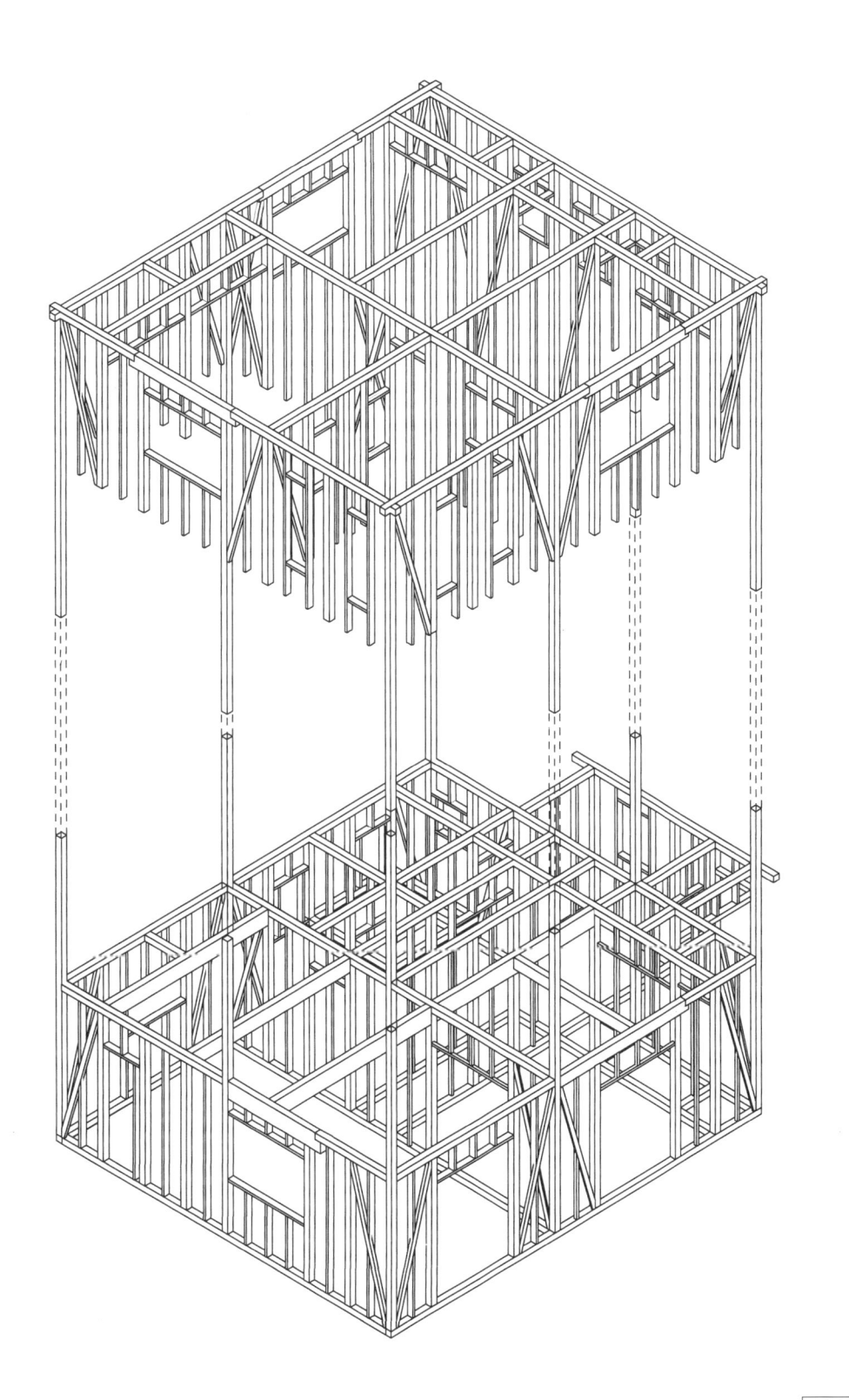

2階

1階

軸組　アイソメ

5-5-1 軸組図《外壁》

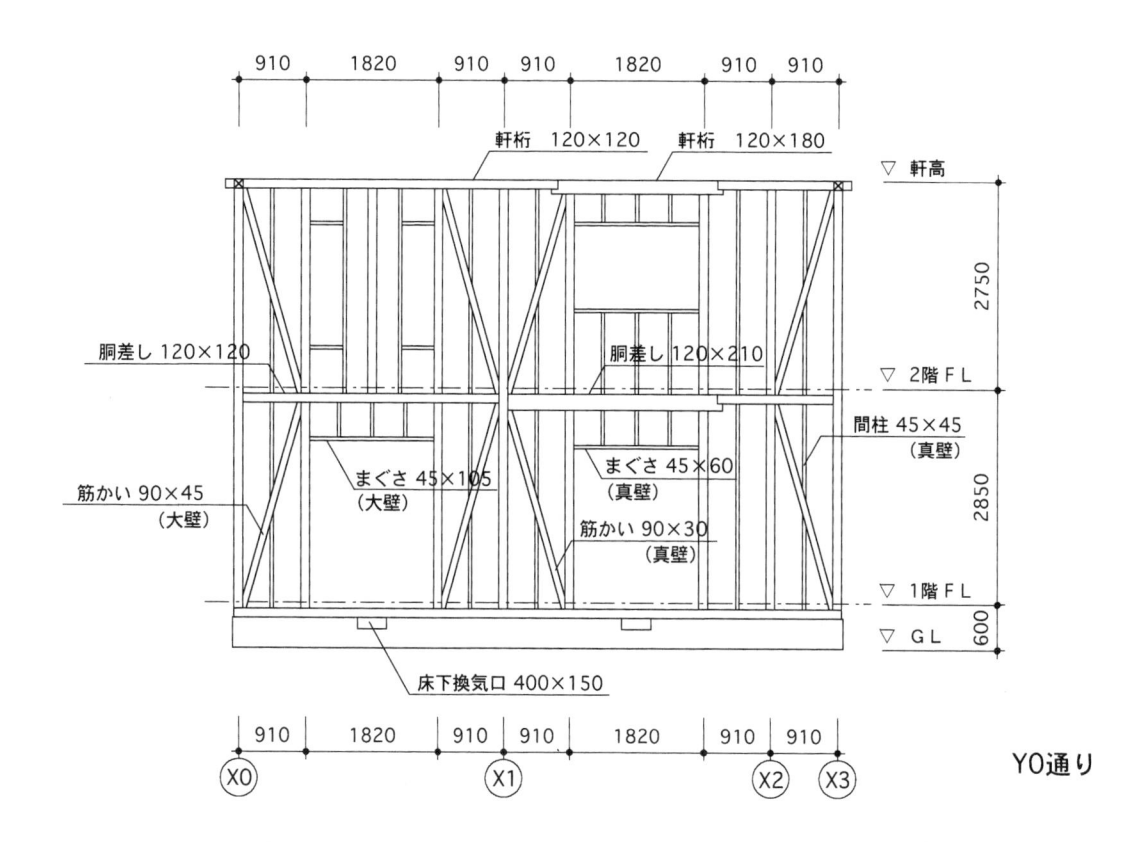

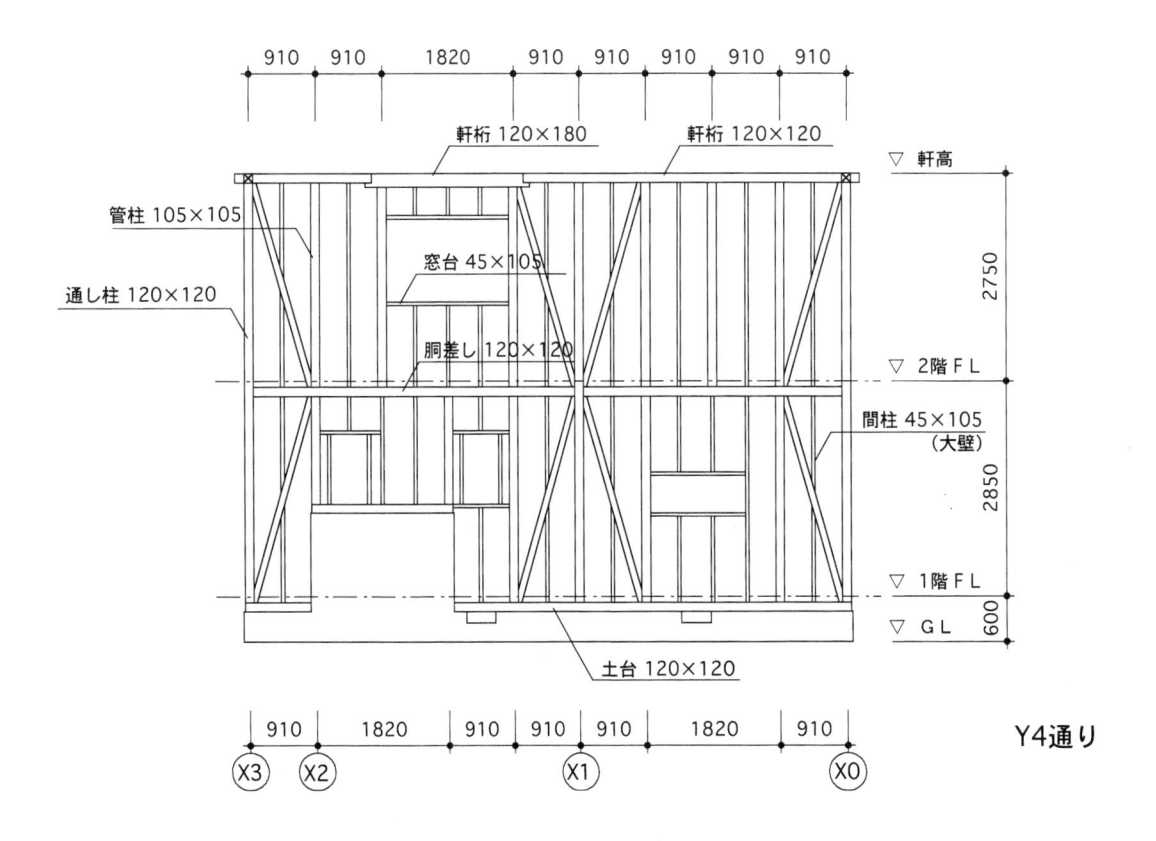

前項を参考に、各軸組図を描いていきましょう！

Y0通り

Y4通り

軸組図1　S＝1:100

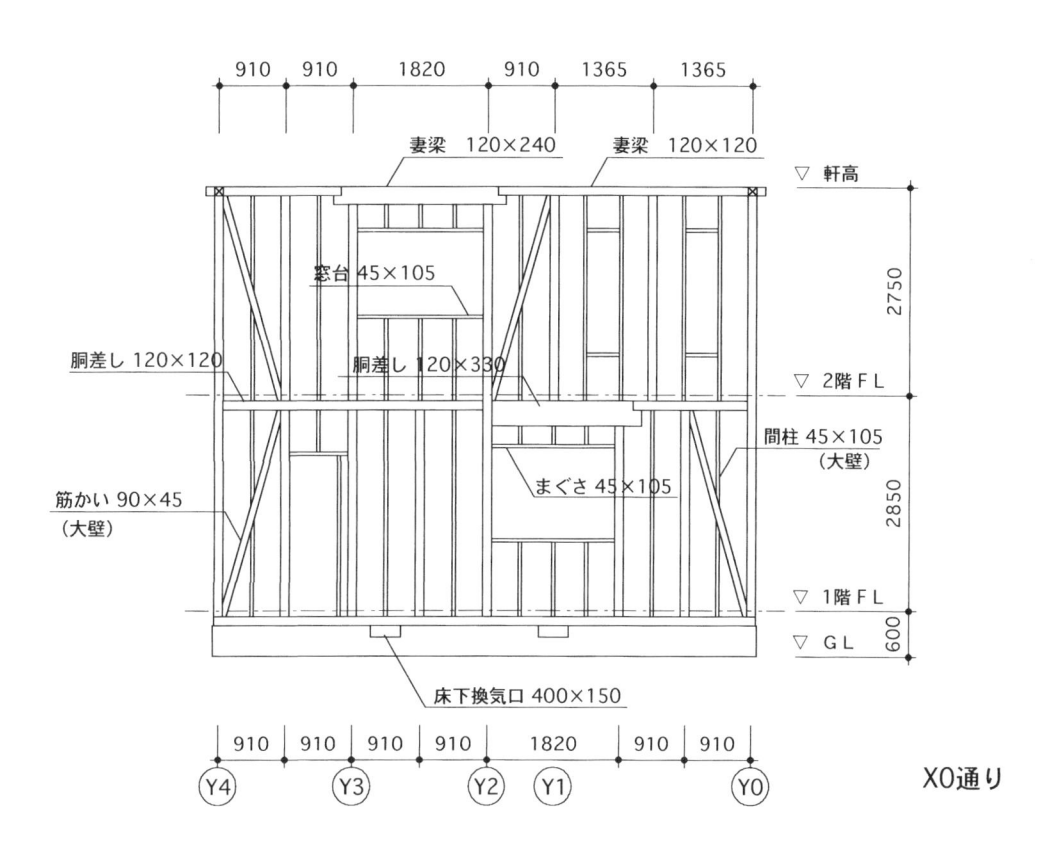

X0通り

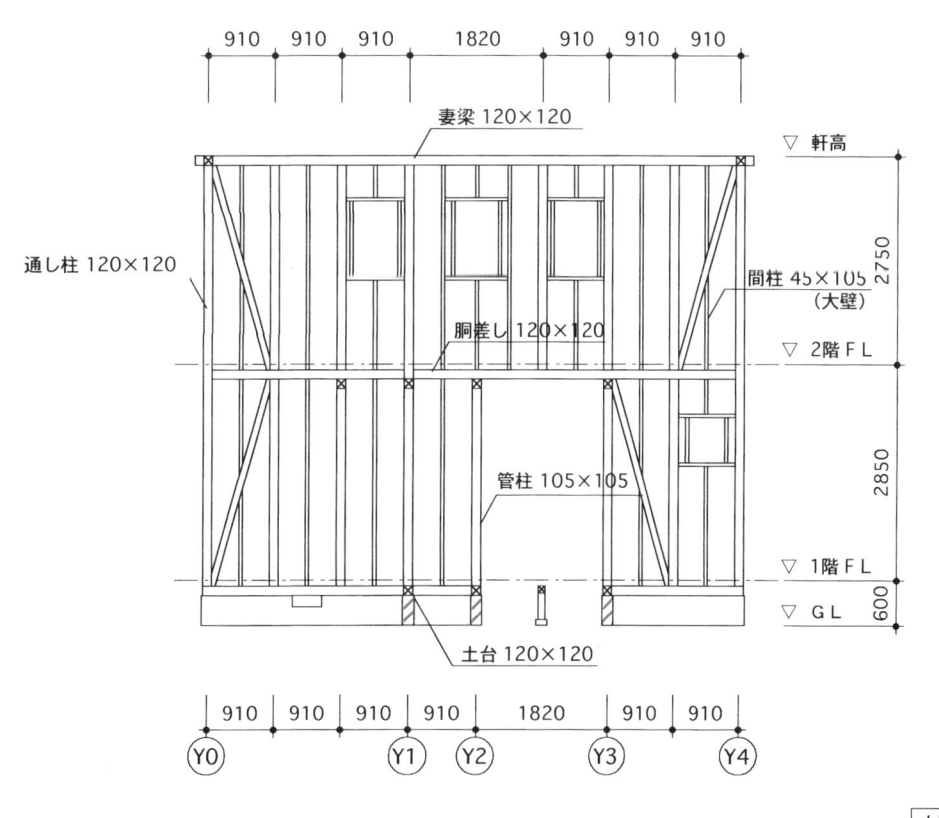

- 妻梁 120×240
- 妻梁 120×120
- 窓台 45×105
- 胴差し 120×120
- 胴差し 120×330
- まぐさ 45×105
- 間柱 45×105（大壁）
- 筋かい 90×45（大壁）
- 床下換気口 400×150

寸法（上）：910, 910, 1820, 910, 1365, 1365
寸法（下）：910, 910, 910, 910, 1820, 910, 910
通り芯：Y4, Y3, Y2, Y1, Y0
高さ：軒高 2750、2階FL、2850、1階FL、GL 600

X3通り

- 妻梁 120×120
- 通し柱 120×120
- 胴差し 120×120
- 間柱 45×105（大壁）
- 管柱 105×105
- 土台 120×120

寸法（上）：910, 910, 910, 1820, 910, 910, 910
寸法（下）：910, 910, 910, 910, 1820, 910, 910
通り芯：Y0, Y1, Y2, Y3, Y4
高さ：軒高 2750、2階FL、2850、1階FL、GL 600

軸組図2　S＝1:100

5-5-2 軸組図《内壁》

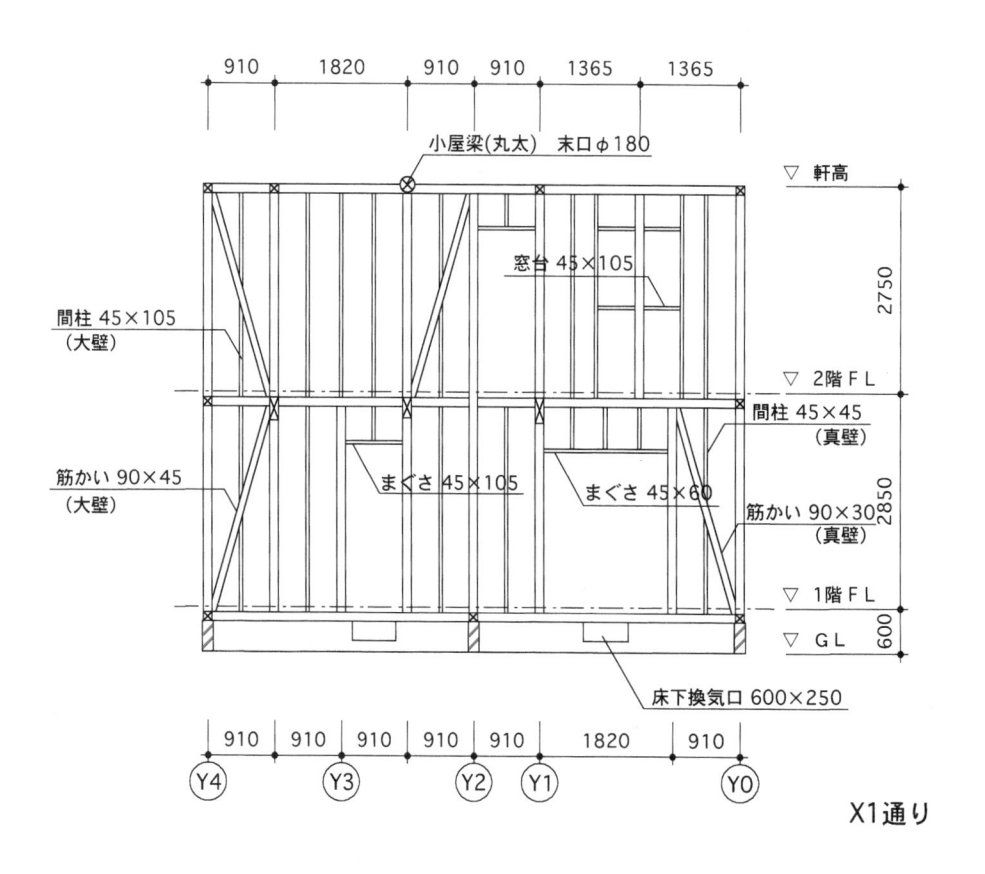

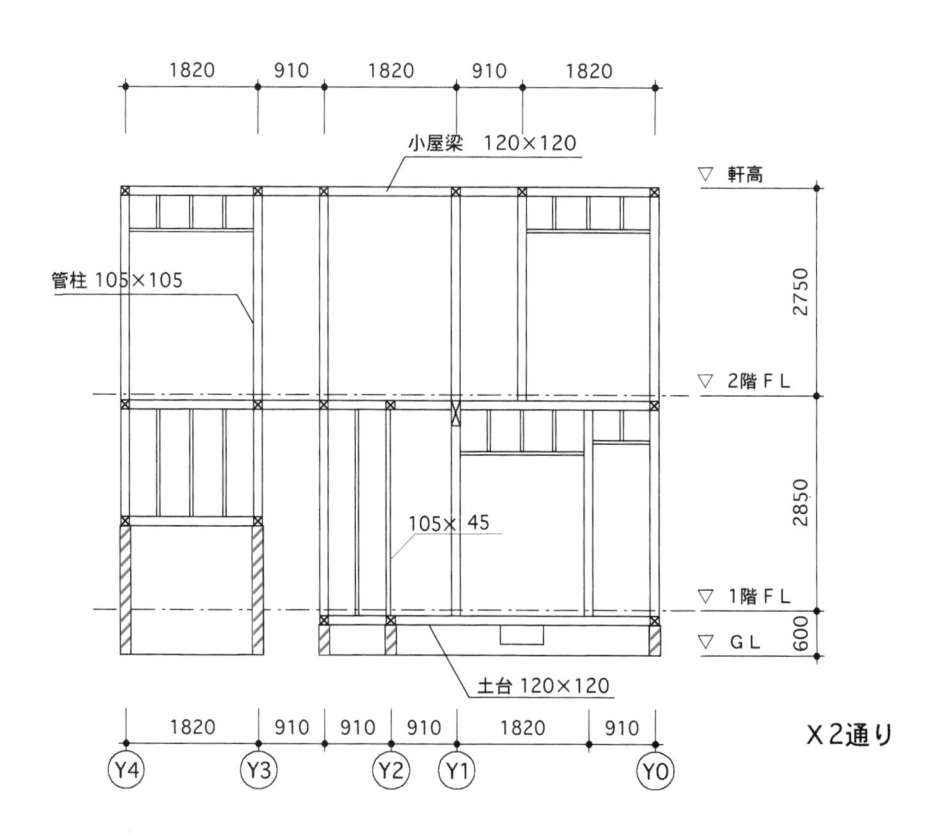

X1通り

X2通り

軸組図3　S＝1:100

軸組図4　S＝1:100

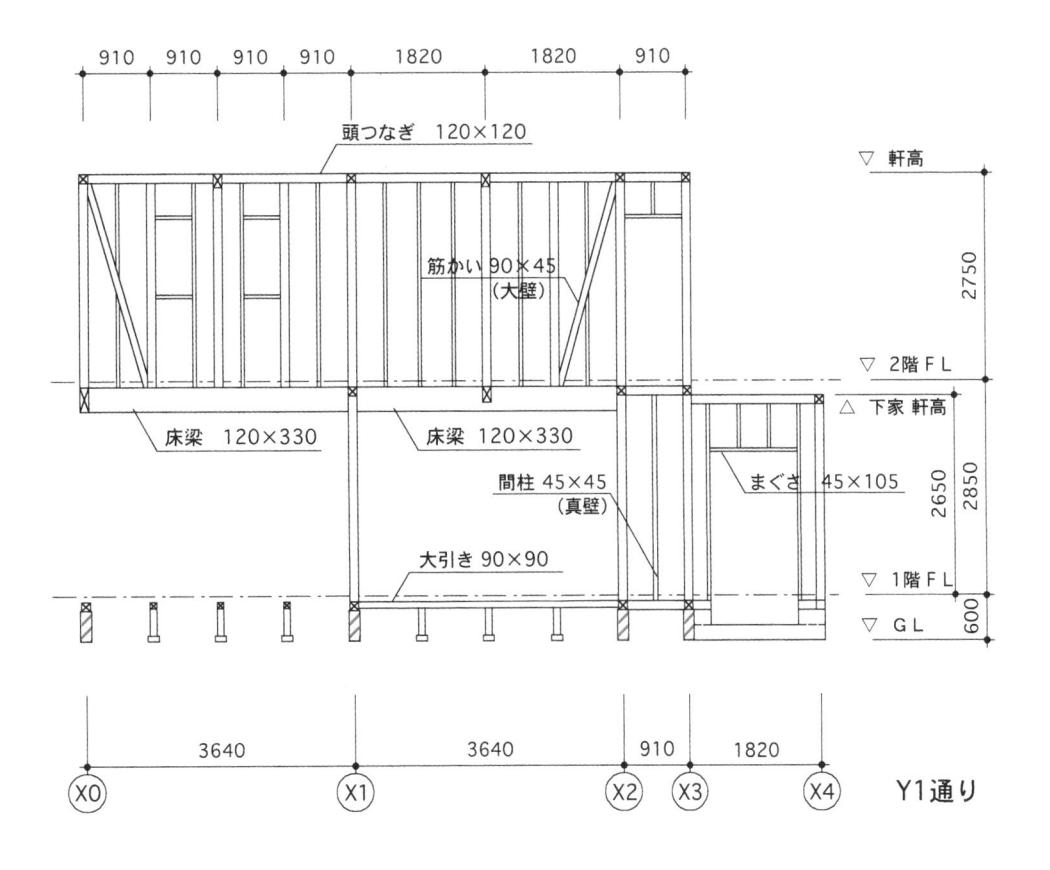

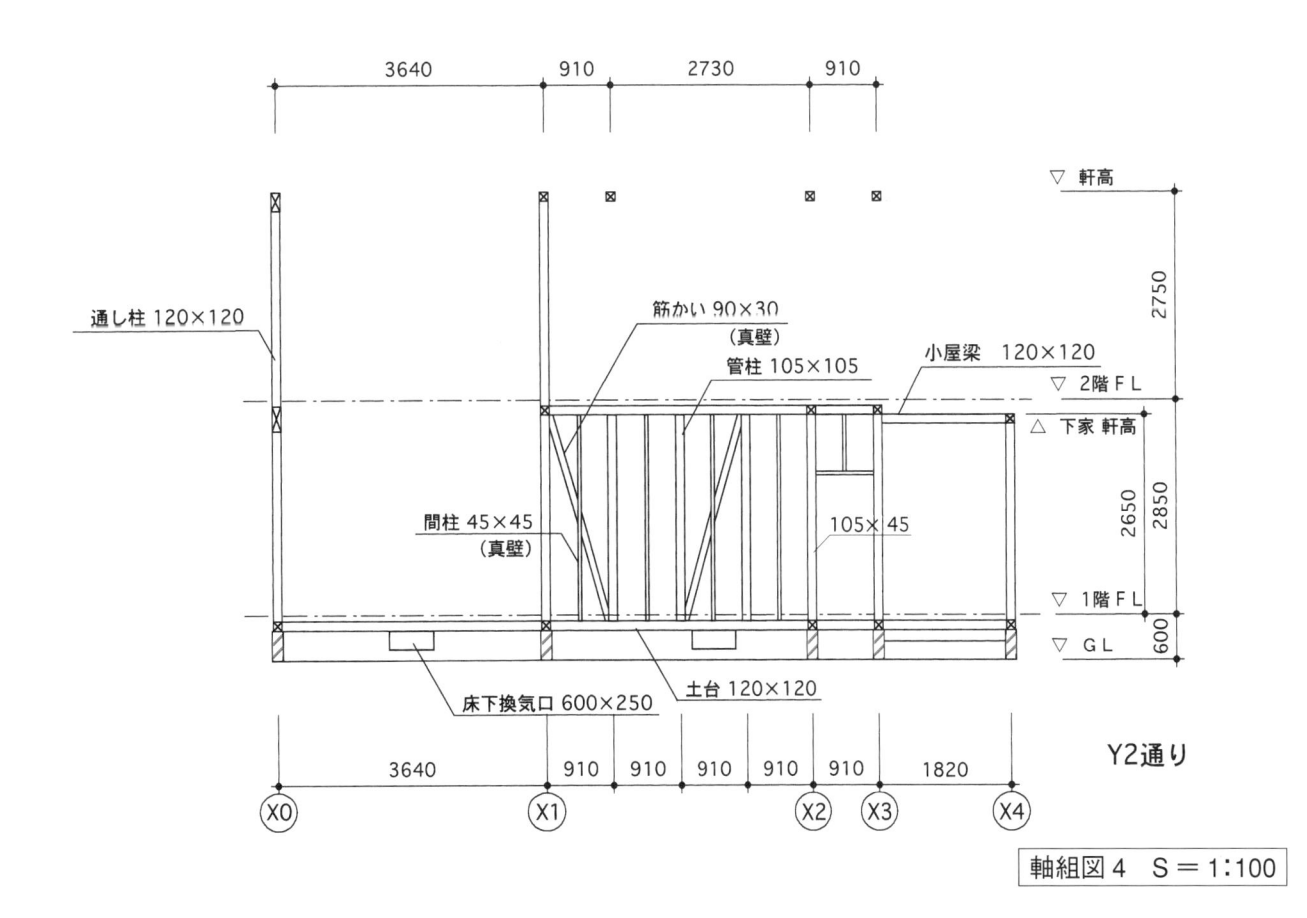

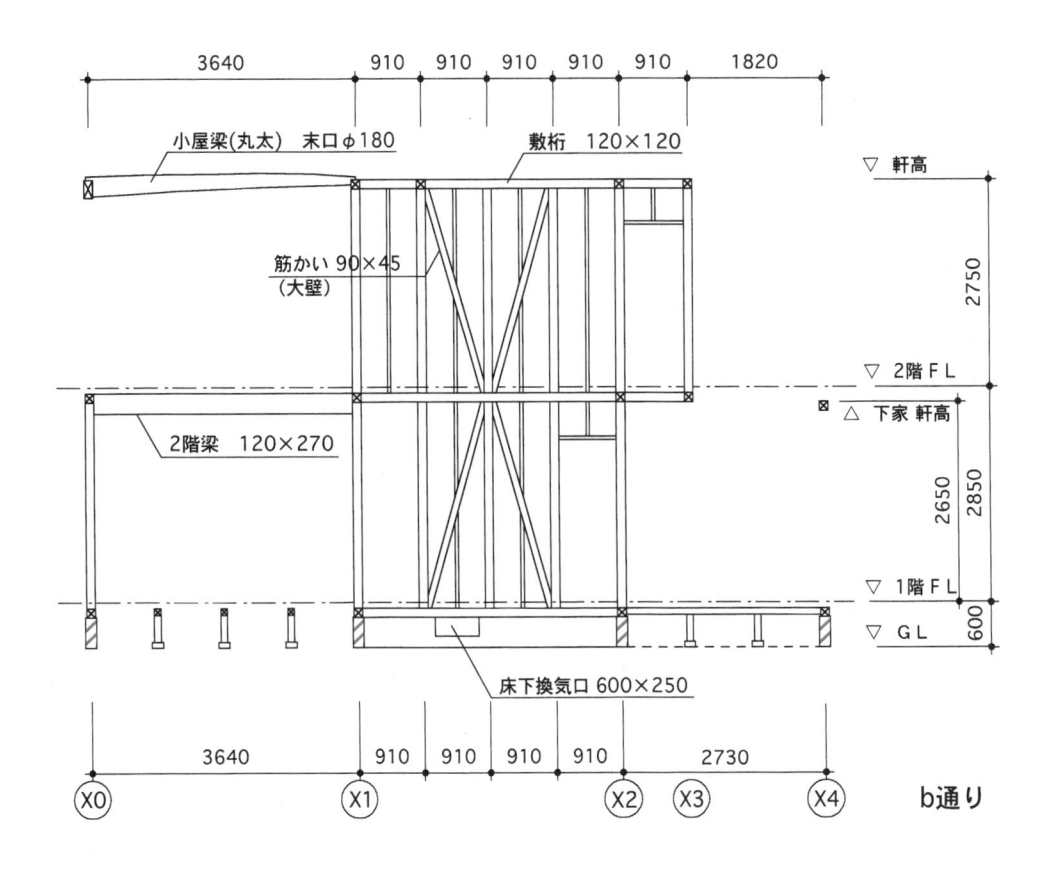

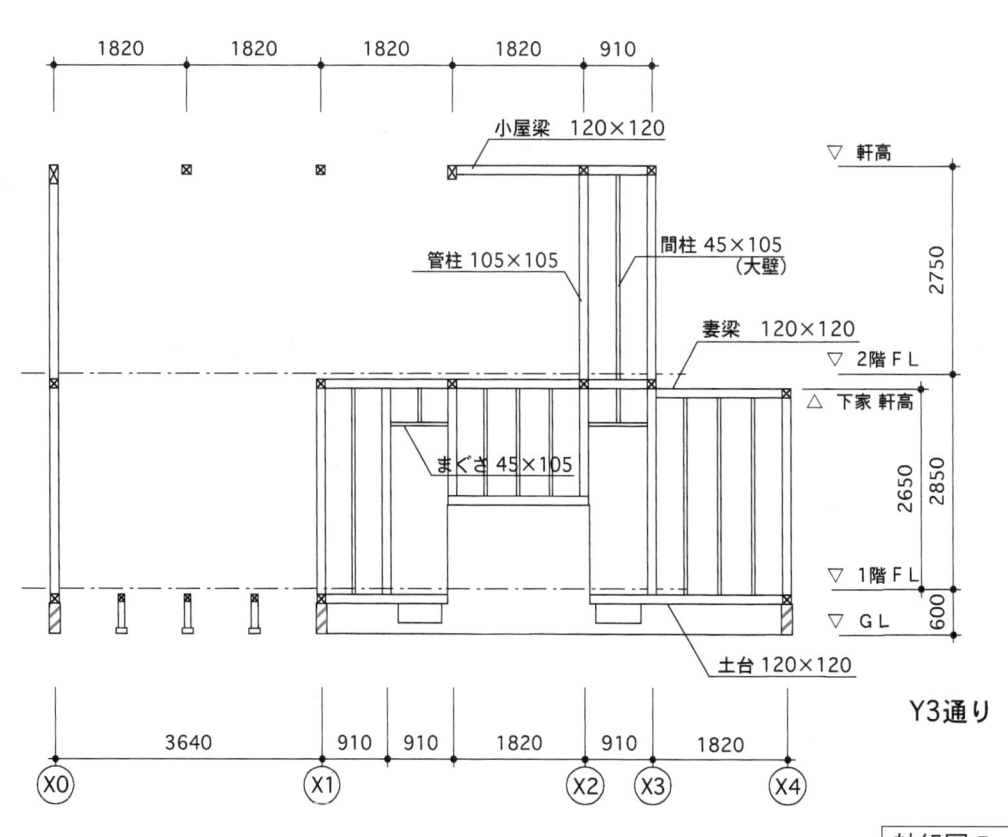

軸組図5　S＝1:100

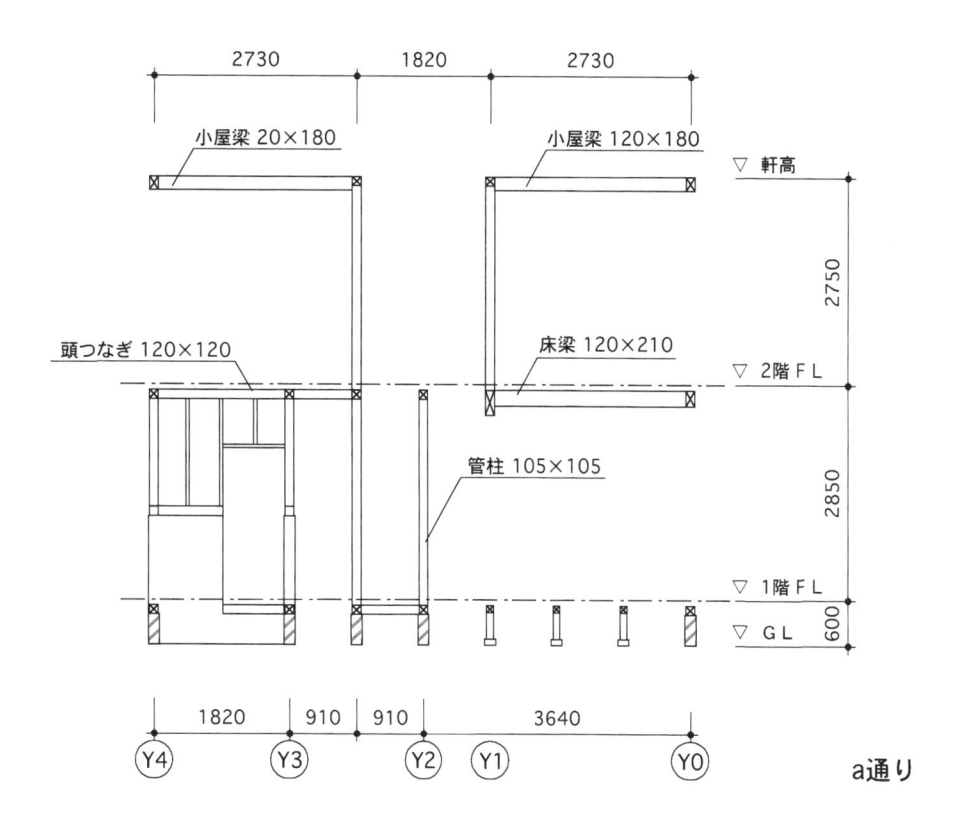

軸組図6 S＝1:100

a通り

- 小屋梁 20×180
- 小屋梁 120×180
- 頭つなぎ 120×120
- 床梁 120×210
- 管柱 105×105

2730, 1820, 2730
1820, 910, 910, 3640
Y4, Y3, Y2, Y1, Y0

▽ 軒高
2750
▽ 2階FL
2850
▽ 1階FL
▽ GL
600

X4通り

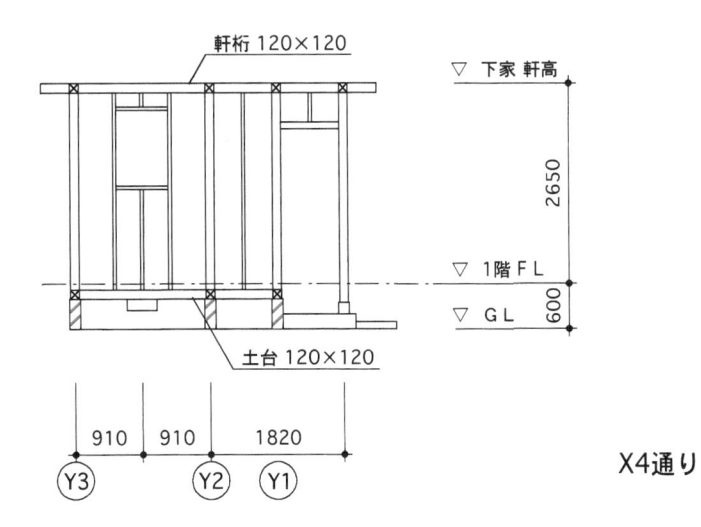

- 軒桁 120×120
- 土台 120×120

910, 910, 1820
Y3, Y2, Y1

▽ 下家 軒高
2650
▽ 1階FL
▽ GL
600

あとがき

私は学生時代，木構造の授業で各部位の働きや部材名などを教わりましたが，それらがどこに位置するのかがわからず，それぞれが別の物のように感じられ，ただ覚えるだけというような状態でした．卒業後に，もう一度，自分で勉強しようと木構造の入門書を読みましたが，やはり結果は同じでした．

その後，専門学校で軸組模型を作るという授業を担当することになりました．木構造を理解するためには，これまでの経験を振り返り，もう一段掘り下げた教科書が必要だと感じ，この本を作ることを思い立ちました．

本の構成は，軸組模型を作り，構造図を順を追って描いていくというものにしました．

まず軸組模型を作り，立体を目で見ることにより空間を把握します．さらに図面を描くことで，平面と立体を同時に理解できるようになります．部材の構成や位置関係を，一つ一つ立体で視覚的に把握し，木構造の原理を総合的に理解していけます．そうすることで，図面から空間そのものを正確に読み取れるようになり，また空間を平面的な図面に置き換えるということも，できるようになるでしょう．

さらに，模型を作りながら図面を読む力を身に付けてもらうことを期待して，ほとんどの図面をそのまま型紙として利用できるようにしました．また，少し面倒に思われるかもしれませんが，部材名を覚えてもらうために，部材は自分で切ってもらうことにしました．

ぜひ，軸組模型の製作にも挑戦してみてください．

謝 辞

この本を生みだす最初のきっかけをつくってくださった，修成建設専門学校校長　平川玄治先生をはじめ，ご助言をいただきました諸先生方，京都文教短期大学講師・博士（工学）小林大祐先生，修成建設専門学校非常勤講師　檜垣基治先生，湖東カレッジ情報建築専門学校建築学科学科長　平嶋広幸先生，玲一級建築士事務所代表　宮本玲司様には，深く感謝申し上げます．

また，学生の皆さんにも意見を聞かせてもらいました．修成建設専門学校1997〜99年度総合建築学科の皆さん，湖東カレッジ情報建築専門学校2000〜2001年度建築学科の皆さん，ありがとうございました．

最後に，紙面の都合でお名前を挙げることが出来ませんでしたが，ご助言をいただきました皆様並びにこの本に関わってくださいました皆様に，深く感謝申し上げます．

2001年10月
辻原仁美

✤ 参考文献
・日本建築学会編『構造用教材』日本建築学会
・〈建築のテキスト〉編集委員会編『初めての建築製図』学芸出版社
・神山定雄編著『木造住宅の断面設計』彰国社
・尾上孝一著『図解・木造建築入門』井上書院

✤ 著者経歴
辻原仁美（つじはらさとみ）
1969年生まれ，修成建設専門学校卒業．二級建築士．1995年 アトリエ イマージュ設立，主宰．
1997〜2000年 修成建設専門学校非常勤講師，1999年 関西デザイン造形専門学校非常勤講師，2000〜2008年 湖東カレッジ情報建築専門学校非常勤講師を歴任．
著書（共著，新姓の今村仁美で著す）に，『図説やさしい建築法規』(2007)，『図説やさしい建築一般構造』(2009)，『図説やさしい建築環境』(2009)，『図説やさしい建築数学』(2011)（以上，学芸出版社）がある．

図と模型でわかる木構造

2001年10月30日	第1版第1刷発行
2003年2月20日	改訂版第1刷発行
2021年11月20日	改訂版第8刷発行

著　者　辻原仁美
発行者　前田裕資
発行所　株式会社　学芸出版社
　　　　京都市下京区木津屋橋通西洞院東入
　　　　〒600-8216　　tel 075-343-0811
　　　　イチダ写真製版／山崎紙工
　　　　装丁：上野かおる

© Tsujihara Satomi　2001　Printed in Japan　ISBN 978-4-7615-2271-1

JCOPY 〈(社)出版者著作権管理機構委託出版物〉
本書の無断複写（電子化を含む）は著作権法上での例外を除き禁じられています．複写される場合は，そのつど事前に，(社)出版者著作権管理機構（電話 03-5244-5088, FAX 03-5244-5089, e-mail: info@jcopy.or.jp）の許諾を得てください．
また本書を代行業者等の第三者に依頼してスキャンやデジタル化することは，たとえ個人や家庭内での利用でも著作権法違反です．